e-fellows.net
wissen

inkl. E-Book

Der LL.M. 2020 kostenlos als E-Book herunterladen:
www.e-fellows.net/der-llm

Das E-Book steht kostenlos auf unserer Webseite zum Download bereit – auch für deine Freunde. Gib ihnen gerne den Link weiter, damit auch sie von unseren Informationen zu Studium und Berufseinstieg profitieren können.

Auf welchen Geräten kann man das E-Book lesen?

- iPad/iPhone: EPUB-Datei mit iBooks öffnen und lesen
- Laptop/Notebook/PC/Tablet: EPUB z. B. mit Adobe Digital Editions lesen, kostenloser Download unter: www.adobe.com/de/solutions/ebook/digital-editions/download.html
- E-Reader (außer Kindle): EPUB-Datei öffnen und lesen
- Kindle: MOBI-Datei öffnen und lesen. Auch EPUBs kann man z. B. mit dem Freeware-Tool Calibre in eine MOBI-Datei umwandeln.

Der LL.M. 2020

Nutzen, Zeitpunkt, Auswahl,
Bewerbung, Finanzierung

e-fellows.net
wissen

Stand: Dezember 2019

Verlag: e-fellows.net GmbH & Co. KG

Reihenherausgeber: Dr. Michael Hies

Bandherausgeber: Dr. Michael Koch,
marketing@e-fellows.net

Layout: Punkt 8 | Braunwald + Walter GbR
www.punkt8-berlin.de

Satz und Illustration: Lesotre® / Conceptual Brand Creation,
www.lesotre.de

Druck und Bindung: Neografia, 03655 Martin, Slowakei

Printed in Slovakia
Februar 2020

Bildnachweis: Titelbild: Vadim Guzhva – Adobe Stock;
Fotos auf S. 9, 11 und 146–163 stammen von den jeweiligen Autoren. Logos, Fotos und Anzeigen ab S. 166 stammen von den jeweiligen Hochschulen und Unternehmen, insbesondere: S. 183: Universität Wien/Barbara Mair; S. 192: USC Photo/Gus Ruelas. S. 13: Krause/Blumenstock – Fotolia.com; S. 29: lassedesignen – Fotolia.com; S. 49: Tobias Machhaus – Fotolia.com; S. 65: Galina Barskaya – Fotolia.com; S. 108: e-fellows.net; S. 109: Gina Sanders – Fotolia.com; S. 131: Karen Roach – Fotolia.com; S. 142: e-fellows.net; S. 143: juris, beck-online (oben), e-fellows.net (unten); S. 145: swissdoc – Fotolia.com; S. 165: pressmaster – Fotolia.com; sämtliche Grafiken und Illustrationen wurden umgesetzt von Yvonne Hagenbach (Lesotre® / Conceptual Brand Creation).

ISBN-13: 978-3-946706-53-3

Franziskanerstraße 14, 81669 München
Telefon: +49 89 23232-300, Fax: +49 89 23232-222
www.e-fellows.net

Inhalt

9 Vorwort
11 Die Autoren

13 1. Der LL.M. und andere postgraduale Qualifikationen im Vergleich
14 Der LL.M.
15 Der „Wert“ des LL.M.
16 Wie wichtig sind Qualität und Reputation?
18 Vorteile des LL.M.: Formale und inhaltliche Qualifikation
19 Alternativen, die ebenfalls zu einem Titel führen
19 Andere Postgraduierten-Studiengänge
22 Alternative Promotion
23 Alternative Fachanwalt
24 Kombinationsmöglichkeiten
24 Der LL.M. in Verbindung mit einer Promotion
25 Der LL.M. parallel zum Referendariat oder Beruf
26 Der LL.M. für Diplom- und Wirtschaftsjuristen
26 Der LL.M. für Nichtjuristen
27 Führen des Titels „LL.M.“

29 2. Grundentscheidungen bei der Auswahl eines LL.M.-Programms
30 Fünf Grundentscheidungen
31 Der Taught-LL.M. (LL.M. by Coursework)
33 Der LL.M. by Research
34 Inhaltliche Ausrichtung des LL.M.
35 Wahl des Studienlandes
35 LL.M. in Deutschland
36 LL.M. im Ausland
41 Vollzeit-, Teilzeit- oder Fernstudium
42 Der richtige Zeitpunkt für das LL.M.-Studium
42 Vor der Ersten Juristischen Prüfung (mit LL.B.)
43 Nach der Ersten oder Zweiten Juristischen Prüfung
46 Kosten

49 3. Suche nach einem geeigneten LL.M.-Programm im Ausland
50 Der LL.M. im Ausland
51 Wahl des Sprach- und Kulturraums
55 Wahl der Universität
55 Anforderungen an Studienbewerber
57 Rankings
59 Persönliche Aspekte bei der Entscheidungsfindung
60 Wahl des Programms
60 Anzahl und Zusammensetzung der Teilnehmer eines Jahrgangs
61 Lehrpersonal und Ausstattung der Fakultät
62 Kursangebot und Flexibilität bei der Kurswahl
63 Zusammenstellung der Kurse
64 Prüfungen im LL.M.-Studium

65 4. Erfolgreich bewerben um Studienplatz und Stipendien
66 Bewerbung um einen LL.M.-Studienplatz
67 Mindestvoraussetzungen für eine Bewerbung
74 Zusammenstellung der übrigen Bewerbungsunterlagen
80 Zeitmanagement
83 Zusage
83 Online-Bewerbung und Bewerbung über Partnerinstitute
84 Stipendien
84 Anforderungen der Stipendiengeber
85 Bewerbung um ein Stipendium
89 Beispieldokumente

109 5. Finanzierung des LL.M.-Studiums
110 Die Finanzierung eines LL.M. meistern
111 Finanzierung aus eigenen Mitteln
112 Finanzierung aus Drittmitteln
112 Finanzierung durch Stipendien
114 Finanzierung durch den Arbeitgeber
115 Finanzierung durch Kredite
118 Finanzierung durch (Auslands-)BAföG?
119 (Teil-)Erlass von Studiengebühren
120 Steuerliche Absetzbarkeit
120 Nach der Ersten Juristischen Prüfung
125 Vor der Ersten Juristischen Prüfung
126 Geltendmachung der entstandenen Kosten
126 Weitere steuerliche Gestaltungsmöglichkeiten

131 6. Stipendienmöglichkeiten für LL.M.-Studenten
132 Stipendienangebote für das LL.M.-Studium
132 Informationen im Internet
133 Stipendienprogramme von Staat und Stiftungen
133 Förderprogramme der Fulbright-Kommission
134 Förderprogramm des DAAD
135 Stipendienprogramme der Studienstiftung des deutschen Volkes
136 Baden-Württemberg-STIPENDIUM
136 Studienstipendien des Kölner Gymnasial- und Stiftungsfonds
137 Stipendien der Ranke-Heinemann Studienstiftung
138 British Chamber of Commerce in Germany Foundation
139 Stipendien von Kanzleien
139 Latham & Watkins LL.M. Fellowship
139 LL.M.-Reisestipendium von Clifford Chance
140 One Step AHEAD – Das LL.M.-Stipendium von Gleiss Lutz
140 Theo-Waigel-Stipendium der Kanzlei GSK Stockmann
141 Walter Oberreit Scholarship von Cleary, Gottlieb, Steen & Hamilton
141 Walter-Oppenhoff-Stipendium von Oppenhoff & Partner

142 e-fellows.net – das Karrierenetzwerk
143 e-fellows.net – das Online-Stipendium

145 7. Erfahrungsberichte von LL.M.-Absolventen
146 Ein Jahr im Village
148 Croeso i Gymru a Prifysgol Caerdydd
150 LL.M. in Kapstadt – Studieren Down South
152 I want to be a part of it, New York, New York
154 Zwischen Brexit und Multi-Kulti –
LL.M. an der London School of Economics and Political Science
156 Let the good times roll…
158 Europa studieren und leben – Der LLM am College of Europe
160 Jura in Südafrika
162 Wo Leuven draufsteht, ist Brüssel und Europa drin

165 8. Porträts von Hochschulen und Kanzleien
166 Northumbria University
168 Andrássy Universität
169 Columbia University
170 Drexel University
171 Emory University
172 Europa-Universität Viadrina
173 Fordham University
174 George Mason University
175 George Washington University
176 Golden Gate University
177 IE Law School
178 Institute for Law and Finance
179 Koç University
180 Pepperdine Law
181 Tulane University
182 Technische Universität Dresden
183 Universität Wien – Postgraduate Center
184 University of Vienna
185 University of California – Los Angeles (UCLA)
186 University of California Hastings Law San Francisco
187 University of Illinois
188 The University of Iowa College of Law
189 University of Miami
190 University of Minnesota
191 The University of Queensland
192 University of Southern California
193 University of Sydney
194 Clifford Chance
198 CMS Hasche Sigle
202 DLA Piper UK LLP
206 Freshfields Bruckhaus Deringer LLP
210 Gibson, Dunn & Crutcher LLP
214 Gleiss Lutz
218 Kirkland & Ellis International LLP
222 Linklaters LLP
226 Milbank LLP
230 Sidley Austin (CE) LLP
234 Sullivan & Cromwell LLP
238 SZA Schilling, Zutt & Anschütz Rechtsanwaltsgesellschaft mbH
242 Taylor Wessing Partnerschaftsgesellschaft mbB

246 Weitere Titel der Reihe e-fellows.net wissen

Vorwort

Als Nachwuchsjurist neue Horizonte entdecken?
Ein LL.M.-Studium macht es möglich.
Der international anerkannte Abschluss Master of Laws erfreut sich immer größerer Beliebtheit. Ein LL.M.-Studium ermöglicht Jura-Studenten, fachlich über den Tellerrand des deutschen Rechts zu blicken. Gleichzeitig bietet es die Gelegenheit, Auslandserfahrung zu sammeln und Sprachkenntnisse zu erwerben.

Auch hierzulande haben sich hervorragende LL.M.-Programme etabliert. Was es bei der Auswahl einer Law School zu bedenken gilt und wie das LL.M.-Studium finanziert werden kann, ist Inhalt der folgenden Seiten. Daneben beleuchten die Autoren den „Wert" des Abschlusses, insbesondere im Vergleich zu anderen postgradualen Qualifikationen wie der Promotion oder dem MBA. Zuletzt stellen ausgewählte Hochschulen ihre Studienprogramme vor.

Dass der LL.M. auch bei Arbeitgebern hoch geschätzt ist, beweisen die Kanzleiporträts am Ende des Buchs. Gerade international tätige Sozietäten betrachten den Master of Laws als wichtigen Baustein in der Biografie eines Bewerbers.

Wer nach der Lektüre von *Der LL.M. 2020* auch den persönlichen Kontakt zu Universitäten und Kanzleien sucht, ist beim LL.M. Day von e-fellows.net gut aufgehoben: Drei Mal jährlich treffen exzellente junge Juristen in München, Frankfurt und Berlin auf einige der besten Law Schools der Welt. Weitere Informationen zur Veranstaltung finden sich unter www.e-fellows.net/llm.

Sehr guten Studierenden, Referendaren und Doktoranden steht zudem das Online-Stipendium von e-fellows.net offen, das auf Seite 142 näher vorgestellt wird.

Viel Spaß bei der Lektüre von *Der LL.M. 2020* wünscht

Dr. Michael Koch
e-fellows.net

e-fellows.net
Das Online-Stipendium und Karrierenetzwerk

Seit 20 Jahren unterstützt e-fellows.net Studierende und Doktoranden mit einem Stipendium und bringt sie ihrem Traumjob näher. Mentorenprogramme, Karriereveranstaltungen sowie Angebote für Praktika und Einstiegsjobs bieten einen direkten Draht zu Kanzleien und Unternehmen und garantieren den mühelosen Karrierestart. Zudem sind e-fellows.net-Stipendiaten dank kostenfreier Abos von Zeitungen und Zeitschriften, Zugriff auf fachspezifische Datenbanken und Fachbücher frei Haus immer einen Schritt voraus. In der exklusiven Online-Community und bei regelmäßigen Treffen in zahlreichen Uni-Städten tauschen sich Studierende untereinander aus. Jetzt informieren: www.e-fellows.net/Stipendiat-werden

e-fellows.net wissen
Die Buchreihe von e-fellows.net

Mit dieser Buchreihe informiert e-fellows.net über attraktive Berufsbilder und interessante Weiterbildungen, darunter das LL.M.-Studium, Berufsperspektiven für Juristen, Trainee-Programme sowie die Tätigkeit in einer Unternehmensberatung, im Investment Banking oder im Asset Management. Die Bücher bieten wertvolle Expertentipps und einen fundierten Überblick über die jeweilige Branche. Persönliche Erfahrungsberichte und ausführliche Unternehmensporträts potenzieller Arbeitgeber helfen bei der eigenen Entscheidungsfindung. Weitere Informationen zu den einzelnen Titeln der Reihe **e-fellows.net wissen** finden Sie auf S. 246–247.

Um die Lesbarkeit zu verbessern, wird in diesem Buch auf geschlechtsspezifische Personenbezeichnungen verzichtet. Alle Angaben beziehen sich jedoch immer auf alle Geschlechter gleichermaßen.

Die Autoren

Steffi Balzerkiewicz, Master of International Taxation (UNSW), Jahrgang 1976, Steuerberaterin und Rechtsanwältin in Berlin. Ihr Studium erfolgte in Potsdam, Berlin und Sydney. Sie wurde durch ein DAAD-Stipendium gefördert und ist Autorin verschiedener steuerrechtlicher Fachbeiträge.

Martin Heckelmann, Prof. Dr. iur., LL.M. (Cornell), Jahrgang 1976. Sein Studium absolvierte er in Berlin und Ithaca, New York, als Stipendiat der Studienstiftung des deutschen Volkes und der Fulbright Commission. Prof. Dr. Martin Heckelmann ist Autor verschiedener Fachbeiträge und tritt regelmäßig als Referent auf Fachveranstaltungen auf.

Daniel Voigt, Dr. iur., MBA (Durham), Jahrgang 1977, ist Rechtsanwalt und Partner bei CMS Hasche Sigle in Frankfurt a. M. Dr. Daniel Voigt studierte in Berlin, Düsseldorf und Durham. Er war Stipendiat des Evangelischen Studienwerkes Villigst und ist Autor verschiedener Fachbeiträge.

1. Der LL.M. und andere postgraduale Qualifikationen im Vergleich

von Dr. Daniel Voigt, MBA (Durham)

14 Der LL.M.
15 Der „Wert" des LL.M.
16 Wie wichtig sind Qualität und Reputation?
18 Vorteile des LL.M.: Formale und inhaltliche Qualifikation
19 Alternativen, die ebenfalls zu einem Titel führen
19 Andere Postgraduierten-Studiengänge
22 Alternative Promotion
23 Alternative Fachanwalt
24 Kombinationsmöglichkeiten
24 Der LL.M. in Verbindung mit einer Promotion
25 Der LL.M. parallel zum Referendariat oder Beruf
26 Der LL.M. für Diplom- und Wirtschaftsjuristen
26 Der LL.M. für Nichtjuristen
27 Führen des Titels „LL.M."

Der LL.M.

Mit dem erfolgreichen Abschluss des Studiums der Rechtswissenschaften stehen Absolventen viele Wege der Weiterqualifikation offen. Eine naheliegende - aber keineswegs die einzige - Möglichkeit ist ein LL.M.-Aufbaustudium. LL.M. steht für Master of Laws und kommt vom lateinischen Legum Magister. Gemeint ist damit ein Aufbaustudium mit Schwerpunkt Rechtswissenschaften. Auch Programme, die zu anderslautenden Abschlusstiteln wie zum Beispiel dem M.C.L. (Master of Comparative Law) führen, werden im Folgenden in die Darstellung einbezogen, da es sich um mit einem LL.M.-Studium vergleichbare Aufbaustudiengänge handelt. Um es vorwegzunehmen: Grundsätzlich kann jeder Nachwuchsjurist ein LL.M.-Studium absolvieren, auch wenn er schlechtere Noten hat. Einige, aber nicht alle Universitäten verlangen Mindestpunktzahlen. Wenn man diese nicht vorweisen kann, kann man auf die Angebote anderer Universitäten ausweichen.

Angesichts der fast unüberschaubaren Angebote ist es nicht einfach, das LL.M.-Programm zu finden, das den persönlichen Interessen und Plänen am besten entspricht. Schon bei einer ersten Suche im Internet findet man in den USA über 170 (siehe www.llm-guide.com/schools/usa) und in Großbritannien über 110 Hochschulen (siehe www.educationuk.org) mit LL.M.-Studiengängen. Die weitere Recherche zeigt, dass die britischen Hochschulen rund 1.000 LL.M.-Programme anbieten, die sich in Ausrichtung, Dauer und Studienmodus unterscheiden, 30 davon allein am Queen Mary College der University of London. Auch in Deutschland gibt es mittlerweile zahlreiche LL.M.-Studiengänge. Wer noch weitere Postgraduierten-Programme (z. B. MBA-Studiengänge) in seine Suche einbezieht, hat die Wahl zwischen mehreren Tausend Angeboten weltweit. Entscheidend für die Auswahl sollte das Ziel sein, das man mit der Weiterqualifikation erreichen will. „Den" LL.M. gibt es nicht, sondern nur das zu den jeweiligen Interessen des Absolventen passende Programm. Hilfreich ist es, die Programme zur besseren Übersicht nach Kriterien wie Kursschwerpunkte, Studienmodus, Studienkosten, Studienland oder Studienort einzuteilen.

Um das passende Programm zu finden, sollten sich Interessenten in Anbetracht der Fülle der Angebote und ihrer Details nicht nur frühzeitig informieren, sondern auch systematisch an die Auswahl herangehen. Die Ausbildungszeitschriften *Jura, JuS* und *JA* berichten regelmäßig über LL.M.-Studiengänge. Sie sind in jeder Universitätsbibliothek vorhanden und bieten einen guten Einstieg in das Thema. Es ist wichtig, sich über die Chancen zu informieren, die gerade ein LL.M.-Studium bietet, und auch Alternativen oder Kombinationsmöglichkeiten in die eigenen Überlegungen einzubeziehen. Erst wenn man die spontan favorisierte Möglichkeit mit Alternativen verglichen hat, kann man sich seiner Entscheidung sicher sein. Der zusätzliche Aufwand bei der Entscheidungsfindung zahlt sich später garantiert aus.

Der Master of Laws ist der von Juristen am häufigsten gewählte Postgraduierten-Abschluss. Dahinter verbirgt sich ein meist knapp einjähriges Aufbaustudium mit rechtswissenschaftlichem Schwerpunkt, das nicht nur zum Abschluss LL.M., sondern auch zu Abschlüssen wie dem M.C.L. (Master of Comparative Law) oder dem Master of Arts in Criminology führen kann. Die abweichende Bezeichnung sagt nichts über die Wertigkeit des Titels aus: Die renommierte Oxford University zum Beispiel verleiht ihren Absolventen den Titel eines M.Jur. (Magister Juris). Auch wenn diese Studiengänge zu anderen Abschlüssen führen, handelt es sich de facto um LL.M.-Studiengänge im Sinne von Postgraduierten-Studiengängen mit rechtswissenschaftlichem Schwerpunkt.

Wie finde ich den richtigen LL.M.?

1. Entscheidungsgrundlage klären: Warum ein LL.M.?
2. Die richtigen Studienoptionen finden
3. Das richtige Programm aussuchen
4. Erfolgreich bewerben
5. Finanzierung sicherstellen

Fünf Schritte zur Wahl des richtigen LL.M.-Programms

Der „Wert“ des LL.M.

Der „Wert“ des LL.M. hängt maßgeblich vom gewählten Programm und natürlich vom Absolventen selbst ab. Ein LL.M. kann die Chancen des Absolventen auf dem Arbeitsmarkt verbessern. Nach Ansicht des Bundesfinanzhofs sind die Chancen, „den erstrebten Arbeitsplatz zu erhalten“ mit einem LL.M. sogar „erheblich verbessert“.[1] Viele Arbeitgeber legen Wert auf Zusatzqualifikationen; deren Bedeutung dürfte auch weiter steigen. Denn mit der Einführung universitärer Schwerpunktprüfungen als Teil des Ersten Staatsexamens ist die Zahl der Absolventen mit Prädikatsexamina deutlich gestiegen. Absolventen können und müssen sich deswegen vielleicht in Zukunft unter anderem stärker über Zusatzqualifikationen abheben. Hinweise auf eine steigende Bedeutung sind auch die zunehmende Zahl an LL.M.-Programmen. Ein LL.M. kann bei Bewerbungen zudem ein weniger geglücktes Examen aufwerten.

Auch finanziell kann sich ein LL.M.-Titel beim Berufseinstieg lohnen. Bei einigen Kanzleien schlägt sich dieser in einem höheren Einstiegsgehalt nieder. Während ein erhöhtes Einstiegsgehalt früher oft schematisch nach dem Vorhandensein einer Zusatzqualifikation gewährt wurde, erfolgt aktuell häufig eine individuelle Gesamtwürdigung des Kandidaten. Bei dieser kann sich ein LL.M. auch positiv auf das offerierte Gehalt auswirken.

1 BFH, BFH/NV 2004, S. 32 f.

Klar ist aber auch: Der LL.M. ist eine Zusatzqualifikation, die die berufsqualifizierenden Abschlüsse ergänzt. Daher setzen Arbeitgeber einen LL.M.-Abschluss regelmäßig nicht für eine Einstellung voraus. Ein LL.M.-Abschluss dient Arbeitgebern eher als Nachweis dafür, dass der Absolvent über den Tellerrand geschaut und sich weiterentwickelt hat – auch fachlich. Primäres Auswahlkriterium für eine Einstellung ist ein LL.M. nicht.

Wie wichtig sind Qualität und Reputation?

Angesichts der stetig wachsenden Zahl von LL.M.-Angeboten und -Absolventen kommt es zunehmend auf die Qualität des LL.M.-Programms an. Einen Titel zu erwerben ist relativ einfach, Qualität und langfristigen Nutzen zu sichern dagegen sehr schwierig. Nur bei überzeugender Qualität des LL.M.-Programms wird sich der Absolvent durch seinen Titel positiv von seinen Mitbewerbern abheben und selbst langfristig vom LL.M.-Studium profitieren.

Die Auswahl eines qualitativ überzeugenden Programms sollte daher mit einer gewissen Mühe und Sorgfalt erfolgen. Universität und Studienland spielen neben der Qualität des Programms eine gleichermaßen wichtige Rolle. Den Namen der Universität trägt der Absolvent schließlich ein Leben lang im Titel. Der Ruf der Universität oder Fakultät allein ist aber keine Garantie dafür, dass das gewählte Programm ebenfalls gut ist. Selbst an renommierten Universitäten sind LL.M.-Programme häufig „Massenprogramme“ mit manchmal mehr als 400 Teilnehmern.

Hat eine Universität wissenschaftlich einen herausragenden Ruf, weil Koryphäen des Fachs dort Professoren sind, heißt das nicht, dass diese Professoren in dem gewählten Programm auch lehren. Gerade im angloamerikanischen Bereich gibt es sogenannte Research Professors, die in der Lehre kaum in Erscheinung treten.

Der LL.M.-Interessent muss natürlich seine Ausgangsbedingungen und finanziellen Ressourcen berücksichtigen. Einige Universitäten erwarten Mindestpunktzahlen für die Zulassung zu ihren Programmen. Programme bekannter Universitäten sind außerdem häufig teurer als Programme unbedeutenderer, ohne dass letztere inhaltlich schlechter sein müssen. Für deutsche Kanzleien ist der Ruf einer Universität zwar oft weniger wichtig als für Kanzleien in den USA oder in Großbritannien, aber man kann davon ausgehen, dass auch in Deutschland ein Bewerber mit einem LL.M.-Abschluss von einer Spitzenuniversität eine bessere Ausgangsposition hat als ein Absolvent einer weniger renommierten Universität.[2]

2 Vgl. Göthel/Sandmann, *Jura* 2000, S. 605. Von „leuchtenden Augen der Personalchefs“ zu sprechen dürfte übertrieben sein, so aber Capital, 8/88, S. 192 f., zitiert nach Erwin, *JuS* 2001, S. 1241 unter Fn. 1 m.w.N.

Der Aufwand bzw. die Kosten für den Besuch eines LL.M.-Programms einer renommierten Universität dürften sich dabei im Regelfall lohnen. Denn ein prestigeträchtiger Universitätsname ist auch Indiz für eine gewisse Mindestqualität des Programms und damit für eine ernsthafte juristische Weiterqualifikation. Zudem kann es auch förderlich sein, auf die häufig sehr gut gepflegten Alumni-Netzwerke solcher Universitäten zurückgreifen zu können. Allerdings sollte der Kandidat nicht allein das Renommee einer Universität zum Entscheidungskriterium machen, sondern gerade angesichts des finanziellen Aufwands das erstrebte LL.M.-Programm auf seine Inhalte und die Qualität prüfen. Näheres zur Auswahl von Universität und Programmen findet sich in Kapitel 3.

Wer nach dem LL.M.-Studium den oft schwierigen Berufseinstieg im Gastland plant, sollte besonders auf den Ruf der Universität achten. Hilfreiche Tipps finden sich im zweiten Kapitel unter „LL.M. im Ausland“/„Berufseinstieg im Gastland“.

Wählt man ein Programm mit geringen inhaltlichen Anforderungen, besteht auch die Gefahr, dass dieser LL.M. bei Arbeitgebern als eine Art besserer Sprachnachweis gesehen wird. Als Sprachkurs ist der LL.M. aber nicht geeignet und auch zu teuer. In diesem Fall lässt sich der LL.M. unter Umständen weder als Bonus im Lebenslauf noch als Argument bei Gehaltsverhandlungen einsetzen. Im Idealfall sollte ein LL.M. Zusatzkenntnisse vermitteln, die mit Blick auf das angestrebte Tätigkeitsfeld weiterhelfen. Ein LL.M. in internationaler Schiedsgerichtsbarkeit kann beispielsweise das Wissen und die Kontakte vermitteln, die einen beruflichen Einstieg in diesen Bereich in Kanzleien oder mit Schiedsverfahren betrauten Organen erleichtern.

TIPP: Soll der LL.M. vor allem im Hinblick auf die berufliche Perspektive genutzt werden, empfiehlt sich eine sehr sorgfältige Auswahl des Programms. Nur dann wird man mit dem LL.M. nicht nur zusätzliche Kenntnisse erwerben, sondern diese auch einem potenziellen Arbeitgeber überzeugend darstellen können.

Vorteile des LL.M.: Formale und inhaltliche Qualifikation

Neben einem LL.M. gibt es eine Reihe weiterer Qualifikationsmöglichkeiten. Davon führen einige allerdings formal nicht zu Abschlüssen, die zum Tragen eines Titels berechtigen. Der mit dem LL.M.-Studium erworbene Titel kann bei einer späteren beruflichen Tätigkeit zur Außendarstellung (etwa auf der Visitenkarte) verwendet werden und wird deswegen von einigen Kanzleien zusätzlich vergütet.

Zu den juristischen Weiterbildungsmöglichkeiten, die nicht zu einem Titel führen, zählen unter anderem Legal Certificates oder Legal Diplomas, bei denen man einen bis zu sechsmonatigen Kurs besucht und hierfür eine Art Teilnahmebescheinigung (Certificate, Diploma) erhält. Wenn man insbesondere Auslandserfahrung sammeln will, können Auslandsstationen im Referendariat, Auslandspraktika oder Auslandssemester (beispielsweise über Erasmus+) interessant sein.

Auch inhaltlich können sich Legal Certificates, Praktika oder Auslandssemester nicht mit einem LL.M. messen. Ein umfassender Einblick in ein fremdes Rechtssystem ist mit Praktika und Auslandsstationen in der Regel allenfalls begrenzt möglich. Diese Art von Auslandsaufenthalten lässt meist nur geringe Einblicke in das ausländische Rechtssystem zu und ist zum umfassenden Spracherwerb häufig zu kurz. Dies gilt auch für die Kontakte zu Land und Leuten. Ein Erasmus-Jahr dagegen gewährt aufgrund seiner Länge schon einen besseren Einblick. Allerdings kann es sich inhaltlich nicht mit einem LL.M.-Programm messen. Ein LL.M.-Programm ist auf die Bedürfnisse und Kenntnisse von Postgraduierten zugeschnitten und setzt auf einem höheren Niveau an. Der Kenntniszuwachs ist deshalb im Regelfall größer.

Begrenzt gilt dies auch für die zunehmend häufiger anzutreffenden internationalen Jurastudiengänge, bei denen ein Teil des Studiums verpflichtend im Ausland zu absolvieren und häufig auch eine in Umfang und Anforderungen beachtliche Abschlussarbeit anzufertigen ist. Hier sind die Anforderungen höher, und der Lerneffekt ist typischerweise größer als bei reinen Auslandssemestern. Dennoch gilt auch hier, dass man fachlich stärker profitiert, wenn man bereits die Erste Juristische Prüfung abgelegt und sichere Kenntnisse des deutschen Rechts hat. Bei entsprechender Programmauswahl vermittelt der LL.M. Wissen, das mit Auslandsaufenthalten während des Studiums oder des Referendariats normalerweise nicht erworben werden kann. Gleiches gilt für Studiengänge, die mit Legal Certificates abschließen. Sie gestatten wegen ihrer meist kurzen Dauer nur einen begrenzten Einblick in das betreffende Rechtsgebiet.

Fazit: Der persönliche Wert eines LL.M. ist für jeden ein anderer. Für die berufliche Weiterentwicklung aber kommt es langfristig vor allem auf die Qualität des gewählten Programms an.

Alternativen, die ebenfalls zu einem Titel führen

Neben dem LL.M. gibt es Qualifikationsmöglichkeiten, die ebenfalls zu einem Titel führen und in ihrer Wertigkeit deswegen prinzipiell mit einem LL.M.-Abschluss vergleichbar sind.

Andere Postgraduierten-Studiengänge

Die Entscheidung zwischen einem LL.M. und nicht rechtswissenschaftlichen Aufbaustudiengängen hängt vor allem von der persönlichen Perspektive ab. Der LL.M. dient im Allgemeinen zur Vertiefung der rechtlichen Kenntnisse. Er ist daher vor allem für die klassischen juristischen Berufe wie die Anwaltstätigkeit von Vorteil. In Bewerbungen wird er von Kanzleien grundsätzlich gern gesehen. Neben dem Titel lässt er auf Spezialkenntnisse schließen, die der Arbeitgeber für die Außendarstellung und die praktische Arbeit nutzen kann. Gleichzeitig ist für Juristen der Aufwand für einen LL.M. etwas geringer als für Aufbaustudiengänge mit nicht juristischem Schwerpunkt. Denn selbst wenn die inhaltliche Ausrichtung des LL.M. neue Rechtsbereiche umfasst, kann man auf sein juristisches Handwerkszeug zurückgreifen, was die Einarbeitung erleichtert.[3] Bei Studiengängen nicht juristischer Ausrichtung müssen ungewohnte fachfremde Aufgaben gelöst werden, auf die das juristische Studium in der Regel nicht vorbereitet.

Eine gezielte Vorbereitung auf das LL.M.-Studium ist nicht notwendig, da es sich typischerweise an Teilnehmer ohne oder mit geringen Vorkenntnissen im jeweiligen Rechtsgebiet richtet. Das sichere Beherrschen der Unterrichtssprache wird allerdings vorausgesetzt und muss meist nachgewiesen werden. Wer diesen Anforderungen zu Programmbeginn noch nicht gerecht wird, kann in vielen Fällen an studienbegleitenden Sprachkursen teilnehmen.

Die Entscheidung für Alternativen zum LL.M., etwa für einen Master of Business Administration (MBA) oder einen politikwissenschaftlich ausgerichteten Master of International Relations, kann zu einer breiteren Qualifikation führen und eine berufliche Perspektive auch außerhalb der klassischen juristischen Tätigkeit eröffnen. Wer beispielsweise eine Tätigkeit für eine internationale Organisation vor Augen hat, wird einen Master of International Relations in Erwägung ziehen. Trotz des größeren Aufwands bei der Einarbeitung in ein neues Fachgebiet sollten Studieninteressenten, die ihre berufliche Perspektive verbreitern wollen, daher Alternativen zum LL.M. in ihre Entscheidung einbeziehen. Auf einige ausgewählte Alternativen wird im Folgenden hingewiesen.

---

3 Die Umstellung auf ein fremdes Rechtssystem ist aber dennoch nicht zu unterschätzen, vgl. Hartmann, *JuS* 2003, S. 309 f.; ders., *Jura* 2003, S. 356 ff.

Master of Business Administration

Eine Alternative ist der Master of Business Administration (MBA). Er vermittelt fundierte Kenntnisse der Volks- und Betriebswirtschaftslehre mit einem besonderen Fokus auf Management-Themen, Praxisbezug und internationaler Ausrichtung. Der MBA richtet sich an Absolventen aller Fachbereiche, die für ihre berufliche Weiterentwicklung Wirtschaftskenntnisse benötigen, vor allem auch an potenzielle Führungskräfte. Für Juristen bietet der MBA die Möglichkeit, sich für eine wirtschaftlich ausgerichtete Tätigkeit in Unternehmen zu qualifizieren, aber auch, sich generell wirtschaftliche Kenntnisse anzueignen. Allerdings ist der MBA in der Regel deutlich kostenintensiver als ein LL.M. und dauert in einigen Ländern bis zu zwei Jahre. Der Vorteil eines MBA liegt im Erwerb von Wirtschafts- und insbesondere Management-Kenntnissen. Diese sind für viele Tätigkeiten entweder Voraussetzung oder als Hintergrundwissen nützlich. Ein typischer MBA ist praxisorientiert und vermittelt häufig Kontakte zu potenziellen Arbeitgebern. Man muss bereit sein, sich in fremde und für manch einen auch unangenehme Gebiete wie die Buchhaltung einzuarbeiten. Für eine juristische Tätigkeit ist der MBA nur in den Rechtsgebieten unmittelbar anwendbar, bei denen es auf ein tieferes Verständnis wirtschaftlicher Zusammenhänge ankommt, wie etwa im Bereich Mergers & Acquisitions.

Universitäten bieten zunehmend auch die Möglichkeit, juristische und betriebswirtschaftliche Inhalte im Rahmen eines LL.M.-Studiums miteinander zu verbinden. Die Entscheidung zwischen LL.M. oder MBA wird dementsprechend teilweise relativiert, da ökonomische Grundkenntnisse in gewissem Umfang auch im Rahmen eines LL.M.-Programms erlangt werden können. Allerdings kann der Besuch einiger wirtschaftlich geprägter Kurse nicht mit dem Kenntnisstand nach Absolvierung eines MBA-Programmes und dem nach außen sichtbaren Titel eines MBA verglichen werden. Wer sich nicht ausschließlich juristisch fortbilden, aber gleichzeitig auch keinen reinen MBA absolvieren möchte, kann auf gemischte Programme zurückgreifen. Der LL.M. in International Business Law der IE Law School oder der LL.M. in Law and Economics der Queen Mary University verknüpfen beide Disziplinen, ohne dass wie bei Dual-Degree-Programmen die Dauer des Studiums ein Jahr überschreitet.

Viele Universitäten – gerade U.S.-amerikanische – bieten die Möglichkeit, Kurse ihrer jeweiligen Business School zu besuchen. Hier gilt es aber vorab zu klären, ob an den Klausuren teilgenommen werden darf und ob die hierbei eventuell erworbenen Credits für den Erwerb des LL.M. genutzt werden können. Eine separate Bescheinigung für die erfolgreiche Teilnahme an den Business-Kursen wird es üblicherweise nicht geben. Eine Ausnahme bildet hier die University of Pennsylvania, die das Wharton Business and Law Certificate verleiht.

Master of International Relations

Eine weitere Option kann ein Master of International Relations sein. Es handelt sich dabei um ein Programm mit stark politikwissenschaftlicher Ausrichtung. Angesprochen werden vor allem Interessenten, die eine Tätigkeit in internationalen Organisationen oder allgemein in der Politik anstreben. Der Vorteil liegt in der klaren Fokussierung auf ein bestimmtes Tätigkeitsfeld. Für Juristen kann der Master of International Relations ein Qualifikationsnachweis für eine (häufig fachfremde) Tätigkeit mit politischem Bezug sein. Dauer und Kosten derartiger Programme sind oft mit denen eines

LL.M. vergleichbar. Die einseitige Ausrichtung des Master of International Relations kann jedoch auch ein Nachteil sein, da die erworbenen Kenntnisse außerhalb des angestrebten Tätigkeitsfelds nur in geringem Umfang genutzt werden können.

Master of Finance

Der Master of (International) Finance ist ein Wirtschaftsstudium, das im Gegensatz zum MBA einen klaren Fokus auf Finanzierungsfragen, beispielsweise beim Unternehmenskauf, hat. Er eignet sich für Personen, die Interesse am Bank- und Finanzrecht haben, wirtschaftliche Entscheidungen, etwa im Vorfeld eines M&A-Projekts, verstehen möchten und sich vorstellen können, beispielsweise für (Investment-)Banken oder im Bankrecht zu arbeiten. Bezüglich Dauer und Kosten ist er ebenfalls mit dem LL.M. vergleichbar. Der Vor- und gleichzeitige Nachteil des Master of Finance besteht in der klaren Fokussierung. Im Gegensatz zu einem Master of International Relations lässt sich das vermittelte Wissen spezifischer für bestimmte Rechtsgebiete nutzen. Im Unterschied zum MBA vermittelt der Master of Finance nur einen Ausschnitt wirtschaftlicher Kenntnisse und ist damit weniger flexibel einsetzbar.

Master of Taxation

Ein Master of Taxation ist ein Postgraduierten-Studium mit steuerrechtlichem Schwerpunkt. Es umfasst steuerlich relevante Aspekte aus Wirtschaft und Recht. Hinsichtlich der Dauer und der Kosten gibt es kaum Unterschiede zum LL.M. Genau wie der Master of Finance dient der Master of Taxation ebenfalls einer klaren Spezialisierung – mit den bereits geschilderten Vor- und Nachteilen. Absolventen können das erworbene Wissen nicht nur in Kanzleien, sondern auch in Wirtschaftsprüfungsgesellschaften oder Unternehmen einsetzen.

Master of Public Administration

Eine andere Möglichkeit zur Weiterqualifizierung ist der Master of Public Administration. Er ist inhaltlich das angloamerikanische Pendant zu dem, was in Deutschland unter dem Begriff Verwaltungswissenschaft bekannt ist. Vermittelt werden Kenntnisse im Management öffentlicher Institutionen. Der Master of Public Administration richtet sich an Personen, die am öffentlichen Recht und an einer Laufbahn im Öffentlichen Dienst interessiert sind. Dauer und Kosten eines solchen Programms sind mit denen eines LL.M. vergleichbar. Die Vor- bzw. Nachteile des Master of Public Administration liegen ebenfalls in der oben ausgeführten Ausrichtung auf ein abgegrenztes Tätigkeitsfeld.

Dual-Degree-Programme

In den letzten Jahren werden zunehmend Dual-Degree-Programme angeboten. Dabei handelt es sich um Programme, die zu einem Doppelabschluss führen oder bei denen der zu erwerbende Abschluss während des Programms vom Absolventen bestimmt werden kann.

Einige Programme ermöglichen es, innerhalb von zwei Jahren sowohl den LL.M. als auch den MBA zu erwerben (z. B. am American University Washington College of Law und der Université de Fribourg). Es handelt sich typischerweise um Kooperationsprogramme, die gemeinsam von juristischen und wirtschaftswissenschaftlichen Fakultäten angeboten werden. Dadurch soll ein Ineinandergreifen von juristischen und wirtschaftlichen Fragestellungen gewährleistet werden. Eine Kombination aus wirtschaftlichen und rechtlichen Teilgebieten findet sich auch beim Master of Law and Business der Bucerius Law School. Absolventen sollten bei Dual-Degree-Programmen neben der häufig längeren Dauer solcher Programme abwägen, inwieweit ein Doppelabschluss für die später angestrebte Tätigkeit erforderlich oder hilfreich ist. Zudem sollten kombinierte Programme mit den für sich allein stehenden LL.M.- und MBA-Programmen verglichen werden, bei denen Erfahrung an unterschiedlichen Universitäten und in verschiedenen Ländern gesammelt werden kann.

Vor allem in Deutschland werden Master-Studiengänge angeboten, die man entweder mit einem MBA oder einem LL.M. abschließen kann (z. B. an der Dresden International University und an der Westfälischen Wilhelms-Universität Münster). Solche Programme stehen typischerweise neben Juristen auch Wirtschaftswissenschaftlern offen. Sowohl MBA- als auch LL.M.-Anwärter besuchen anfänglich dieselben Kurse. Erst zu einem fortgeschrittenen Zeitpunkt im Studium wird ein Schwerpunkt im rechtlichen oder wirtschaftlichen Bereich gesetzt. Diese Schwerpunktsetzung ist für die spätere Titelerlangung maßgeblich. Solche Programme werden insbesondere in den Gebieten mit großer Nähe zur Wirtschaft, zum Beispiel im Steuer- oder Unternehmensrecht, angeboten. Die Wahl eines solchen Weges bietet sich für Interessenten an, die sich zu Studienbeginn noch nicht auf einen rechtlichen oder wirtschaftlichen Schwerpunkt festlegen können oder wollen. Ihre Flexibilität ist ein Vorteil dieser Programme. Sie ermöglicht den Erwerb eines breiten Basiswissens. Nachteil dieser Flexibilität mag sein, dass wegen der anfänglich breiteren Aufstellung das Programm nicht die gleiche Tiefe wie herkömmliche Programme erreicht und eine Spezialisierung damit unter Umständen schwerer erzielt werden kann. Da diese Programme eine relativ neue Erscheinung sind, lässt sich derzeit schwer einschätzen, ob sie sich langfristig halten und ihren Absolventen den erhofften Mehrwert bringen werden.

Alternative Promotion

Vielfach wird die Promotion als Alternative zu einem LL.M. gesehen. Die häufig gestellte Frage „Promotion oder LL.M.?“ lässt sich jedoch nicht eindeutig beantworten. Die Meinungen hierzu sind sehr unterschiedlich. In einigen Kanzleien wird der Doktortitel bevorzugt, in anderen ein LL.M. Manchmal wird auch beides erwartet. Für eine wissenschaftliche Tätigkeit ist der Doktortitel nach wie vor zwingend, lediglich im Ausland kann eine wissenschaftliche Karriere in Ausnahmefällen ohne Promotion möglich sein. Wer nur einen der beiden Abschlüsse anstrebt, sollte abgesehen von seinen persönlichen Präferenzen folgende Argumente berücksichtigen:
Einerseits dauert eine Doktorarbeit in der Regel länger als ein LL.M. Die Gefahr, die Energie zu verlieren oder gar zu scheitern, ist daher bei der Promotion deutlich größer. Das Risiko, bei einem LL.M. durchzufallen, ist dagegen normalerweise sehr gering. Sprachkenntnisse werden durch eine Promotion in der Regel nicht erworben. Allerdings besteht die Möglichkeit, als sogenannter Visiting Scholar einen Forschungsaufenthalt an einer Universität im Ausland zu absolvieren. Der finanzielle Aufwand ist für eine Doktorarbeit meist geringer, da keine hohen Studiengebühren anfallen. Durch die längere Dauer der Promotion kann man aber häufig erst später eine berufliche Tätigkeit aufnehmen und verdient während der Promotion weniger als ein schon früher ins Berufsleben eingestiegener LL.M.-Absolvent – oder gar nichts. Dieser Verdienstausfall kann bei wirtschaftlicher Betrachtung zu vergleichbaren Kosten von LL.M.

und Promotion führen. Bei einer Promotion bewegt sich der Doktorand aber in dem ihm bekannten fachlichen und persönlichen Umfeld. Anders als beim LL.M. wird er nicht aus dem vertrauten Recht herausgerissen, was den Einstieg in das Referendariat erleichtern kann. Bei einer Promotion ist, anders als für einen Vollzeit-LL.M. im Ausland, keine Umstellung der Lebensverhältnisse mit dem damit verbundenen hohen Aufwand nötig. Eine Promotion erfordert auch keine so umfangreiche Bewerbung wie ein LL.M. - die für viele angehende Promovenden schwierige Themenkonkretisierung bei einer Dissertation kostet jedoch häufig viel Zeit. Unabhängig davon, wie man sich hier zunächst entscheidet, kann das Versäumte immer noch nachgeholt werden. Später im Leben ist man jedoch eventuell weniger flexibel (Familie, feste Arbeitsstelle etc.).

Alternative Fachanwalt

Wer mindestens die Erste Juristische Prüfung hinter sich hat, kann auch den theoretischen Teil der Ausbildung zum Fachanwalt absolvieren. Dieser Teil der Ausbildung umfasst in der Regel einen Lehrgang von 120 Stunden. Einzelheiten sind in der Fachanwaltsordnung (FAO) geregelt.

TIPP: Wegen des überschaubaren zeitlichen Umfangs wird Referendaren zum Besuch eines Fachanwaltslehrgangs häufig Sonderurlaub gewährt. Der Fachanwaltslehrgang kann daher gut während des Referendariats absolviert werden. Die genauen Voraussetzungen für einen Sonderurlaub müssen bei der zuständigen Ausbildungsstelle erfragt werden.

Der Vorteil des Besuchs eines Fachanwaltslehrgangs liegt in der starken Praxisorientierung und der überschaubaren Investition von Zeit und Geld. Er bietet sich daher besonders für Berufstätige an, die schwerpunktmäßig im Rechtsgebiet des Lehrgangs tätig sind. Aus dem beschränkten Umfang ergibt sich aber, dass der Fachanwaltslehrgang nicht in dem Maße Kenntnisse vermitteln kann wie ein LL.M.-Programm mit vergleichbarem Schwerpunkt. Auch Kenntnisse einer anderen Sprache und Kultur werden nicht erworben. Um den Fachanwaltstitel später führen zu dürfen, müssen zusätzlich in der praktischen Anwaltstätigkeit erworbene Kenntnisse im betreffenden Rechtsgebiet nachgewiesen werden. Wer sich hinsichtlich des angestrebten Tätigkeitsfelds noch nicht sicher ist, läuft Gefahr, den Titel nicht führen zu können, falls er später in einem ganz anderen Rechtsgebiet arbeiten sollte. Ein Fachanwaltslehrgang kann relativ einfach zu jedem Zeitpunkt des beruflichen Werdegangs besucht werden. Viele Kanzleien fördern die Teilnahme an solchen Lehrgängen. Daher liegt es nahe, den Fachanwalt nicht als Alternative zum LL.M. zu begreifen, sondern als eine zusätzliche (eventuell spätere) Option beruflicher Fortbildung.

Kombinationsmöglichkeiten

Die mit dem LL.M. erworbene Qualifikation kann über das konkret gewählte Programm hinaus weiterentwickelt bzw. parallel zu anderen Projekten betrieben werden.

Der LL.M. in Verbindung mit einer Promotion

Der LL.M., beziehungsweise das dort erworbene Wissen, kann als Grundlage für eine spätere Doktorarbeit genutzt werden. Die Hauptvorteile dieser Vorgehensweise liegen in einem verminderten Zeitaufwand für das Promotionsvorhaben und in der Tatsache, dass der Absolvent tiefere Kenntnisse eines ausländischen Rechtssystems direkt vor Ort erworben hat. Zudem hilft der zwischenzeitliche Besuch eines LL.M.-Programms oft, das Promotionsvorhaben konkret in ein Konzept zu fassen. Um einen LL.M. tatsächlich als Grundlage für die Promotion nutzen zu können, sollte man schon vor Beginn des LL.M.-Programms eine ungefähre Vorstellung vom Dissertationsthema haben. Der Schwerpunkt einer (deutschen) Promotion liegt – von Ausnahmen wie dem Völker- und Europarecht abgesehen – im deutschen Recht. Selbst wenn man ein Thema rechtsvergleichend bearbeiten möchte, sollte es schon vor Beginn des LL.M. so umrissen sein, dass die Abschlussarbeit des LL.M. hierauf abgestimmt werden kann.

TIPP: Manche Professoren reagieren mittlerweile mit einer gewissen Zurückhaltung auf diese Vorgehensweise. Wer an einer solchen Kombination interessiert ist, sollte nachfragen, wie sein Doktorvater dazu steht und welche Anforderungen er stellt, wenn LL.M.-Inhalte teilweise in die Doktorarbeit übernommen werden.

Man sollte im Blick behalten, dass die Qualitätsstandards einer Promotion und einer LL.M.-Abschlussarbeit sehr unterschiedlich sein können. In einer Promotion werden beispielsweise meist höhere Anforderungen an den Umfang der Bearbeitung eines Problems gestellt. Man sollte das während des LL.M.-Studiums erworbene Wissen daher eher als Grundlage für eine Neubearbeitung nutzen.

Werden Promotion und LL.M. nacheinander absolviert, kostet dies natürlich mehr Zeit. Promotion und LL.M. gar parallel voranzutreiben, ist kräftezehrend. Wer das versucht, läuft Gefahr, das LL.M.-Studium nicht optimal nutzen bzw. den Aufenthalt im fremden Land nicht wie geplant genießen zu können. Wer diese Doppelbelastung dennoch auf sich nehmen will, sollte dies bei der Auswahl des LL.M.-Programms berücksichtigen. Teilzeitprogramme oder Fernstudiengänge räumen die meisten Freiheiten und damit Möglichkeiten zur zeitlichen Verbindung mit einer Promotion ein.

Der LL.M. parallel zum Referendariat oder Beruf

Ein LL.M. kann praktisch zu jedem Zeitpunkt des beruflichen Werdegangs absolviert werden. Damit ist es möglich, parallel zum Referendariat oder zur beruflichen Tätigkeit einen LL.M. zu erwerben. Der Vorteil dieser Vorgehensweise liegt vor allem in der Zeitersparnis. Man muss kein zusätzliches Jahr in den LL.M. investieren oder die berufliche Tätigkeit unterbrechen. Allerdings ist bei einem solchen Vorgehen immer eine Doppelbelastung gegeben, die viel Kraft kostet. Es besteht die Gefahr, dass sowohl berufliche und private Interessen als auch der LL.M. darunter leiden. Die Vereinbarkeit hängt wesentlich vom Studienmodus und der inhaltlichen Ausrichtung des Programms ab. Ein Vollzeitstudium - wenn auch „nur" in Deutschland - ist neben dem Referendariat oder Beruf sicher nur in Ausnahmefällen und mit erheblicher Anstrengung möglich. Wer dies erwägt, sollte sehr sorgfältig planen. Bei einem Teilzeit- oder Fernstudium ist die Belastung in der Regel geringer und die Vereinbarkeit mit anderen Tätigkeiten eher möglich. Bei einer Kombination von Referendariat und LL.M. sollte bei der Wahl der Ausbildungsstation darauf geachtet werden, dass für das LL.M.-Studium noch genug Raum bleibt.

TIPP: Bewertungen des Umfangs einzelner Stationen bzw. der zeitlichen Beanspruchung durch einzelne Ausbilder halten häufig die Personalräte der Referendare oder auch Repetitoren bereit.

Bestimmte Stationen können mit einem minimalen Aufwand bewältigt werden. Dabei besteht allerdings die Gefahr, dass die Möglichkeiten des Referendariats nicht optimal genutzt werden.

Werden Referendariat und LL.M. parallel absolviert, sollte auf eine zeitlich versetzte Anordnung geachtet werden. Das LL.M.-Programm sollte idealerweise während des ersten Jahres des Referendariats auslaufen, um eine Kollision der jeweiligen Prüfungsvorbereitungsphasen zu vermeiden. Bei einer Kollision besteht allerdings in vielen Bundesländern die Möglichkeit, für die Teilnahme an einem LL.M.-Programm das Referendariat durch die Beantragung von Sonderurlaub zeitweise zu unterbrechen. Vorteil dieser Vorgehensweise ist, dass eine Doppelbelastung vermieden wird. Nachteil dieser Option ist, dass das Referendariat hierdurch unterbrochen wird und bereits erworbenes Wissen zu einem späteren Zeitpunkt aufgefrischt werden muss. Es besteht auch kein Anspruch auf Sonderurlaub; seine Gewährung liegt im Ermessen der Ausbildungsbehörde. Sonderurlaub wird grundsätzlich nur im Anschluss an die Beendigung einer Referendariatsstation gewährt. Kandidaten, die ein solches Vorgehen erwägen, sollten frühzeitig mit der zuständigen Ausbildungsbehörde Kontakt aufnehmen, um abzustimmen, ob das möglich ist.

Der LL.M. für Diplom- und Wirtschaftsjuristen

In den letzten Jahren hat sich die juristische Ausbildung verändert. Hochschulen bilden in zunehmendem Maße nicht nur den „Einheitsjuristen“ mit dem Ziel der Ersten Juristischen Prüfung aus, sondern auch Diplom- und Wirtschaftsjuristen. Auch für diese Absolventen können Zusatzqualifikationen wie ein LL.M. für Berufseinstieg und Karriere hilfreich sein. Allerdings müssen Diplom- und Wirtschaftsjuristen im Hinblick auf die von ihnen angestrebten Tätigkeitsfelder kritisch prüfen, ob das in LL.M.-Programmen vermittelte Wissen für die eigene Tätigkeit von Nutzen sein kann und auch von Arbeitgebern entsprechend honoriert wird. Auch für Diplom- und Wirtschaftsjuristen kann ein LL.M. die Chancen auf dem Arbeitsmarkt verbessern und sich positiv auf das Gehalt auswirken. Hierzu liegen dem Autor keine Erfahrungswerte vor. Dennoch dürften für ambitionierte Diplom- und Wirtschaftsjuristen vor allem Programme im Ausland interessante Perspektiven eröffnen.

Der LL.M. für Nichtjuristen

Ein LL.M.-Studium steht nicht nur Juristen offen. Die Zulassungsvoraussetzungen vieler Universitäten setzen nicht zwingend einen juristischen Abschluss für eine Zulassung zu einem LL.M.-Programm voraus, sondern verlangen „nachgewiesene juristische Kenntnisse“. Diese mit einem juristischen Abschluss nachzuweisen ist am einfachsten. Doch auch wer Rechtswissenschaften im Nebenfach oder etwa im Rahmen eines Studiums der Betriebswirtschaftslehre mit entsprechender Schwerpunktsetzung studiert hat, kann einen solchen Nachweis erbringen. Nichtjuristen sollten sich sorgfältig überlegen, ob ein LL.M. für sie eine geeignete Zusatzqualifikation darstellt. Zum Beispiel für Politikwissenschaftler mag ein völkerrechtlich ausgerichteter LL.M. durchaus interessante Inhalte vermitteln. Im Regelfall dürften juristische Kenntnisse und juristische Abschlüsse für die Karrierewege von Nichtjuristen im Vergleich zu anderen Zusatzqualifikationen, wie etwa einem MBA oder einem auf eine nicht juristische Tätigkeit vorbereitender Aufbaustudiengang, weniger sinnvoll sein. Der LL.M. ermöglicht Nichtjuristen auch keinen Einstieg in eine Juristen vorbehaltene Tätigkeit wie etwa den Anwaltsberuf.

Führen des Titels „LL.M."

Hat man das Master-Studium mit Erfolg absolviert, möchte man dies verständlicherweise auch nach außen hin zeigen. Der LL.M. ist ein akademischer Grad, dessen unbefugtes Führen gemäß § 132a StGB strafbewehrt ist. Die Befugnis zur Titelführung richtet sich nach den einzelnen Landeshochschulgesetzen, von denen die meisten in Bezug auf ausländische akademische Grade kürzlich reformiert und inhaltlich angeglichen wurden. Folgende Grundregeln sind zu beachten, ersetzen aber nicht den Blick in das jeweils maßgebliche Landesrecht.[4]

- Das Studium muss tatsächlich und an einer anerkannten Hochschule absolviert worden sein (keine „Titelmühle").
- Eine behördliche Genehmigung zur Titelführung ist entbehrlich.
- Titel sind grundsätzlich in der verliehenen Form zu führen (wahlweise „LL.M." oder „Master of Laws").
- Wer den Titel außerhalb der EU erworben hat, muss die Universität mitnennen. Es dürfen aber übliche Abkürzungen verwendet werden. Folglich wäre es falsch, nach einem Studium an der New York University seine Visitenkarte mit „Max Mustermann, LL.M." zu bedrucken. Demgegenüber wäre „Max Mustermann, LL.M. (NYU)" ebenso zulässig wie „Max Mustermann, LL.M. (New York University)".

Exemplarisch ein Auszug aus der entsprechenden Vorschrift des Hochschulgesetzes von Nordrhein-Westfalen:

§ 69 Abs. 2 Hochschulgesetz NRW: „Von einer staatlichen oder staatlich anerkannten Hochschule in Deutschland oder in einem anderen Mitgliedstaat der Europäischen Union einschließlich der Europäischen Hochschulen in Florenz und Brügge sowie der Päpstlichen Hochschulen in Rom verliehene Hochschulgrade sowie entsprechende staatliche Grade können im Geltungsbereich dieses Gesetzes in der verliehenen Form geführt werden. Ein sonstiger ausländischer Hochschulgrad, der auf Grund einer Prüfung im Anschluss an ein tatsächlich absolviertes Studium von einer nach dem Recht des Herkunftslandes anerkannten Hochschule ordnungsgemäß verliehen wurde, kann in der verliehenen Form unter Angabe der verleihenden Institution geführt werden. Die verliehene Form des Grades kann bei anderen als lateinischen Schriftarten in die lateinische Schrift übertragen werden; ferner kann die im Herkunftsland zugelassene oder, soweit keine solche besteht, die dort nachweislich allgemein übliche Abkürzung geführt sowie eine wörtliche Übersetzung in Klammern hinzugefügt werden. Die Sätze 2 und 3 gelten für ausländische staatliche und kirchliche Hochschulgrade entsprechend. Eine Umwandlung in einen entsprechenden inländischen Grad ist ausgeschlossen."

4 § 34a I BerlHG, § 22 I HHG, Art. 68 I BayHSchG, § 37 I LHG (BW), § 30 I BbgHG, § 64b BremHG, § 69 I HmbHG, § 42 I LHG M-V, § 10 I NHG, § 69 II HG (NRW), § 31 II HochSchG (Rh.-Pf.), § 63 I UG (Saarl.), § 44 I SächsHSFG, § 19 I HSG LSA, § 57 I HSG (SH), § 59 I ThürHG.

2. Grundentscheidungen bei der Auswahl eines LL.M.-Programms

von Dr. Daniel Voigt, MBA (Durham)

30 Fünf Grundentscheidungen
31 Der Taught-LL.M. (LL.M. by Coursework)
33 Der LL.M. by Research
34 Inhaltliche Ausrichtung des LL.M.
35 Wahl des Studienlandes
35 LL.M. in Deutschland
36 LL.M. im Ausland
41 Vollzeit-, Teilzeit- oder Fernstudium
42 Der richtige Zeitpunkt für das LL.M.-Studium
42 Vor der Ersten Juristischen Prüfung (mit LL.B.)
43 Nach der Ersten oder Zweiten Juristischen Prüfung
46 Kosten

Fünf Grundentscheidungen

Hat man sich für ein LL.M.-Studium entschieden, muss man im nächsten Schritt fünf wesentliche Entscheidungen zur Gestaltung des Studiums treffen.

Welche Studienart soll gewählt werden? Welche inhaltliche Ausrichtung soll das Programm haben (allgemein oder speziell ausgerichtet)? Zu welchem Zeitpunkt, in welchem Land und in welchem Modus (Voll- oder Teilzeit bzw. Fernstudium) soll es absolviert werden? Diese Entscheidungen sind untrennbar miteinander verknüpft. Persönliche Präferenzen und Möglichkeiten sprechen für bestimmte Kombinationen. Auch die Kosten sind ein wichtiger Faktor.

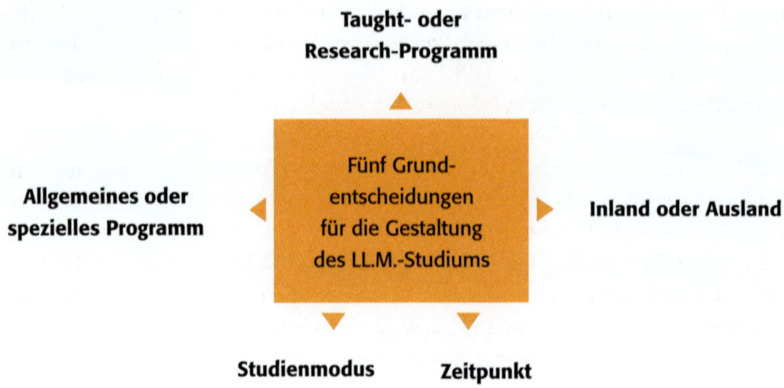

Grundentscheidungen für die Gestaltung des LL.M.-Studiums

Der Taught-LL.M. (LL.M. by Coursework)

Grundsätzlich muss man zwischen zwei Arten des LL.M. unterscheiden: dem Taught-LL.M. und dem LL.M. by Research. Für den Taught-LL.M. ist auch die Bezeichnung LL.M. by Coursework gebräuchlich.

Die überwiegende Anzahl der angebotenen LL.M.-Programme sind sogenannte Taught-Programme. Der Taught-LL.M. ist ein konventionelles Studium, das auf Vorlesungen basiert und je nach Universität durch Tutorien und weitere Veranstaltungen ergänzt wird.

Der Vorteil eines solchen Studienaufbaus liegt darin, dass der Teilnehmer systematisch in die Thematik bzw. das jeweilige Rechtssystem eingeführt wird. Das gewählte Gebiet wird konsequent erschlossen, und die enge fachliche Begleitung durch die Dozenten trägt zum Lernerfolg bei. Allerdings ist der LL.M.-Student - auch wenn es umfangreiche Wahlmöglichkeiten gibt - an die angebotenen Kurse grundsätzlich gebunden und kann meist nur den Inhalt seiner Abschlussarbeit frei wählen.

Obligatorisch wären im Rahmen eines vorgegebenen Curriculums eines auf Europarecht ausgerichteten LL.M.-Programms etwa Kurse zu den europäischen Grundfreiheiten. Im weiteren Verlauf des Studiums könnten dann Vertiefungsveranstaltungen, z. B. zum Schwerpunkt Dienstleistungsfreiheit, gewählt werden, mit denen eine ganz andere Durchdringung der Materie in Tiefe und Umfang erreicht werden kann. Üblicherweise müssen beim Taught-LL.M. kursbegleitend kürzere schriftliche Hausarbeiten (Assignments) zu bestimmten Themen erstellt und Klausuren (Exams oder Finals) geschrieben werden. Zum Teil werden auch Präsentationen von den Kursteilnehmern verlangt. Das Programm endet meist mit einer Abschlussarbeit (Dissertation) von unterschiedlichem Umfang. Normalerweise ist eine Arbeit von 20.000 bis 30.000 Wörtern erforderlich, die in der zwei- bis dreimonatigen Bearbeitungsphase gut zu bewältigen ist. An manchen Universitäten kann die Abschlussarbeit auf das ganze Jahr ausgedehnt werden und hat den Charakter einer umfassenden kursbegleitenden Arbeit. Es gibt jedoch auch Universitäten, an denen der Titel allein durch die Leistungsnachweise der besuchten Kurse erworben wird. Wer also Wert auf eine Abschlussarbeit legt, sollte sich vorher genau informieren, ob das gewählte Programm mit einer solchen endet.

Der Aufbau der Programme kann aber sehr unterschiedlich sein. Ein typisches Kursprogramm sieht wie nachfolgend dargestellt aus. Die Mindestanzahl der aus den Elective Modules zu belegenden Kurse hängt von den Vorgaben des Programms ab. Üblicherweise werden in Elective Modules angebotene Kurse teilweise nur in Abhängigkeit von einer bestimmten Mindeststudentenzahl angeboten.

	Course Title
Optional Modules	
Introductory Module	Introduction to Legal Systems Introduction to IP Introduction to Economics Introduction to Competition Law
Required Modules	
Basic Module	European Patent Law U.S. Patent Law European Copyright Law U.S. Copyright Law European, U.S., and International Design Law Unfair Competition ...
Master Thesis	
Elective Modules	
1. Patent Law Module	Protection of Biotechnological Inventions Pharmaceuticals and IP Asian Patent Laws Patent Law in Practice ...
2. Copyright Law Module	Copyright Licensing Copyright and Computer Programs Copyright Law in Practice ...
3. Trademark Law Module	Protection of Geographical Indications IP in Global Legal Orders Trademark Law in Practice ...
4. IP and Competition Law Module	Competition Law in Emerging Markets Patent Licensing Oral Advocacy ...
5. IP Law in Practice	Patent Law in Practice Copyright Law in Practice ...

	Course Title
Optional Modules	
6. Innovation Management	Theoretical and Economic Foundations of IP Innovation Policy ...
7. IP and Technology	Software Patents Protection of Biotechnological Inventions ...
8. Thesis Preparation	Asian Patent Laws The Federal Circuit ...

Modularer Aufbau eines Taught-LL.M. am Beispiel des LL.M. „Intellectual Property and Competition Law" des Munich Intellectual Property Law Center

Der LL.M. by Research

Der LL.M. by Research unterscheidet sich vom Taught-LL.M. durch die Art des Studiums: Ohne Vorlesungsbesuch erarbeiten die Studenten zusammen mit einem Tutor eine unabhängige Forschungsarbeit. Dazu muss man kein Muttersprachler sein, solide Sprachkenntnisse sind ausreichend. Viele Universitäten erwähnen den LL.M. by Research nicht im Informationsmaterial – am besten fragt man beim Fachbereich nach, ob diese Möglichkeit des LL.M.-Studiums an der jeweiligen Universität besteht. Viele Universitäten bieten auch eine Kombination zwischen einem Taught-LL.M. und der Research-Variante an. Der Student besucht dann ein halbes Jahr lang Kurse und fertigt im zweiten Halbjahr seine Forschungsarbeit an. Deutsche Universitäten bieten den LL.M. by Research allerdings – zumindest soweit aktuell ersichtlich – noch nicht an.

Den Forschungsschwerpunkt des LL.M. by Research kann man in Absprache mit dem inhaltlichen Angebot der Universität weitgehend selbst bestimmen. Der Umfang der Forschungsarbeit ist im Vergleich zur Abschlussarbeit eines Taught-LL.M. deutlich größer, da sie meist die einzige Prüfungsleistung darstellt, für die dann schließlich auch der Titel verliehen wird. Exams oder Assignments müssen in diesem Fall nicht abgelegt bzw. angefertigt werden.

Bei konkreten Vorkenntnissen oder besonderem Forschungsinteresse kann ein LL.M. by Research interessant sein. Der Vorteil dieser Programmvariante liegt in der großen Gestaltungsfreiheit. Man kann seinen Interessen nachgehen und ein Thema in erheblichem Umfang vertiefen. Man muss sich nicht mit Inhalten befassen, die einen nicht interessieren. Doch das Modell birgt auch Nachteile: Eine gezielte Einführung ins Thema findet nicht statt, und die Einarbeitung erfolgt im Wesentlichen in Eigeninitiative. Die Anbindung an die Universität und andere Studierende ist deutlich geringer als bei Taught-Programmen.

TIPP: Ein LL.M. by Research bietet sich insbesondere für diejenigen an, die entweder bereits promovieren oder eine Promotion auf dem LL.M. aufbauen wollen. Gerade weil die Forschungsarbeit des LL.M. by Research umfangreicher ist, ergeben sich gute Kombinations- und Finanzierungsmöglichkeiten.

Die Studienbedingungen eines LL.M. by Research können sich von denen eines Taught-LL.M. unterscheiden, vor allem im Hinblick auf Zugangsvoraussetzungen, Prüfungsleistungen, finanzielle Fragen oder Nutzung der Ressourcen der Universität. Hierüber sollte man sich im Vorfeld gut informieren.

Inhaltliche Ausrichtung des LL.M.

Vor allem bei den Taught-Programmen kann im zweiten Schritt zwischen zwei Programmausrichtungen gewählt werden. Allgemein ausgerichtete Programme, die beispielsweise in ein fremdes Rechtssystem einführen, enden mit dem Abschluss LL.M. Speziell ausgerichtete Programme, die sich inhaltlich auf ein bestimmtes Rechtsgebiet konzentrieren, führen zu Abschlüssen wie dem LL.M. in European Law, LL.M. in Maritime Law oder LL.M. in Commercial Law. Die Bandbreite an Spezialprogrammen ist mittlerweile enorm groß und umfasst selbst ausgefallene Interessengebiete. Die Mehrzahl der Programme kann dem Zivilrecht zugeordnet werden, ein LL.M.-Studium im öffentlichen Recht (z. B. Europarecht) oder Strafrecht (z. B. Wirtschaftsstrafrecht) ist aber auch möglich und sinnvoll. Mit der Teilnahme an einem allgemeinen Programm erschließt sich der Kursteilnehmer in der Regel ein neues – zumeist ausländisches – Rechtsgebiet. Die speziell ausgerichteten Programme dienen vor allem dem Aufbau oder der Vertiefung einer Spezialisierung in einem bestimmten Teilgebiet des Rechts.

Welche Richtung man einschlägt, hängt im Wesentlichen davon ab, wie konkret die eigene berufliche Planung bereits ist. Ein allgemein ausgerichtetes Programm ist in dieser Hinsicht flexibel. Es kann dazu genutzt werden, zunächst breitere Kenntnisse aufzubauen und sich in diesem Rahmen über die eigenen Interessen klar zu werden. In der zweiten Hälfte des Programms ist im Rahmen der Kursauswahl auch eine begrenzte Schwerpunktsetzung auf ein bestimmtes Rechtsgebiet möglich. Eine Spezialisierung ist dann von Vorteil, wenn man beabsichtigt, in einem bestimmten Bereich tätig zu werden. Wer sich beispielsweise mit einem LL.M. in Real Estate Law für eine Tätigkeit im privaten Baurecht bewirbt, kann auf besondere Rechtskenntnisse in dieser Materie verweisen und den künftigen Arbeitgeber möglicherweise leichter von seinen Qualitäten auf diesem Gebiet überzeugen. Andererseits hilft ein solch spezieller LL.M. zum Beispiel bei einer Bewerbung für eine Tätigkeit im gewerblichen Rechtsschutz eher nicht weiter.

Der Aspekt der Spezialisierung sollte aber, verglichen mit der allgemeinen Ausbildung, nicht überbewertet werden. Die getroffene Entscheidung ist nicht endgültig. Mit jedem LL.M. kann man auf besondere Kenntnisse in einem bestimmten Rechtsgebiet und die Bereitschaft zur Weiterqualifikation verweisen. Die mit der Wahl einer bestimmten Programmausrichtung getroffene inhaltliche Festlegung kann, muss aber nicht richtungsweisend sein.

Wahl des Studienlandes

Die Wahl des Studienlandes ist häufig nicht einfach. Zunächst muss man sich grundsätzlich entscheiden, ob man in Deutschland bleiben oder ins Ausland gehen will. Dabei sind die jeweiligen Besonderheiten der LL.M.-Programme in Deutschland gegenüber den Programmen im Ausland zu berücksichtigen. Eine allgemeine Aussage, ob ein in Deutschland erworbener LL.M. besser oder schlechter ist als ein im Ausland absolvierter, lässt sich nicht treffen. Dies ist zu sehr von den persönlichen Interessen und Möglichkeiten abhängig, weshalb an dieser Stelle nur einige Hinweise zur Entscheidungsfindung gegeben werden.[1]

LL.M. in Deutschland

LL.M.-Programme gibt es nicht nur im Ausland, sondern mittlerweile in stetig wachsender Zahl auch in Deutschland. Schon eine kurze Suche fördert 90 LL.M.-Programme zutage (vgl. www.llm-guide.com/germany). Jährlich kommen neue hinzu.

Gerade bei neu eingeführten Programmen lassen sich Qualität und künftige Wertschätzung schwer beurteilen, da noch keine Erfahrungswerte existieren. Um die Qualität einschätzen zu können, sollten sich Interessenten bei neuen Programmen genau über Kursinhalte, Dozenten und sonstige Details informieren.

Einige Programme richten sich ausschließlich an „Foreign Graduates" und damit an Interessenten, die ihren Abschluss im Ausland erworben haben. An deutschen Universitäten für inländische Studenten konzipierte Programme werden insbesondere mit spezieller Ausrichtung, starkem Praxisbezug oder im Teilzeitmodus angeboten.

Allgemein lässt sich sagen: Ein deutscher LL.M. ist eine fachliche Sonderqualifikation mit tendenziell steigendem Wert. Die Ausbildung ist in der Regel praxisbezogen, und die erworbenen Kenntnisse lassen sich unmittelbar in der Arbeitswelt verwenden. Der LL.M. kann damit gut der beruflichen Weiterentwicklung dienen.

TIPP: Da viele deutsche LL.M.-Programme einen hohen Praxisbezug haben und als Teilzeitstudien angeboten werden, empfehlen sie sich vor allem für Berufstätige. Sie sind eine gute Alternative zum eher unpersönlichen Fernstudium. Die Belastung ist in der Regel mit dem Beruf gut zu vereinbaren, da die Präsenzpflichten nicht allzu umfangreich sind.

Die Kosten für ein LL.M.-Programm in Deutschland sind deutlich geringer als im anglo-amerikanischen Raum. Zwar steigen die Studiengebühren auch hierzulande, liegen aber derzeit noch deutlich unter denen englischer oder amerikanischer Universitäten. Zudem fallen Zusatzausgaben wie die Kosten für einen Umzug ins Ausland weg. Nachteil eines LL.M.-Studiums in Deutschland ist, dass die Unterrichtssprache überwiegend Deutsch ist und die Kursteilnehmer zum großen Teil Deutsche sind. Die mit dem Studium im Ausland einhergehende Erweiterung des persönlichen Horizonts durch internationale Kontakte und fremde Kultureinflüsse sowie die Verbesserung

---

1 Vgl. zur Thematik auch Gräber, *Jura* 2005, S. 285 ff.

von Sprachkenntnissen lassen sich in Deutschland nur in geringem Umfang verwirklichen. Zur Vorbereitung auf eine international ausgerichtete Tätigkeit (etwa in einer internationalen Großkanzlei) eignet sich die Teilnahme an einem LL.M.-Programm im eigenen Land daher nur bedingt. Dies gilt bis zu einem gewissen Maß auch für deutsche LL.M.-Programme, bei denen Englisch Unterrichtssprache ist, weil das gesamte Umfeld weiterhin deutsch ist. Viele Arbeitgeber legen aber gerade auf die bei einem ausländischen LL.M. erworbenen Sprach- und Kulturkenntnisse Wert.

Einige deutsche LL.M.-Programme sind länderübergreifend organisiert. So kann man auch mit einem deutschen LL.M.-Programm durch ein Auslandssemester Auslandserfahrung sammeln. Ein Beispiel für einen solchen länderübergreifenden LL.M. ist das EULISP-LL.M.-Programm der Leibniz Universität Hannover.

Allerdings: Sprachkenntnisse lassen sich natürlich auch noch zu einem späteren Zeitpunkt erwerben, beispielsweise durch eine Stage in einer Partnerkanzlei. Dies ist aber nicht in allen Kanzleien möglich und setzt oft voraus, dass man sich beruflich bewährt hat. Auch kann dann nicht immer das Wunschland gewählt werden, weshalb man bei der Entscheidung für ein deutsches LL.M.-Programm immer auch Alternativen des Fremdsprachenerwerbs im Blick behalten sollte.

LL.M. im Ausland

Die Teilnahme an einem LL.M.-Programm im Ausland erweitert neben den Rechtskenntnissen vor allem den Horizont. Ein neues Land, eine andere Kultur, die Internationalität der Kursteilnehmer und schließlich das Vertiefen der Fremdsprachenkenntnisse sind ebenso wichtige Faktoren für die persönliche Entwicklung wie der veränderte Blickwinkel auf die eigene Herkunft. Die persönliche Weiterentwicklung kann zwar nicht in Zahlen gemessen werden, aber im Hinblick auf das Auftreten und die Umgangsformen wirkt sich eine Auslandserfahrung häufig positiv aus.

TIPP: Ein Studium im Ausland ist vor allem im Vollzeitmodus sinnvoll. Nur so lassen sich Internationalität und Kultur des Landes wirklich erfahren. Mit Teilzeit- oder Fernstudiengängen werden vor allem fachliche Kenntnisse erworben. Sprachkenntnisse können zwar theoretisch in vergleichbarem Maß wie bei einem Vollzeitstudium erworben werden, dies ist jedoch in der Praxis nicht immer der Fall.

TIPP: Das Argument, ein LL.M.-Programm mit internationalen Kursteilnehmern gestatte weniger Kontakt zur lokalen Bevölkerung, trifft nur beschränkt zu. Es liegt letztlich am Studenten, Kontakte außerhalb seines Kurses herzustellen, etwa über die Sportangebote seiner Universität. Im Übrigen kann gerade die Internationalität der Teilnehmer sehr bereichernd sein.

Ausländische LL.M.-Programme sind fachlich nicht zu unterschätzen. Außerdem kann man durch die interkulturelle Weiterbildung spätere Kollegen aus anderen Kulturkreisen möglicherweise besser verstehen – nicht nur sprachlich, sondern auch kulturell. Das ist eine wichtige Voraussetzung für die von Arbeitgebern gern gesehene interkulturelle Kompetenz.

Kritiker sprechen ausländischen LL.M.-Abschlüssen häufig den praktischen Nutzen ab, da sich die erworbenen Rechtskenntnisse nicht immer ohne Weiteres auf das deutsche Recht übertragen lassen. Absolventen, die im internationalen Recht tätig werden wollen, erleichtert der Einblick in das ausländische Recht aber durchaus ihre künftige Tätigkeit. Sie lernen durch das Studium, sich in ein fremdes Rechtssystem einzuarbeiten. Gerade im angloamerikanischen Raum öffnen die Kenntnisse eines bestimmten Rechtskreises die Türen zu weiteren. Außerdem führt die Auseinandersetzung mit einer anderen Rechtsordnung zu einem differenzierten Blick auf das eigene Rechtssystem. Dies hängt aber ganz entscheidend von der Ausrichtung und der Qualität des besuchten Programms ab. Die sorgfältige Auswahl lohnt sich deshalb unbedingt! Nur ein hochklassiges LL.M.-Studium im Ausland vermittelt Wissen, das auch in Deutschland gut angewendet werden kann. Ein LL.M. etwa mit dem Schwerpunkt Finanzrecht oder internationale Schiedsgerichtsbarkeit kann sich als hilfreich beim Einstieg in die gewünschte berufliche Tätigkeit erweisen. Wer im LL.M.-Gastland oder anderweitig international arbeiten will, hat kaum eine andere Wahl, als für sein LL.M-Studium ins Ausland zu gehen. Gerade größere Kanzleien setzen gute englische Sprachkenntnisse schon beim Berufseinstieg voraus. Zusätzliche Sprachen werden eher als Plus angesehen, können jedoch fundierte Englischkenntnisse nicht ersetzen.

Berufseinstieg im Gastland

Ein LL.M.-Studium kann die Chance verbessern, im Gastland tätig zu werden. Der LL.M.-Abschluss ist allerdings nicht mit der Zulassung zum Rechtsanwalt vor Ort gleichzusetzen. Ein Einstieg in die anwaltliche Tätigkeit erfordert weitere Schritte und ist generell als schwierig einzustufen. Näheres hierzu findet sich im Karriereratgeber *Perspektiven für Juristen* aus der Reihe e-fellows.net wissen.

In den von vielen LL.M.-Studenten als Studienland gewählten USA endet die klassische juristische Ausbildung nach drei Jahren mit dem Juris Doctor (J.D.).[2] Der J.D. ist mit einem Bachelor vergleichbar und darf deshalb trotz seiner irreführenden Bezeichnung nicht mit einem Doktorgrad verwechselt werden. Der Doktortitel wird in den USA abgekürzt mit S.J.D./D.J.S./J.S.D. (Doctor of Juridical Science). Der J.D. ist für amerikanische Studenten Zugangsvoraussetzung zu einem LL.M.-Programm und die typische Grundvoraussetzung für eine Erstanstellung als First-Year-Associate. Auch LL.M.-Absolventen können einen Einstieg in Kanzleien versuchen, haben wegen der weniger ausgeprägten Rechtskenntnis jedoch meist geringere Chancen als Absolventen mit dem J.D. Diese Möglichkeit dürfte nur guten Absolventen des LL.M. offenstehen. Mit einem Bar Exam erhöhen sich die Chancen wiederum. Eine Rolle spielt hier häufig auch, ob der Absolvent schon das Assessorexamen hat.

Um den Status eines Attorney at Law zu erwerben und sich in den USA Rechtsanwalt nennen zu dürfen, muss man zusätzlich zum LL.M. noch das Bar Exam ablegen. Nähere Informationen bietet die American Bar Association unter www.americanbar.org. Das Bar Exam wird an zwei Tagen abgelegt. Es können zwei Prüfungsteile unterschieden werden. An einem Tag wird das Multistate Bar Exam durchgeführt. Geprüft wird das Einheitsrecht der Bundesstaaten. Es besteht aus 200 Multiple-Choice-Fragen aus dem Bereich Torts, Contracts, Constitutional Law, Criminal Law, Real Property,

---

2 Göthel/Sandmann, *Jura* 2000, S. 605. Eine umfassende Darstellung des Rechtsstudiums in den USA gibt Rakowski, *JuS* 2000, S. 525 ff.

Evidence und Federal Civil Practice and Procedure. Am anderen Tag wird das einzelstaatliche Recht des jeweiligen Bundesstaates geprüft. Auch dieser Prüfungsteil lässt sich typischerweise in zwei Teile untergliedern. Einerseits sind fünf Essays zu verfassen, andererseits fünfzig Multiple-Choice-Fragen zu beantworten (vgl. unter www.nybarexam.org).[3] Die Zulassungsvoraussetzungen variieren je nach Bundesstaat.[4] Für ausländische Kandidaten sind sie zum Beispiel beim New York Bar günstig, wo derzeit ein ausländisches Studium der Rechte sowie ein in den USA erworbener LL.M. ausreichen.[5] Da der LL.M. aber an einer von der American Bar Association anerkannten Law School absolviert werden muss, sollte unbedingt auf die Qualität des Programms geachtet werden. Des Weiteren ist zu beachten, dass der Ruf einer Universität in den USA einen wesentlich höheren Stellenwert als in Deutschland besitzt und somit für einen eventuell angestrebten späteren Zugang zum amerikanischen Arbeitsmarkt besonders zu berücksichtigen ist. Zur Einschätzung des Rufs können unter anderem Rankings herangezogen werden. Die Besonderheiten und Aussagekraft von Rankings sowie weitere Kriterien zur Universitätsauswahl werden in Kapitel 3 näher erläutert.

In der Regel ist für das Bar Exam eine intensive Vorbereitung von rund zwei Monaten erforderlich. Da die LL.M.-Programme nicht explizit auf das Bar Exam ausgerichtet sind, müssen auch LL.M.-Absolventen eine entsprechende Vorbereitung durchlaufen. Sie sollten dabei die vorstehend beschriebenen Prüfungsanforderungen und den Prüfungsstil mit den Inhalten ihres LL.M.-Programms abgleichen und darauf aufbauend eine gezielte Vorbereitung auf das Bar Exam in Betracht ziehen. Bestimmte Kurse sind für eine Zulassung verpflichtend zu belegen. Hierüber sollten Absolventen sich genau informieren. Zur Vorbereitung werden spezielle Bar Review Courses von verschiedenen Anbietern offeriert. Weitere Informationen finden sich auf den Internetseiten dieser Anbieter, z. B. www.barbri.com oder www.mybarprep.com. Der vorausgehende Besuch eines LL.M.-Programms erleichtert das anschließende Ablegen des Bar Exams – gerade wenn inhaltlich gewisse Übereinstimmungen mit den Anforderungen des Bar Exams bestehen. In jedem Fall sollte man beachten, dass das Bar Exam zwangsläufig weitere Kosten verursacht, etwa für die oben genannten Bar Review Courses, und dass man als LL.M.-Absolvent auch mit erfolgreich absolviertem Bar Exam in den USA nicht zwangsläufig beruflich Fuß fassen kann. Die Kosten für das Bar Exam bewegen sich dabei im Rahmen von 5.000 bis 6.000 US-Dollar. Dieser Betrag entspricht 4.450 bis 5.350 Euro[6] und umfasst die Kosten für die Vorbereitung (Bar Review Course), Zulassung und Prüfung, nicht aber die Lebenshaltungskosten

---

3 Eine Übersicht sowie frühere Essayfragen und -antworten (Past Exam Essay Questions with Sample Candidate Answers) zum New York Bar Exam finden sich im Internet unter: www.nybarexam.org/ExamQuestions/ExamQuestions.htm; abgerufen am 22.07.2019.

4 Eine beispielhafte Übersicht anhand des Staates New York findet sich im Internet unter: www.nybarexam.org/Eligible/Eligibility.htm; abgerufen am 17.12.2019.

5 Eine detaillierte Auflistung der genauen Kriterien und Fristen für Bewerber mit ausländischem Rechtsstudium findet sich im Internet unter: www.nybarexam.org/Foreign/ForeignLegalEducation.htm; abgerufen am 17.12.2019.

6 Stand 2019, Umrechnung zu den im Juli 2019 geltenden Wechselkursen.

für etwa drei weitere Monate. Insgesamt kann in Abhängigkeit von der jeweiligen Stadt oder Region mit Kosten in Höhe von rund 10.000 US-Dollar (8.900 Euro) gerechnet werden.

TIPP: Hat man sich für einen LL.M. in den USA entschieden, empfiehlt es sich, das Bar Exam von vornherein in die Überlegungen mit einzubeziehen. Die zusätzliche Vorbereitungszeit sollte man beispielsweise bei der Dauer von Mietverträgen und der finanziellen Kalkulation berücksichtigen. Informationen zu den Kosten bietet das jeweils zuständige Bar Examination Office, das man über die Homepage der American Bar Association (www.americanbar.org) findet.

In England und Wales ist der LL.M.-Titel ebenfalls nicht mit der Zulassung zum Anwalt gleichzusetzen.[7] Dort wird immer noch weitgehend zwischen den Barristers, die die gerichtliche Vertretung übernehmen, und den Solicitors, die anwaltlich beraten, unterschieden[8] – trotz Liberalisierungstendenzen in jüngerer Zeit. Der Weg zum Solicitor führt grundsätzlich über ein dreijähriges Studium der Rechte, an das sich für ein Jahr (oder für zwei Jahre in Teilzeit) der Legal Practice Course anschließt. Die Kursgebühren hierfür betragen zwischen 8.000 und 14.550 britische Pfund, d. h. zwischen 8.680 und 15.800 Euro.[9] Danach muss eine mit dem Referendariat entfernt vergleichbare zweijährige praktische Zeit als Trainee Solicitor in einer Kanzlei absolviert werden.

Um Zugang zum Legal Practice Course zu erhalten, kann man alternativ zum dreijährigen Studium der Rechte auch im Anschluss an ein beliebiges Studium einen einjährigen Kurs besuchen, der mit dem Common Professional Certificate abschließt. Ein LL.M.-Abschluss eröffnet diesen Weg in der Regel nicht. Allerdings besteht für zugelassene Anwälte aus dem Ausland die Möglichkeit, ohne Universitätsabschluss oder Berufserfahrung im englischen Recht den Titel des Solicitor über die Qualified Lawyers Transfer Scheme zu erwerben. Zu den hierfür anerkannten Rechtsordnungen zählen auch diejenigen der Mitgliedsstaaten des Europäischen Wirtschaftsraums sowie der Rechtsordnungen der Schweiz, Russlands und der Türkei. Hierbei muss der Kandidat zwei Prüfungsteile erfolgreich absolvieren: Einen Multiple-Choice-Test (MCT), bestehend aus 180 Fragen, und eine sogenannte Objective Structured Clinical Examination (OSCE). Der MCT ist die theoretische Komponente und fragt grundlegende juristische Fähigkeiten ab. Die OSCE ist demgegenüber praxisorientiert und fragt Fähigkeiten wie z. B. das Entwerfen von juristischen Schreiben ab oder verlangt einen mündlichen Vortrag.[10] Zudem besteht für zugelassene Anwälte aus dem EU-Ausland aufgrund der EU-Richtlinie 2005/36/EG über die Anerkennung von

---

7 Zum Berufsrecht in Großbritannien ausführlich Bohlander, *AnwBl.* 1993, S. 309 ff. (Einleitung), S. 361 ff. (Barristers), S. 594 ff. (Solicitors and Foreign Lawyers); Darstellung bei Wörlen, *JA* 2006, S. 78 ff.; Hingst, *Jura* 2004, S. 716 ff. m.w.N. Das Verfahren in Schottland weicht von dem in England und Wales ab.

8 Ausführlich zu den Anforderungen im Einzelnen: Wörlen, *JA* 2006, S. 78 ff.; Hingst, *Jura* 2004, S. 716 ff. m.w.N.

9 Stand 2019, Umrechnung zu den im Juli 2019 geltenden Wechselkursen.

10 Eine genaue Auflistung der Anforderungen findet sich unter: www.sra.org.uk/solicitors/qlts/key-features.page; abgerufen am 17.12.2019.

Berufsqualifikationen die Möglichkeit, Teile oder sogar die gesamten MCT- und OSCE-Prüfungen nicht ablegen zu müssen. Entschieden wird dies aufgrund der von der Bewerberin bzw. dem Bewerber eingereichten Unterlagen. Hierfür gibt es Vorbereitungskurse.

Wer als deutscher Anwalt drei Jahre vor Ort im englischen Recht beraten hat, kann ganz ohne weitere Prüfung als Solicitor zugelassen werden. Inwieweit sich der sog. „Brexit" auf diese Möglichkeit auswirkt, ist heute noch nicht vorhersehbar. Nach derzeitigem Stand soll es im Fall eines sogenannten „Hard-Brexit" zumindest eine vorübergehende Bestandsschutzregelung für bereits zugelassene deutsche Solicitors geben.[11] Neue Zulassungen nach der Drei-Jahres-Regel gelten als unwahrscheinlich. Die Solicitors Regulation Authority (SRA) setzt sich dafür ein, dass im Fall des Hard-Brexit Regelungen geschaffen werden, die EU-Anwälten weiterhin erlauben, Ausnahmen von der Qualified Lawyers Transfer Scheme zu beantragen.[12] Wer sich für die Zulassung als Solicitor interessiert, sollte die Entwicklungen in diesem Bereich aufmerksam verfolgen.

Es gibt noch weitere Möglichkeiten, im Ausland zu arbeiten. Absolventen mit LL.M.-Abschluss können, wenn sie sich bewährt haben, bei größeren Kanzleien eine Versetzung in das ehemalige Gastland erreichen und auf diese Weise eine berufliche Tätigkeit dort beginnen. In Deutschland zugelassene Rechtsanwälte können sich grundsätzlich in anderen europäischen Ländern niederlassen und umgekehrt.[13] Absolventen, die im Anschluss an das LL.M.-Programm ein Praktikum oder Ähnliches im Gastland planen, erhöhen mit dem LL.M. ihre Chance auf eine Anstellung. Für Staaten außerhalb der EU sollte man sich dabei schon im Vorfeld genau über Visum und Arbeitserlaubnis informieren. Häufig wissen die Ansprechpartner in Unternehmen oder Organisationen, was zu beachten ist.

11 Vgl. www.lawgazette.co.uk/no-deal-brexit-would-halt-european-lawyer-scheme-overnight-says-sra/5067954.article, Stand: 12.10.2018; abgerufen am 17.12.2019.

12 Vgl. www.sra.org.uk/sra/news/press/qlts-brexit-changes-2019.page, Stand: 20.03.2019; abgerufen am 17.12.2019.

13 Vgl. Richtlinie 89/48 EWG vom 21.12.1988 über die Anerkennung von Hochschuldiplomen. Siehe hierzu auch das Gesetz über die Tätigkeit europäischer Rechtsanwälte in Deutschland (EuRAG).

Vollzeit-, Teilzeit- oder Fernstudium

Bei LL.M.-Programmen gibt es im Wesentlichen drei Studienarten: das klassische Vollzeitstudium (Full-time), das Teilzeitstudium (Part-time) und das Fernstudium (Distance Learning). Programminhalt und Abschluss sind bei allen drei Arten praktisch identisch. Allerdings bestehen im Kurs- und Lernverlauf gravierende Unterschiede, und es gilt selbst zu entscheiden, welcher Studienmodus am besten zur persönlichen Situation passt.

Das klassische Vollzeitstudium hat den Vorteil der kurzen Dauer von meist einem Jahr. Es bietet darüber hinaus die vor Ort verfügbaren umfangreichen Ressourcen einer Universität, intensiven Kontakt zu anderen Kursteilnehmern, Internationalität und die Vertiefung von Sprachkenntnissen, falls man im Ausland studiert. Gerade diese persönlichen Entwicklungsmöglichkeiten dürften für viele Absolventen ein wichtiger Anreiz für ein LL.M.-Studium im Ausland sein und werden auch von Arbeitgebern geschätzt. Weitere Vorzüge eines Vollzeitstudiums liegen im intensiven Lernprozess und in der gleichzeitigen Belegung verschiedener Fächer, was das Verknüpfen der neuen Kenntnisse erleichtert. Allerdings stehen diesen Vorzügen höhere Studiengebühren und Lebenshaltungskosten gegenüber. Der Kursteilnehmer muss außerdem sein Leben umstellen und wird vorübergehend aus dem deutschen Recht „herausgerissen".

Teilzeitstudiengänge sind insbesondere für berufstätige LL.M.-Studenten oder auch für Kandidaten, die parallel eine Promotion anstreben, eine Alternative. Zudem sind die Studiengebühren im Vergleich zum Vollzeitstudium häufig geringer und können über die gesamte Kursdauer gestreckt werden. Auf der anderen Seite dauert ein Teilzeitstudium natürlich länger als ein Vollzeitstudium, in der Regel anderthalb bis zwei Jahre, je nach Umfang der Fächerbelegung aber auch noch länger. Die Belastung ist insgesamt nicht geringer, sondern verteilt sich über einen längeren Zeitraum, das Studium und die Kontakte zu anderen Teilnehmern sind weniger intensiv, und im Ausland lässt sich ein Teilzeitstudium nur mit zusätzlichem Reiseaufwand bewältigen. Unabhängig von diesen grundlegenden Erwägungen ist ein LL.M. neben dem Beruf oder parallel zu einer sonstigen Tätigkeit immer eine Herausforderung. Es gilt, sich auf eine möglicherweise erhebliche Belastung sowohl in der beruflichen Tätigkeit als auch im LL.M.-Programm einzustellen. Es kann z. B. sein, dass berufliche Belastungsspitzen und Prüfungsvorbereitungen im LL.M.-Programm zusammenfallen und sich nur teilweise vermeiden lassen. Absolventen sollten daher sorgfältig die Vereinbarkeit eines Teilzeit-LL.M. mit ihren anderen Tätigkeiten prüfen.

Wer sowohl Reise- als auch Umstellungsaufwand minimieren will, hat die Option eines kompletten Fernstudiums – auch an ausländischen Universitäten. Das Fernstudium ist in der Regel am flexibelsten ausgerichtet und erlaubt das Schieben einzelner Module. Fernstudiengänge werden häufig sowohl in Vollzeit als auch in Teilzeit angeboten, weshalb sie sich auch für Berufstätige eignen. Ein Fernstudium kann im Einzelfall auch länger als zwei Jahre dauern. Die Kosten sind im Vergleich zu den beiden anderen Studienformen geringer, zumindest spart man Ausgaben für Reisen und Umzüge. Der Nachteil ist: Die Möglichkeit, neben der Wissensvermittlung Kontakte zu knüpfen oder Sprachkenntnisse zu vertiefen, ist mangels direkten Kontakts zu anderen Kursteilnehmern oder Dozenten deutlich geringer als bei den anderen Modi.

Der richtige Zeitpunkt für das LL.M.-Studium

Ein LL.M.-Studium kann generell zu drei Zeitpunkten begonnen werden: vor der Ersten Juristischen Prüfung, nach der Ersten Juristischen Prüfung und nach der Zweiten Juristischen Staatsprüfung. Immer mehr deutsche Hochschulen gehen dazu über, Studierenden bei erfolgreichem Ablegen aller universitären Prüfungen im Rahmen eines rechtswissenschaftlichen Studiums bereits vor der Ersten Juristischen Prüfung den Titel Bachelor of Laws (LL.B.) zu verleihen. Dies dürfte die in der Vergangenheit eher seltene Option eines LL.M.-Studiums vor dem Ersten Staatsexamen leichter umsetzbar machen. Es bleibt abzuwarten, ob zukünftig mehr Studierende diese Möglichkeit ergreifen.

Vor der Ersten Juristischen Prüfung (mit LL.B.)

Die Teilnahme an einem LL.M.-Programm schon während des Studiums und vor der Ersten Juristischen Prüfung war bisher die Ausnahme – aber ein gangbarer Weg. Einige deutsche Universitäten versuchen, auch LL.M.-Programme in ihren Studienplan zu integrieren und mit entsprechenden Aufenthalten an Partneruniversitäten zu kombinieren. Ein LL.M. kann auf diese Weise als integraler Bestandteil eines deutschen Jurastudiums erworben werden. Auch können Kandidaten mittlerweile ein LL.M.-Studium im Anschluss an ein Bachelor-Studium anstreben. Im Gegensatz zu anderen Master-Programmen setzen LL.M.-Programme traditionell gerade nicht auf einem bestimmten (Bachelor-)Abschluss einer Universität auf. Sie stehen grundsätzlich allen Interessenten mit einem ersten Universitätsabschluss in Rechtswissenschaften offen.

Dementsprechend akzeptieren wegen der jüngeren Entwicklung im Rahmen des Bologna-Prozesses einige deutsche Universitäten bereits einen Bachelor-Abschluss als Zugangsvoraussetzung (z.B. die Westfälische Wilhelms-Universität Münster oder die FernUniversität Hagen). Gleiches gilt für einen Abschluss als Diplom-Jurist. Andere deutsche Universitäten wie die Düsseldorf Law School hingegen bestehen offenbar weiterhin auf einer abgelegten Ersten Juristischen Prüfung. Bei ausländischen LL.M.-Programmen ist als Zulassungsvoraussetzung für die Teilnahme in der Regel ein Foreign Equivalent eines Universitätsabschlusses des Gastlandes erforderlich. In der Vergangenheit mussten Bewerber aus Deutschland grundsätzlich eine Erste Juristische Prüfung vorweisen, da Bachelor- oder Diplomabschlüsse in Rechtswissenschaften in Deutschland noch weitgehend unbekannt waren. Mittlerweile erlangen Kandidaten aber auch an einigen deutschen Hochschulen vor der Ersten Juristischen Prüfung einen Abschluss in Form eines Bachelor of Laws (LL.B.). Dieser Abschluss wird studienbegleitend verliehen oder ist der im Studium angestrebte Abschluss. Mit seiner zunehmenden Verbreitung in Deutschland wird immer häufiger eine Zulassung zum LL.M.-Studium grundsätzlich bereits mit einem LL.B. möglich. Informationen zu den Möglichkeiten von LL.B.-Absolventen finden sich im Karriereratgeber *Perspektiven für Juristen* aus der Reihe e-fellows.net wissen. LL.B.-Absolventen sollten prüfen, inwieweit ein LL.M.-Programm beim Erreichen der von ihnen angestrebten beruflichen Ziele hilfreich sein kann.

Den Interessenten ist zu empfehlen, sich an der jeweiligen Universität nach den Voraussetzungen für einen vergleichbaren Studienabschluss als Zulassungskriterium zu informieren. Schon bisher haben einige – vor allem englische – Universitäten für deutsche Studierende eine Ausnahme gemacht und diese vor der Ersten Juristischen Prüfung zum LL.M.-Studium zugelassen. Je überzeugender die bisherigen Studienleistungen waren, desto eher dürfte die Bereitschaft zur Zulassung auch vor der Ersten Juristischen Prüfung bestehen. Renommierte Universitäten stehen solchen Anfragen allerdings bisher meist eher reserviert gegenüber.

Eine solch frühe Teilnahme an einem LL.M.-Programm ist nur für Personen sinnvoll, die entweder ein ohnehin geplantes Auslandsjahr mit einem Titel abschließen wollen oder sich ihrer fachlichen Interessen schon sicher sind. Andernfalls besteht die Gefahr, dass das LL.M.-Programm inhaltlich nicht optimal genutzt werden kann. Kandidaten sollten zudem sorgfältig überlegen, wie sich die Teilnahme an einem LL.M.-Programm im Anschluss an einen LL.B.-Abschluss mit der Vorbereitung auf die Erste Juristische Prüfung vereinbaren lässt. Ein Auslandsaufenthalt relativ dicht vor dem angestrebten Prüfungstermin kann eine zielgerichtete Vorbereitung stören und einen neuen Anlauf bei der Erarbeitung des prüfungsrelevanten Wissens erforderlich machen.

TIPP: Wer eine frühe Teilnahme an einem LL.M.-Programm erwägt, kann in diesem Stadium häufig keine Verknüpfung mit einer Promotion herstellen, da die Entwicklung eines konkreten Promotionsvorhabens zu diesem Zeitpunkt eher unrealistisch ist.

Nach der Ersten oder Zweiten Juristischen Prüfung

Mit der Ersten und natürlich erst recht mit der Zweiten Juristischen Prüfung erfüllt der Absolvent in jedem Fall formal die Voraussetzungen für die Zulassung zu einem LL.M.-Programm. Die Aufnahmechancen sind zu beiden Zeitpunkten in etwa gleich. Bewerber mit dem Zweiten Staatsexamen werden gegenüber Bewerbern mit Erstem Staatsexamen im Regelfall nicht bevorzugt. Welches Examen der Bewerber bei der Bewerbung vorweisen kann, sollte deswegen kein Entscheidungskriterium für die Wahl des Zeitpunkts sein. Es lässt sich in der Regel auch im Vorfeld nicht herausfinden, ob die angestrebte Universität im Einzelfall Assessoren bevorzugt. Die steuerliche Absetzbarkeit der Studiengebühren spielt für die Wahl des Zeitpunkts keine Rolle mehr. In beiden Fällen ist die Möglichkeit einer steuerlichen Berücksichtigung grundsätzlich gegeben. Die Entscheidung hängt also im Wesentlichen von der persönlichen Situation und den eigenen Präferenzen ab.

LL.M. im Anschluss an die Erste Juristische Prüfung

Nach der Ersten Juristischen Prüfung bietet sich die Teilnahme an einem LL.M.-Programm zur Überbrückung von Wartefristen auf das Referendariat an.

In vielen Bundesländern muss der Absolvent der Ersten Juristischen Prüfung – abhängig von seiner Examensnote – bis zu einem Jahr und länger auf einen Referendarsplatz warten. Diese Zeit lässt sich mit einem LL.M.-Studium gut überbrücken. Man kann sich schon früh über die Wartezeiten in einzelnen Bundesländern informieren, um den LL.M. entsprechend einplanen zu können.

TIPP: Die meisten LL.M.-Programme beginnen im September/Oktober. Auf der südlichen Halbkugel (z. B. in Neuseeland, Australien, Südafrika) beginnt das Universitätsjahr jedoch im Februar/März. Manche Universitäten bieten sogar einen Programmstart zu beiden Zeitpunkten an. Ein „versetztes" Einsteigen in ein Programm kann nach Rücksprache mit der jeweiligen Universität gegebenenfalls auch individuell ermöglicht werden. Wer im Winter seine Erste Juristische Prüfung ablegt, kann damit bei entsprechender Landesauswahl ohne großen Zeitverlust ein LL.M.-Studium beginnen.

Ein LL.M.-Studium ermöglicht vielen Absolventen, Abstand vom Prüfungsstress zu bekommen, weitere Erfahrungen zu sammeln und sich Klarheit über persönliche und berufliche Perspektiven zu verschaffen. Zudem wird die deutsche Juristenausbildung unterbrochen und mit anderen Erfahrungen kontrastiert. Für viele Absolventen führt dies zu einer gesteigerten Umstellungsflexibilität, die für das Referendariat und die Bearbeitung praktischer Fälle hilfreich sein kann. Wer den LL.M.-Titel vor dem Referendariat erworben hat, kann sich direkt mit dieser Zusatzqualifikation bewerben, was den Berufseinstieg nach dem Zweiten Staatsexamen erleichtert. Hinzu kommt, dass sich für ein Auslandsstudium nach der Ersten Juristischen Prüfung breitere Fördermöglichkeiten bieten als für die Aufnahme des Studiums nach der Zweiten Juristischen Staatsprüfung: Eine DAAD-Förderung beispielsweise ist nur möglich, wenn die Erste Juristische Prüfung nicht länger als fünf Jahre zurückliegt. Auch bei Vorliegen der Zweiten Juristischen Staatsprüfung ist dabei auf den Zeitpunkt des Erwerbs des Ersten Staatsexamens abzustellen.

Viele Studenten fühlen sich im Hinblick auf ein LL.M.-Studium im Anschluss an die Erste Juristische Prüfung unsicher, weil sich der Erfolg im Ersten Examen schwer abschätzen lässt und sie sich die Option eines Wiederholungsversuchs offenhalten möchten. Dennoch lohnt sich eine frühzeitige Bewerbung für ein LL.M.-Programm. Denn eine große Zahl von Universitäten räumt einmal angenommenen Bewerbern die Möglichkeit ein, den Studienbeginn um ein Jahr zu verschieben. Eine Änderung der Planung ist also häufig möglich, und die Unsicherheit bezüglich der Note der Ersten Juristischen Prüfung muss kein Grund sein, auf eine frühzeitige Bewerbung zu verzichten.

Eine Bewerbung mit den an der Universität erworbenen Leistungsnachweisen ist normalerweise möglich, Examensnoten können nachgereicht werden. Bei einer Bewerbung nach der Zweiten Juristischen Staatsprüfung zählen allein die Examensnoten. Manche Universitäten erteilen bereits aufgrund der im Studium erworbenen Scheine eine feste Zusage, andere knüpfen die endgültige Zulassung an eine bestimmte Examensnote (Conditional Offer).[14]

TIPP: Unter Umständen ist eine Bewerbung mit den im Studium erworbenen Scheinen günstiger. Diese Leistungsnachweise sind oft besser als die Examensnote und werden von der Universität für die Annahme-Entscheidung zunächst zugrunde gelegt. Fällt das Prüfungsergebnis weniger gut aus als erwartet, hat die Universität entweder schon eine feste Zusage erteilt oder man kann, sollte man zunächst nur ein Conditional Offer bekommen haben, gegenüber der Universität noch einmal mit den Scheinen argumentieren.

---

14 Hanschmann, *JuS-Magazin* 1/2008, S. 12 f.

LL.M. im Anschluss an die Zweite Juristische Staatsprüfung

Examensabsolventen, die nicht auf einen Referendarsplatz warten müssen, können mit ihren frischen Examenskenntnissen direkt ins Referendariat einsteigen und das LL.M.-Studium erst nach der Zweiten Juristischen Staatsprüfung in Angriff nehmen. Dies bietet einen nicht zu unterschätzenden Vorteil für das Referendariat. Die im Studium erworbenen Kenntnisse des materiellen Rechts sind auch hier von großer Bedeutung, vor allem wird man für die Dauer des LL.M.-Studiums nicht komplett aus dem deutschen Recht und seiner aktuellen Entwicklung „herausgerissen". Wenn man vor dem Referendariat sowohl LL.M. als auch Promotion plant, wird der Beginn des Referendariats natürlich deutlich hinausgezögert.

Für ein LL.M.-Studium im Anschluss an die Zweite Juristische Staatsprüfung spricht, dass ein späterer Berufseinstieg im Gastland erleichtert wird. Das Referendariat ist bereits absolviert, was auch psychologisch vorteilhaft sein kann. Wer bereits nach deutschem Recht Anwalt ist, wird bei einem möglichen Einstellungsgespräch häufig mit anderen Augen gesehen. Kandidaten mit einer Einstiegsperspektive im Gastland sollten daher für den LL.M. eher bis nach der Zweiten Juristischen Staatsprüfung warten. Allerdings wird der Absolvent nach dem Zweiten Staatsexamen und einer praxisorientierten Ausbildung im Referendariat möglicherweise größere Schwierigkeiten haben, sich wieder an Hörsäle und den akademischen Unterrichtsbetrieb zu gewöhnen. Auch besteht die Gefahr, dass sich in der Zeit des LL.M.-Studiums die Situation auf dem Arbeitsmarkt für Juristen verschlechtert. Umso wichtiger ist die Wahl eines qualitativ guten LL.M.-Programms, um die beruflichen Möglichkeiten selbst in ungünstigen Zeiten zu optimieren.

Ein Nachteil einer Hinauszögerung des LL.M.-Studiums bis nach der Zweiten Juristischen Staatsprüfung ist, dass nach dem Zweiten Examen der Berufseinstieg lockt. Viele werden mit zunehmendem Alter unflexibler für größere Projekte wie ein Auslandsstudium. Absolventen mit der Zweiten Juristischen Staatsprüfung müssen häufig auch die Interessen ihrer Familie oder ihres Partners sowie weitere Verpflichtungen berücksichtigen. Dies kann die (späte) Entscheidung für ein Studium im Ausland erschweren. Um dennoch einen LL.M.-Titel zu erlangen, sind in diesem Fall Teilzeit- oder Fernstudiengänge mögliche Alternativen.

Kosten

Der Plan, ein LL.M.-Studium aufzunehmen, scheitert selten an der Finanzierung. Dennoch ist es nicht sinnvoll, ein Programm auszuwählen, dessen Finanzierung die eigenen Ressourcen übersteigt. Man sollte deswegen frühzeitig seinen Finanzbedarf feststellen und die Finanzierung des Studiums planen.

Größter Kostenpunkt können – müssen aber nicht – die Studiengebühren sein. Sie sind vom Studienland und von der jeweiligen Universität abhängig. In den USA sind sie in der Regel am höchsten, dort können gute und renommierte LL.M.-Programme mehrere Zehntausend Euro Studiengebühren kosten. In Großbritannien sind die Studiengebühren damit verglichen relativ niedrig. Ein LL.M.-Programm kann dort auch vergleichsweise geringe Studiengebühren erfordern (so etwa bei der University of Southampton oder der University of Aberdeen), wobei es natürlich auch in Großbritannien teurere Programme gibt. In Deutschland sind die Studiengebühren für LL.M.-Programme in der Regel (noch) überschaubar. Viele Programme werden ab rund 3.000 bis 4.000 Euro angeboten, oder es fallen nur die regulären deutschen Semestergebühren (gegebenenfalls zzgl. Studiengebühren) an. Die Kosten teurerer Studiengänge können aber auch hierzulande im fünfstelligen Bereich liegen. Die Gebühren sind in den letzten Jahren stark gestiegen und erreichen zum Teil bereits internationales Spitzenniveau. Eine Teilnahme am Programm der Bucerius Law School für einen Master of Law and Business (MLB) kostet derzeit beispielsweise 22.000 Euro Studiengebühren. Teilnehmer können das Programm auch mit einem LL.M. abschließen.[15] Auch die Kosten für ein Studium in Neuseeland sind für deutsche Studenten gestiegen.

Neben den Studiengebühren muss der LL.M.-Student seine Lebenshaltungskosten abdecken. Die Kalkulation der Lebenshaltungskosten für ein LL.M.-Studium im Ausland ist schwierig. Ein guter Anhaltspunkt – aber auch nicht mehr – ist für viele Länder eine Größenordnung von 1.000 Euro Lebenshaltungskosten pro Monat.

TIPP: Viele Universitäten bieten auf ihren Internetseiten oder in Infomaterialien Hinweise zu den im jeweiligen Land bzw. in der jeweiligen Stadt normalerweise anfallenden Lebenshaltungskosten. Wer bereits konkret ein Land oder sogar schon eine Stadt im Blick hat, kann dieses Informationsangebot zur individuellen Kostenkalkulation nutzen. Weitere Informationen zu Lebenshaltungskosten bieten die Kulturvertretungen des Gastlandes, wie zum Beispiel das British Council.

Als dritten Kostenfaktor muss man für ein LL.M.-Studium im Ausland Ausgaben für Flugtickets, Visum, ärztliche Atteste, Sprachtests und vieles mehr berücksichtigen. Diese Kosten sind vom gewählten Land abhängig und sehr unterschiedlich.

Die folgende grobe Kostenschätzung soll einen Eindruck von den für ein LL.M.-Studium im Ausland zu veranschlagenden Kosten geben. Auch innerhalb eines Landes können erhebliche Unterschiede auftreten.

---

15 Weitere Informationen hierzu unter: www.law-school.de/deutsch/studieninteressierte/master-of-law-and-business, abgerufen am 17.12.2019.

Die folgenden Zahlen dienen der Orientierung und sind gerundet. Die Umrechnung in Euro erfolgte im August 2018. Wechselkursschwankungen und Änderungen der Studiengebühren können zu Abweichungen führen. Interessenten sollten selbst eine aktuelle Umrechnung der Kosten in Euro vornehmen. Die Studiengebühren beziehen sich auf zwei Semester, die Lebenshaltungskosten auf zwölf Monate. Sie umfassen Unterkunft, Verpflegung und allgemeine Kosten vor Ort. Unter „Sonstiges" fallen Flugkosten, Studienmaterialien, sonstige universitäre Gebühren, Sprachtests, Bewerbung, Visum, ggf. ärztliche Atteste, Krankenversicherung etc. Aktuelle Kostenaufstellungen können den Websites der jeweiligen Universitäten entnommen werden.

USA: Yale University

Studiengebühren	62.000 USD/54.600 Euro
Lebenshaltungskosten	17.600 USD/15.500 Euro
Sonstiges	5.700 USD/5.050 Euro
Gesamt	**85.300 USD/75.150 Euro**

Südafrika: University of Cape Town

Studiengebühren	70.600 ZAR/4.300 Euro
Lebenshaltungskosten	112.800 ZAR/6.900 Euro
Sonstiges	25.250 ZAR/1.500 Euro
Gesamt	**208.650 ZAR/12.700 Euro**

UK: Oxford University

Studiengebühren	22.600 GBP/24.500 Euro
Lebenshaltungskosten	14.790 GBP/16.050 Euro
Sonstiges	3.000 GBP/3.250 Euro
Gesamt	**40.390 GBP/43.800 Euro**

UK: University of Dundee

Studiengebühren	7.300 GBP/7.900 Euro
Lebenshaltungskosten	9.300 GBP/10.100 Euro
Sonstiges	500 GBP/550 Euro
Gesamt	**17.100 GBP/18.550 Euro**

Kostenschätzung für LL.M.-Programme im Ausland

3. Suche nach einem geeigneten LL.M.-Programm im Ausland

von Prof. Dr. Martin Heckelmann

50 Der LL.M. im Ausland
51 Wahl des Sprach- und Kulturraums
55 Wahl der Universität
55 Anforderungen an Studienbewerber
57 Rankings
59 Persönliche Aspekte bei der Entscheidungsfindung
60 Wahl des Programms
60 Anzahl und Zusammensetzung der Teilnehmer eines Jahrgangs
61 Lehrpersonal und Ausstattung der Fakultät
62 Kursangebot und Flexibilität bei der Kurswahl
63 Zusammenstellung der Kurse
64 Prüfungen im LL.M.-Studium

Der LL.M. im Ausland

Hat man sich für eine bestimmte Art von Programm im Ausland entschieden, stellt sich die Frage, in welchem Land und an welcher Universität man studiert.

Am besten geht man in mehreren Schritten vor und legt zunächst den Kulturraum fest, in dem man studieren möchte. Im Anschluss daran sollte man definieren, welche Eigenschaften die Universität aufweisen sollte. Es folgt ein Abgleich mit den infrage kommenden Instituten, an dessen Ende eine Liste von bis zu 15 Universitäten stehen sollte. Nun gilt es, die Programme dieser Universitäten zu vergleichen und auf Übereinstimmungen mit den eigenen Interessen zu überprüfen. Fällt die Auswahl auch dann noch schwer, hilft meist eine tabellenförmige Aufstellung der Vor- und Nachteile der einzelnen Programme.

Bei der Recherche nach dem passenden Angebot ist darauf zu achten, dass LL.M.-Programme jedenfalls in Europa auf den Master-Abschlüssen aufbauen und nicht mit ihnen gleichzusetzen sind. Daher handelt es sich bei den Studiengängen, die in Frankreich zur „Maîtrise-en-droit" und in Österreich zum „Magister" führen, nicht um LL.M.-Programme. Hintergrund ist, dass die Studiengänge in der Europäischen Union seit dem Bologna-Prozess sukzessive auf Bachelor- und Master-Programme umgestellt werden. Der LL.M. schließt sich dem erst an. Im angelsächsischen Raum hingegen steht der LL.M. tatsächlich für das, was hierzulande der Master ist, und folgt direkt dem Bachelor-Studium. Insbesondere in den USA ist es aber für Einheimische nicht besonders attraktiv, einen LL.M. zu absolvieren. Als Rechtsanwalt startet man möglichst jung und unmittelbar im Anschluss an den Bachelor (J.D.). Angehende Wissenschaftler lassen den LL.M. typischerweise aus und nehmen als nächsten Schritt gleich den Ph.D. (Doctor of Philosophy) in Angriff.

Wenn man die Zulassungsvoraussetzungen der Universität problemlos erfüllt, hat man an dieser Stelle sein LL.M.-Programm bereits gefunden. Wer sich an sehr begehrten Universitäten bewirbt, muss dagegen mehr Geduld aufbringen. Insbesondere an den traditionellen Universitäten in Europa und Amerika konkurrieren nicht selten 20 bis 50 Bewerber um einen Platz. Die zunächst entmutigend erscheinende Zahl relativiert sich jedoch, wenn man bedenkt, dass sich viele Interessenten gleichzeitig an mehreren Universitäten bewerben und am Ende natürlich nur jeweils einen Platz annehmen können. Anhand der oben angesprochenen Kriterien sollte man daher eine sinnvolle Auswahl an Universitäten treffen, denen man seine Bewerbung schickt.

TIPP: In der Praxis hat sich eine Zahl von drei bis sechs Bewerbungen als günstig erwiesen. Dadurch werden die Kosten (Materialkosten und Bewerbungsgebühren) und der Zeitaufwand für die Bewerbungen in eine vernünftige Relation zum Risiko einer Ablehnung gesetzt. Dabei sollte man sich bei mindestens einer Universität bewerben, mit deren Zusage man in jedem Fall rechnen kann.

Wahl des Sprach- und Kulturraums

Am Anfang steht die Entscheidung, in welchem Land man seinen LL.M.-Titel erwerben will. Kulturelle Interessen können hier ebenso ausschlaggebend sein wie die Karrierechancen mit dem in einem bestimmten Land erworbenen LL.M.

In Bezug auf ein LL.M.-Studium genießen bestimmte Länder bei Arbeitgebern eine höhere Wertschätzung als andere. Außerhalb Deutschlands sind etwa die Vereinigten Staaten, Großbritannien und Kanada sehr beliebt. Die Gründe hierfür liegen nicht nur darin, dass man in diesen Ländern seine Englischkenntnisse professionalisieren kann. Die USA und Großbritannien verfügen auch über die ältesten und renommiertesten Schulen (wobei Deutschland und der Rest der Welt in den vergangenen Jahren freilich aufgeholt haben). Zudem wickelt Deutschland einen Großteil seines internationalen Geschäfts und seiner internationalen Beratungstätigkeit mit Investoren aus den drei genannten Ländern ab. Mit einem amerikanischen oder englischen LL.M.-Titel verbindet ein wirtschaftsrechtlich orientierter Arbeitgeber daher oft die Erwartung, dass der Absolvent Gelegenheit hatte, sich mit der Geschäftskultur und der Rechtspraxis der entsprechenden Mandanten vertraut zu machen.

Da solide englische Sprachkenntnisse für deutsche Arbeitgeber eine große Rolle spielen[1], stellen englischsprachige Länder wie Australien, Südafrika und Neuseeland ebenfalls eine bedeutende Gruppe von LL.M.-Anbietern dar. Erst an dritter Stelle rangieren skandinavische, osteuropäische und asiatische Staaten.

Aus anderen Betrachtungswinkeln kann es sich dennoch lohnen, einem anderen Land als den USA oder England den Vorzug zu geben. Deutsche Unternehmen und Kanzleien sind längst in Ländern wie China, Japan, Indien, Brasilien und Mexiko angekommen und suchen nach Juristen, die sich durch Landeskenntnisse von ihren Kollegen abheben. Hier kann der LL.M. einen entscheidenden Vorsprung im Bewerbungsverfahren darstellen. Außerdem bietet ein Auslandsstudium die Chance, mit einer fremden Kultur in Berührung zu kommen und hiervon in persönlicher Hinsicht zu profitieren. Dabei können zum Beispiel die kulturellen Besonderheiten eines Landes, dessen Geschichte und Gesellschaftsstruktur oder landschaftliche Reize individuelle Bedeutung erlangen. Eindrucksvoll ist in diesem Zusammenhang z. B. der Bericht von Timo Knäbe (*JuS*-Magazin 2008, Heft 5, S. 10 ff.), der nach 25 Jahren der erste nichtafrikanische LL.M.-Student an der University of Daresalam in Tansania war. Interessant ist auch der Bericht von Oliver Kerpen über das LL.M.-Studium in Peking, dessen Vorlesungen ausschließlich als Blockveranstaltungen am Wochenende stattfinden (*JuS*-Magazin 2009, S. 13).

Darüber hinaus eröffnen nicht englischsprachige Länder die Möglichkeit, gleich zwei Fremdsprachen zu erlernen. Während auch chinesische oder japanische Professoren ihre LL.M.-Vorlesungen meist auf Englisch halten, können im Alltag die Kenntnisse der Landessprache vertieft werden. Besonders interessant kann ein LL.M.-Studium in einem ausgefalleneren Land für denjenigen sein, der sich im späteren Berufsleben auf den internationalen Kontakt mit eben diesem Land spezialisieren will oder so-

1 Nach Ansicht einer Personalberaterin ziehen zumindest internationale Großkanzleien den im Ausland erworbenen LL.M. dem deutschen LL.M. vor (*JuS* 2011, Heft 4, S. XLIV).

gar bereits geschäftliche Verbindungen dorthin unterhält. Dass man in Nischen sehr erfolgreich sein kann, gilt nicht nur für Unternehmen, sondern auch für Bewerber. Leider können zu LL.M.-Programmen außerhalb der USA und Großbritannien nur wenige belastbare allgemeine Aussagen getroffen werden. Hier muss der Bewerber die stark variierenden Bedingungen der Universitäten selbst recherchieren.[2] Etabliert sind selbstverständlich auch LL.M.-Programme in Europa. Sie sollten auf jeden Fall in Betracht gezogen werden, wenn der Bewerber später im öffentlichen Sektor arbeiten möchte oder sich für gemeinschaftsrechtliche Materien (z.B. Beihilferecht) interessiert. Großes Renommee genießen das Europakolleg Brügge, das Europäische Hochschulinstitut in Florenz und natürlich die Université Paris Panthéon-Sorbonne. Dank der Fördertätigkeit der Deutsch-Französischen Hochschule gibt es eine ganze Reihe deutsch-französischer Kooperationen. In diesem Zusammenhang zu erwähnen ist auch das Frankreich-Programm des Justizministeriums Nordrhein-Westfalen zur Ausbildung deutscher Rechtsreferendare in Paris – ein jeweils im März und Oktober eines jeden Jahres stattfindendes Seminar (*JuS* 2014, Heft 1, S. 26; www.rechtsreferendare-frankreich.nrw.de).

Die Europäische Kommission bietet unter ec.europa.eu/ploteus Informationen zu europäischen LL.M.-Programmen an. Informationen für die USA, China, Australien und Neuseeland bieten die privaten Websites www.in-usa-studieren.de, www.studieren-in-china.de und www.studium-downunder.de.

Während beim ausländischen LL.M. eher die Förderung der Sprachkenntnisse im Vordergrund steht, entwickeln sich deutschsprachige LL.M.-Programme mehr und mehr zu Expertenschulen. Ihr Renommee steht dem führender ausländischer Schulen in nichts nach. Weil sie einen Gegenpol zu der Schmiede der Einheitsjuristen bilden wollen, vermitteln sie Spezialkenntnisse auch in solchen Rechtsgebieten, die noch nicht einmal in Grundzügen Gegenstand des Studiums waren. Außerdem tritt in den vergangenen Jahren zunehmend die Vermittlung von Kompetenzen wie z.B. Führung von Menschen und Zeit-Management neben den Wissenstransfer. Wichtig ist in Deutschland, auf die staatliche Anerkennung der Abschlüsse zu achten. Auch eine Akkreditierung durch eine dem Deutschen Akkreditierungsrat angehörende Agentur kann eine Rolle für die Studienwahl spielen.

2 Zahlreiche Adressen ausländischer Universitäten finden sich bei Lundmark, *LL.M.-Programme weltweit*, 2. Auflage 2008, dessen Daten überwiegend auf www.llm-programm.de eingestellt sind.

Beispiele für deutschsprachige LL.M.-Programme

- Düsseldorf Law School: Medizinrecht, Insolvenz und Sanierung sowie Gewerblicher Rechtsschutz (*JuS* 2009, S. XII, Heft 6, S. XII; *JA* 2011, Heft 3, S. VIII)
- Fachhochschule Köln: Master in Medienrecht und Medienwirtschaft (*Jura* 2010, Heft 7, S. 558; *JuS* 2010, Heft 6, S. XIII und XXXVI; *JA* 2011, Heft 5, S. VIII)
- Martin-Luther-Universität Halle-Wittenberg: Medizin-Ethik-Recht (*JA* 2011, Heft 1, S. VI), allerdings „M.mel."
- Universität Hamburg: International Taxation, Versicherungsrecht oder Europäisches Wirtschaftsrecht (*Jura* 2007, Heft 4, S. 318 f.)
- Universität Hannover: IT-Recht oder Europäische Rechtspraxis (*JuS* 2007, Heft 4, S. XXII ff.)
- Universität Heidelberg: Legum Magister Unternehmensrestrukturierung (*JA* 2009, Heft 6, S. VIII)
- Universität Kassel: Umwelt- und Energierecht (*JuS* 2010, Heft 8, S. XII)
- Universität Münster: Mergers & Acquisitions, Steuerwissenschaften, Versicherungsrecht, Wirtschaftsrecht, Immobilienrecht, Medizinrecht, Arbeitsrecht, Erbrecht und Unternehmensnachfolge (vgl. *JA* 2008, Heft 7, S. IV)
- TH Nürnberg: Wirtschaftsrecht (www.th-nuernberg.de/fakultaeten/bw/studium/master-wirtschaftsrecht-llm)
- TU Dresden: International Studies in Intellectual Property Law (*JA* 2012, Heft 7, S. IV ff.)

Weitere Informationen zu deutschsprachigen LL.M.-Programmen finden sich unter www.hochschulkompass.de.

Da sich jeder Jurist ohnehin früher oder später die Frage stellen muss, ob und in welche Richtung er sich spezialisieren will, lässt sich hier bereits der Grundstock einer späteren Expertise erwerben. Nicht immer geht es um ein bestimmtes Rechtsgebiet. Auch bestimmte Arbeitsweisen und -techniken oder Querschnittsgebiete können Gegenstand eines deutschen LL.M.-Studiums sein. Als Beispiele seien hier die Studiengänge „Legal Management" an der Hochschule Konstanz (www.htwg-konstanz.de/master/legal-management) und „Verhandeln und Gestalten von Verträgen" an der Frankfurt University of Applied Sciences (www.frankfurt-university.de/de/studium/master-studiengange/verhandeln-und-gestalten-von-vertragen-llm) genannt.

TIPP: Wer sich für das Recht der mittel- und osteuropäischen Staaten interessiert, der sollte ein LL.M.-Studium an der Universität Hamburg oder einer österreichischen Hochschule in Erwägung ziehen. Früher als andere hat sich unser Nachbarland politisch und wirtschaftlich auf die Osterweiterung der EU eingestellt und gilt in vielen Bereichen als Tor zu den neuen Beitrittsstaaten. Entsprechend dicht ist das an den Universitäten zusammengetragene Wissen über die in diesen Ländern anzutreffenden Rechtssysteme. Noch konsequenter ist es, direkt eines der LL.M.-Programme in einem der neuen Mitgliedstaaten aufzunehmen (etwa in Lettland, vgl. *JuS* 2014, Heft 1, S. 22).

Zu den Rahmenbedingungen, die bei der Bestimmung des Ziellands eine Rolle spielen, zählen auch die Lebenshaltungskosten. Wohl am höchsten sind sie in den USA, in Großbritannien und in Japan, wo sie selbst in kleinen Universitätsstädten erheblich über dem deutschen Durchschnitt liegen. Obwohl die Kosten stark von den eigenen

Lebensgewohnheiten abhängen, muss man mit mindestens 15.000 Euro pro Jahr rechnen. Deutlich preiswerter gestaltet sich das Leben in Ländern wie Südafrika und Neuseeland - oder eben auch Deutschland. Hier sind auch Reisen und ein eigenes Auto erschwinglich.

In die Entscheidung über das Studienland sollte auch der Aspekt der Arbeitsbelastung einfließen. Schließlich eröffnet ein hohes Maß an Freizeit auch die Möglichkeit, Land und Leute näher kennenzulernen. Mit wie viel Mühe ein Studium verbunden ist, hängt weniger vom Land als von der jeweiligen Hochschule und vor allem von der eigenen Lernbegierde ab. In der Spitze muss man mit einem Pensum von 200 bis 400 Seiten Lesestoff pro Woche rechnen. Das ist zwar auch mit bescheidenen Fremdsprachenkenntnissen machbar, bedeutet aber zumindest in der Eingewöhnungsphase eine Arbeitszeit von bis zu 80 Stunden. Danach reduziert sich der Aufwand auf etwa 50 bis 60 Stunden pro Woche.

Wie mühsam ist ein LL.M.-Studium?
Der Abschluss als Master of Laws ist teils mit erheblichen Anstrengungen verbunden. Gleichzeitig empfinden viele Kandidaten das LL.M.-Studium im Vergleich zur klassischen Juristenausbildung als deutlich angenehmer. Das gilt unabhängig davon, ob der LL.M. im Ausland oder in Deutschland erworben wird. Lern- und Übungseinheiten werden nämlich klar vorgegeben und Lernerfolge zeitnah geprüft. Hinzu kommt, dass man viel öfter mit aktuellen Fällen und Sachverhalten arbeitet. Die sich daraus speisende Freude trägt durch den Lernalltag.

Manche Kandidaten berücksichtigen bei der Wahl des Studienorts die Möglichkeit der Kontaktaufnahme mit späteren Arbeitgebern. Beispielsweise nutzen amerikanische und deutsche Kanzleien den Umstand, dass es an der U.S.-amerikanischen Ostküste viele renommierte Law Schools gibt, indem sie an lokalen Job-Messen teilnehmen oder Dinner-Einladungen an die dortigen Schulen versenden, um möglichst frühzeitig Gespräche mit künftigen Absolventen aufzunehmen. Zwar werden hier noch längst keine Arbeitsverträge abgeschlossen, doch die Veranstaltungen sind gut geeignet, um einen ersten Eindruck von den jeweiligen Anwaltssozietäten zu bekommen.

Ferner kann das Klima den Ausschlag geben für die Entscheidung zugunsten bestimmter Regionen (oder auch gegen sie). Zu beachten sind etwa die Regenzeiten in Äquatorgebieten, die gegenläufigen Jahreszeiten auf der Südhalbkugel oder die stärker schwankenden Wetterbedingungen außerhalb Europas.

LL.M.-Programme beginnen auf der Nordhalbkugel meist zum Wintersemester, d.h. zwischen August (USA) und Oktober (Großbritannien). In Südafrika, Australien, Neuseeland und anderen Ländern der südlichen Hemisphäre dagegen starten die Programme regelmäßig zum Sommersemester. Da die Kurse des zweiten Semesters häufig auf den Erstsemesterveranstaltungen aufbauen und sich das Rahmenprogramm über beide Semester erstreckt, ermöglichen nur wenige Universitäten einen Einstieg zum zweiten Semester. In besonderen Fällen - etwa bei krankheitsbedingtem Ausfall - lassen viele Hochschulen jedoch mit sich reden.

Wer sich - etwa aus familiären Gründen - nicht von seinem Heimatort entfernen kann, sollte neben den lokal verfügbaren Angeboten ein Fernstudium in Erwägung ziehen (z. B. an der FernUniversität Hagen). Durch die Möglichkeiten des E-Learning erlebt das Fernstudium aktuell eine Renaissance. So bietet die Hamburger Fernhochschule einen didaktisch konzipierten Online-Studiengang an, der in vier Semestern auf den LL.M. in der Fachrichtung Wirtschaftsrecht vorbereitet. Freilich müssen die Klausuren dennoch handschriftlich in einem der Prüfungszentren geschrieben werden (*JuS* 2013, Heft 5, Seite 11). Auch bieten viele deutsche Universitäten LL.M.-Programme mit begrenzter Präsenzpflicht an. Mitunter finden die Kurse als Blockveranstaltung am Wochenende statt oder können als Lerneinheit zu Hause absolviert werden. Auf diese Weise ist auch ein berufsbegleitender LL.M. möglich.

TIPP: Summer Schools haben im angloamerikanischen Rechtskreis eine große Tradition und erfreuen sich auch in Europa zunehmender Beliebtheit. Fast jede U.S.-amerikanische Universität bietet eine oder mehrere themenbezogene Summer Schools an, so z. B. die University of Washington in Seattle mit dem Programm „Patent and Intellectual Property Law“ (*JuS* 2010, Heft 11, Seite XXXVIII). Ist der Sommer nicht schon komplett mit Praktika bei Kanzleien, Richtern oder Behörden verplant, besuchen viele Studenten die meist zwei- bis vierwöchigen Blockveranstaltungen. Auch Berufstätige und Rentner findet man unter den Teilnehmern. Zur Vorbereitung oder als Alternative zu einem LL.M.-Studium kommt daher auch der Besuch einer Summer School in Betracht, zumal sich ein solcher Kurs mit einem Urlaub verbinden lässt. In Deutschland gibt es Summer Schools etwa an der Universität Freiburg, an der Universität Bayreuth („Einführung in das spanische Recht“, *JuS* 2010, Heft 6, S. XIII) oder in wechselnden Städten wie zum Beispiel die „Herbstakademie Mietrecht“ des Deutschen Mietgerichtstag e. V.

Wahl der Universität

Hat man sich für einen Kulturkreis entschieden, fällt der Blick auf die dort vorhandenen Universitäten. Die Suche nach dem richtigen Institut ist auf beiden Seiten von Wettbewerb geprägt: Während man selbst den Zugang zur bestmöglichen Law School anstrebt, liegt es im Interesse der Universität, die klügsten und auf lange Sicht zahlungskräftigsten Studenten für sich zu gewinnen.

Als Informationsquelle eignet sich in erster Linie das Internet. Hilfreich sind aber auch Veranstaltungen, auf denen man unmittelbar mit Vertretern der Law Schools in Kontakt kommt, etwa der LL.M. Day von e-fellows.net.

Anforderungen an Studienbewerber

Die Wahl der Universität ist zunächst begrenzt durch die Zugangsvoraussetzungen. Diese sind in Deutschland und anderen europäischen Staaten in der Regel leicht online recherchierbar. Auch die Anerkennung bereits erbrachter Leistungen kann meist gut im Vorfeld abgeschätzt werden. Das European Credit Transfer System (ECTS) sorgt für Vergleichbarkeit und Umrechenbarkeit beim Gewicht der einzelnen Veranstaltungen und beim Gesamtaufwand, mit dem die Studiengänge verbunden sind. In Deutschland gibt es frappierende Unterschiede hinsichtlich der vorausgesetzten Rechtskenntnisse. Während einige LL.M.-Studiengänge LL.B.-Absolventen vorbehalten sind, stehen viele andere Programme auch Betriebswirtschafts-Absolventen offen, seltener auch Personen mit einem Bachelor in Politologie (etwa der Wirtschaftsrecht-LL.M. der Martin-Luther-Universität Halle-Wittenberg). Da die fachliche Herkunft und das Alter der Kommilitonen den Charakter des Studiengangs definieren, sollte man sich die Zulassungsvoraussetzungen in jedem Fall genauer ansehen.

Außerhalb Europas sind die Zugangsvoraussetzungen leider häufig intransparent, sodass die Bewerber ihre Chancen auf einen Studienplatz kaum einschätzen können. Auch stehen die Zulassungshürden etwa der U.S.-amerikanischen Law Schools nicht von vornherein fest, sondern ergeben sich erst später durch die Auswahl der angenommenen Kandidaten aus dem Pool der Bewerber. Hinzu kommt, dass einige Universitäten aufgrund der starken Nachfrage nur ein bestimmtes Kontingent an Studienplätzen an Deutsche vergeben. Von den Universitäten werden hierzu wenige bis gar keine Informationen herausgegeben. Dementsprechend schwierig sind Aussagen über die für die erfolgreiche Bewerbung erforderliche Punktezahl in Staatsexamen, Bachelor oder Master zu treffen. Zum einen gehört die Bewerberauswahl zu den bestgehüteten Geheimnissen der Fakultäten. Zum anderen kann von einem guten oder schlechten Platz einer Law School in den gängigen Rankings nicht ohne Weiteres auf die Erfolgsquote im Bewerbungsverfahren geschlossen werden, da Faktoren wie die Größe des LL.M.-Programms oder die Attraktivität des Standorts unberücksichtigt bleiben. Angeblich erhält in den USA beispielsweise Berkeley wegen des milden Klimas und der Anbindung an San Francisco etwa dreimal so viele Bewerbungen wie Cornell. Obwohl beide Universitäten in den Rankings etwa gleichauf liegen, sind folglich die Chancen, in Cornell genommen zu werden, erheblich größer.

LL.M.-Programme sind außerhalb Kontinentaleuropas eine sehr wichtige Finanzquelle der Law Schools, sodass grundsätzlich auch Bewerber mit der Note „ausreichend" im ersten Abschluss gern gesehen sind.[3] Ein Prädikat wird vermutlich von den Top-15-Universitäten in den USA und den Top-5-Universitäten in Großbritannien vorausgesetzt.[4] Wer auch hier noch an die Spitze will, muss bedenken, dass bei den ganz großen Namen ein beträchtlicher Teil der Studienplätze inoffiziell im Rahmen bestehender Kontakte vergeben wird. In seltenen Fällen richten sich Studiengänge an bestimmte Bewerberkreise; die Yale Law School beispielsweise öffnet ihre Pforten in erster Linie dem akademischen Nachwuchs und weniger den hochtalentierten angehenden Anwälten.

---

3 In diese Richtung auch Adams, *Jura* 2008, S. 636 f. Überzogen dagegen die Aussage von Fenner, *Jura* 1995, S. 17, dass in den USA „fast jede Provinzuni gerne ein Prädikatsexamen und erstklassige Sprachkenntnisse sehen möchte".

4 Ähnliche Einschätzung von Fenner, *Jura* 1995, S. 17 f. hinsichtlich der UK-Law-Schools. Dem Vernehmen nach genügt aber beispielsweise für das King's College ein Punktedurchschnitt von 8,0.

Berufserfahrung, Motivation und sonstige Qualitäten können die Bedeutung des ersten Abschlusses in den Hintergrund rücken lassen. Obwohl Stipendien im Ausland trotz ihrer ausführlichen Darstellung auf den Hochschul-Websites äußerst selten gewährt werden, gelingt es besonders qualifizierten Bewerbern gelegentlich, einen (Teil-)Erlass der Studiengebühren zu erhalten.

Fazit: Auch wenn die Wunschuniversität ein namhaftes Institut ist, sollte sich der Bewerber in seiner Bewerbung mutig und selbstbewusst präsentieren. Entscheidend ist, ob er schlüssig erklären kann, warum sein Studium an genau dieser Universität für beide Seiten von Nutzen ist.

Rankings

Traditionsschulen sind häufig teurer und stellen höhere Anforderungen an die Bewerber. Sie locken aber auch mit klangvollen LL.M.-Titeln, prominenten Hochschullehrern, einer besseren universitären Ausstattung und dem späteren Eintritt in einflussreiche Alumni-Vereine. Um herauszufinden, welchen Ruf einzelne Universitäten genießen, bietet sich der Blick auf Hochschul-Rankings an. In Europa und insbesondere Deutschland spielen Rankings zwar noch keine bedeutende Rolle, wohl aber im angloamerikanischen Rechtskreis. Der Klassiker unter den U.S.-Rankings ist das Ranking von *U.S. News*; weitere Rankings sind dargestellt unter www.top-law-schools.com/rankings.html. Interessant ist auch der Versuch, die Reputation der Hochschulen in Relation zu den Lebenshaltungskosten zu setzen: www.ilrg.com/schools/analysis.

Bewertungen britischer Universitäten findet man im „University Guide“ von *The Guardian* (www.theguardian.com/education/universityguide). Weitere Rankings sind einsehbar unter www.llm-guide.com. Rankings versuchen, die Fakultäten anhand von Kriterien wie der finanziellen Ausstattung der Universität, der Reputation der Professoren, dem Kursangebot und Ähnlichem zu vergleichen. Die Tabellen spiegeln im Wesentlichen wider, ob eine Universität zur Spitzengruppe, zum Mittelfeld oder zur großen Masse gehört. Auch in bestimmten Ländern Asiens und Afrikas wird die Güte der Ausbildung häufig an den Namen der Hochschule geknüpft. So nehmen beispielsweise die Todai in Japan und die University of Capetown in Südafrika eine Spitzenstellung ein. Allerdings ist stets zu berücksichtigen, dass nur wenige rein deutsche Arbeitgeber etwas mit anderen Namen anfangen können als mit Oxford, Cambridge, Harvard und Yale.

Was ist die Ivy League?
Schon in der ersten Hälfte des 20. Jahrhunderts war der Sport ein wichtiges Aushängeschild für U.S.-amerikanische Universitäten. Mit immer mehr Stipendien versuchten die Hochschulen, die besten Nachwuchssportler des Landes an sich zu binden. Als dies für Forschung und Lehre zur finanziellen Belastung zu werden drohte, scherten acht Institutionen aus und gründeten einen eigenen Ligabetrieb, in dem die Vergabe von Sportstipendien untersagt war. So schlossen sich im Jahr 1945 Harvard, Yale, Columbia, Princeton, Brown, Cornell, Dartmouth und Pennsylvania zur Ivy League zusammen. Die Assoziation dieses Begriffs mit akademischer Elite entstand erst im Laufe der Zeit.

Aus verschiedenen Gründen sind Ranglisten mit Vorsicht zu genießen. Zunächst einmal beziehen sich die meisten Rankings auf das Bachelor-Studium (in den USA: „J.D.") an der jeweiligen Law School, während die Qualität des LL.M.-Programms nur selten einer eigenständigen Prüfung unterzogen wird. Zweitens wird in den Rankings von U.S. News dem jährlichen Budget der Universitäten ein sehr hohes Gewicht beigemessen, sodass sich Universitäten mit großem Stiftungsvermögen automatisch oben in den Listen wiederfinden. Weitere Faktoren wie die Berücksichtigung von Research Professors, die den LL.M.-Studenten im Studium überhaupt nicht zur Verfügung stehen, verfälschen die Ergebnisse zusätzlich.

Zudem unterliegen die Ranglisten starken Schwankungen. Sollte man auf einen großen Namen Wert legen, ist es wichtig zu prüfen, ob einer Law School über einen langen Zeitraum hinweg eine hohe Reputation beigemessen wurde. Ferner bergen Rankings die Gefahr, dass sie messbare Kriterien in den Vordergrund stellen und die nicht minder wichtigen weichen Faktoren außer Acht lassen.

Ein Vergleich der Rankings von *The Guardian* und *The Times* verdeutlicht die Problematik auf anschauliche Art und Weise. Beide Rankings speisen sich aus den Bewertungen von Undergraduates, bewerten also zunächst einmal keine LL.M.-Programme für Postgraduates.

The Guardian: University Guide

Rang	Einrichtung
1	Cambridge
2	Oxford
3	University College London
4	Dundee
5	Solent
6	Glasgow
7	Durham
8	Cumbria
9	Aberdeen
10	London School of Economics

The Times: Good University Guide

Rang	Einrichtung
1	Cambridge
2	University College London
3	Glasgow
4	Oxford
5	Durham
6	London School of Economics
7	Edinburgh
8	King's College London
9	Aberdeen
10	Dundee

Die Top 10 der rechtswissenschaftlichen Fakultäten in Großbritannien, basierend auf den Rankings von *The Guardian* und *The Times* (*Good University Guide)*, Stand 2019.

Die Rankings basieren zum Teil auf den gleichen statistischen Erhebungen, etwa dem National Student Survey der Higher Education Statistics Agency. Verschiedene Gewichtungen der Beurteilungskriterien haben allerdings zur Folge, dass einige der Universitäten in einem Ranking auf den vorderen Rängen landen, während sie im anderen Ranking deutlich weiter hinten liegen.

Aufgrund dieses bei Business Schools gleichgelagerten Problems haben sich daher bereits einige wirtschaftswissenschaftliche Fakultäten führender Hochschulen wie Wharton und Harvard zu einem Boykott der einschlägigen Rankings entschlossen.

Des Weiteren spielen Rankings in Deutschland keine so große Rolle wie in den Ländern, in denen die Arbeitgeber mehr auf den Namen der Hochschule als auf die Abschlussnote achten. Schließlich gibt es auch an weniger angesehenen Universitäten gute Programme, und der Lernerfolg hängt gerade beim LL.M.-Studium maßgeblich vom eigenen Einsatz ab. Aus alledem folgt, dass Bewerber dem Stellenwert der Law School in den einschlägigen Rankings keine allzu große Bedeutung beimessen sollten.

Wer Wert auf einen wohlklingenden Namen legt, sucht sich in den USA eine der Universitäten, die in den vergangenen Jahren häufig zu den oberen zwanzig zählten, in Großbritannien eine der oberen fünf. Zu den beliebtesten Universitäten der Ostküste der USA gehören nach wie vor die Ivy-League-Schulen. Von diesen haben folgende ein LL.M.-Programm: Harvard, Yale, Columbia, die University of Pennsylvania und Cornell. Universitäten wie NYU, Virginia oder Georgetown liegen jedoch in der Gunst der Bewerber inzwischen etwa gleichauf. Große Konkurrenz herrscht im Süden vor allem an der Duke University und in Texas/Austin, im Norden in Chicago, Michigan/Ann Arbor und an der Northwestern University sowie an der Westküste in Stanford, Berkeley und an der UCLA. In Großbritannien gehören Cambridge, Oxford, King's College (London), Manchester, die London School of Economics, das University College London, Nottingham, Sheffield, Warwick, Leicester, Durham, Bristol, Liverpool, Queens (Belfast), Essex, East Anglia, Glasgow, Strathclyde, Aberdeen, Edinburgh und die School of African and Oriental Studies (London) zu den beliebtesten der insgesamt etwa 130 Universitäten, an denen man einen LL.M. erwerben kann.

Persönliche Aspekte bei der Entscheidungsfindung

Bewerber sollten bei der Wahl der Universität eine Reihe weiterer Aspekte mit ihren persönlichen Bedürfnissen abgleichen. Zum einen handelt es sich beim LL.M. nicht nur um einen akademischen Grad, sondern auch um einen Titel, der sich zum Schmücken des Kanzleibriefs und der Visitenkarte eignet. Da der Name der Universität dem Titel in aller Regel beigefügt wird, sind die Absolventen bekannter Lehrinstitute nochmals im Vorteil.

Ein anderer wichtiger Punkt bei der Universitätswahl ist die Sicherheit. Während England und Asien generell relativ sicher zu sein scheinen, gibt es an amerikanischen oder afrikanischen Hochschulen immer wieder Probleme mit der Kriminalität. Manche Universitäten haben eine eigene Campuspolizei, die innerhalb der Grenzen der (teilweise weitläufigen) hochschuleigenen Gebiete für Ordnung sorgt. Ebenfalls ganz unterschiedlich handhaben die Universitäten das Thema Familie. Viele Universitäten bieten Betreuungseinrichtungen auf ihrem Campus und spezielle Wohnheime für Familien. Mitunter gibt es für Angehörige sogar eigene Fortbildungs- und Freizeitprogramme sowie die Möglichkeit, in die universitätseigene Gesundheitsversorgung eingebunden zu werden. Eine gewisse Bedeutung sollte auch den Erholungsmöglichkeiten beigemessen werden. Sportbegeisterte Studenten sind oft vom traditionell vielfältigen Sportangebot der amerikanischen Universitäten fasziniert. Typisch für die USA ist auch, dass sich ethnische oder anderweitig verbundene Gruppen zu Zirkeln zusammenschließen und in Eigenregie Veranstaltungen im kleineren oder größeren Kreis organisieren. Großen Freizeitwert haben selbstverständlich auch die Nähe zu einer Metropole, kulturelle Angebote und Reisemöglichkeiten.

Wahl des Programms

TIPP: Stehen die infrage kommenden Universitäten fest, gilt es, die Konditionen des jeweiligen LL.M.-Programms zu prüfen. Neben der Größe des Programms und der Zusammensetzung der Teilnehmer sind dabei auch die Ausstattung der Universität, die Existenz eines Alumni-Netzwerks und die Wahlmöglichkeiten bei den Kursen wichtig. Die meisten Informationen sind mittlerweile auf den Websites der Universitäten abrufbar. Aufschlussreiche Eindrücke vermitteln auch die zahlreichen Erfahrungsberichte, die in Zeitschriften und Büchern wie dem vorliegenden veröffentlicht werden.[5] Sollten Fragen offenbleiben, ist es absolut angemessen und üblich, dem jeweiligen Leiter oder Betreuer des LL.M.-Programms eine kurze E-Mail zu schicken. Wenn für das LL.M.-Programm ein eigener „Dean" bestellt ist, handelt es sich dabei häufig nicht um eine dem deutschen Dekan vergleichbare Person, sondern um einen Verwaltungsmitarbeiter. Dieser ist Ansprechpartner für fast alle Belange der künftigen, aktuellen und ehemaligen LL.M.-Kandidaten.

Verlässliche Informationen können mitunter auch in Erfahrung gebracht werden, indem man bei der Fakultät um Kontakt zu ehemaligen LL.M.-Studenten bittet. Die Vorteile liegen darin, dass man detaillierte Fragen stellen und Eindrücke aus erster Hand bekommen kann. Zu berücksichtigen bleibt andererseits, dass die Universität möglicherweise nur solche Alumni benennt, die eine positive Einstellung zum Programm hatten und mit der Empfehlung letztlich ihr eigenes Studienjahr rechtfertigen.

Anzahl und Zusammensetzung der Teilnehmer eines Jahrgangs

Einen ganz entscheidenden Faktor für die Wahl des geeigneten Programms bildet die vorgesehene Anzahl an Studenten. Ob man ein größeres oder kleineres Programm wählt, richtet sich ganz nach den persönlichen Präferenzen. Die Größe der LL.M.-Programme in den USA reicht von 25 (Yale und Denver) bis 500 Studenten (New York University, die alleine zehn verschiedene LL.M.-Programme hat). In europäischen LL.M.-Programmen werden üblicherweise nur 20 bis 60 Studierende pro Semester zugelassen.

Kleinere Schulen bieten den Charme einer überschaubaren Gemeinschaft von Kommilitonen, umfangreichere Programme dagegen eine breitere Palette von Kursen, wodurch sich maßgeschneiderte Studien leichter realisieren lassen. Durch die Popularität des LL.M. bei deutschen Studenten läuft man bei großen Programmen im Ausland aber auch leicht Gefahr, fast ausschließlich mit deutschen Teilnehmern zusammen zu sein, was sich nachteilig auf die Fortschritte in der englischen Sprache auswirken kann. Auch sollte vorab in Erfahrung gebracht werden, aus welchen Ländern die LL.M.-Studenten kommen und welche Schwerpunkte bei der Vergabe

5 Eine Fülle von Erfahrungsberichten über LL.M.-Studiengänge in den USA findet sich bei Biene/Eumann, DAJV, *USA Studienführer für Juristen,* 6. Aufl., 2005. Ebenfalls von hervorragender Qualität, wenngleich leider nicht mehr aktualisiert, sind die weiteren Schriften der DAJV: *USA Bewerbungsführer für Juristen,* 2009, und *USA-Masterstudium für Juristen,* , 3. Aufl., 2008, bestellbar unter www.dajv.de. Erfahrungsberichte der vergangenen Auflagen von *Der LL.M.* finden sich unter www.e-fellows.net/llm-erfahrung.

der Studienplätze gesetzt werden. Gute Universitäten achten auf eine international ausgewogene Mischung, um die Kommunikation unter den Studenten zu erleichtern. An Law Schools, die die Studenten ausschließlich nach ihren eigenen Interessen aussuchen, kann die Zusammenstellung der unterschiedlichen Nationalitäten jedoch auch unglücklich ausfallen, beispielsweise sehr einseitig. In den USA ist die Tendenz festzustellen, dass an der Ostküste viele Europäer studieren, während sich an den Hochschulen der Westküste viele Asiaten finden.

Lehrpersonal und Ausstattung der Fakultät

Zwischen dem Ruf und der Ausstattung der Fakultät besteht häufig ein Zusammenhang. Bessere Law Schools verlangen zwar häufig höhere Studiengebühren, bieten dafür allerdings auch ein breiteres Kursangebot und namhafte Professoren. In Kursen mit kleinen Hörerzahlen zu sitzen ist zwar anstrengend, steigert aber den Lernerfolg ganz erheblich. Daher kommt dem Zahlenverhältnis von Studenten und Professoren eine kaum zu überschätzende Bedeutung zu. Während an deutschen Universitäten häufig ein Verhältnis von 200 zu eins anzutreffen ist, kommen an guten britischen und amerikanischen Universitäten gerade einmal zehn bis 15 Studenten auf einen Professor. Die Spitze markiert wohl die Pace University (White Plains, USA) mit einer Faculty-Student-Ratio von etwa sieben zu eins. Eine aus Studierendensicht günstigere Quote als die Universitäten erreichen in Deutschland die Fachhochschulen. Außerdem sehen deutsche LL.M.-Programme häufig eigene Veranstaltungen vor, die nichts mit dem Massenbetrieb mancher Bachelor-Vorlesungen zu tun haben und bei Gruppengrößen von 20 Personen einen echten seminaristischen Unterrichtsstil erlauben.

Renommierte Schulen verfügen oft über hervorragend ausgestattete Bibliotheken. Angesichts der Entwicklung der vergangenen Jahre hin zu elektronischen Quellen spielt die Zahl der in der Universitätsbibliothek vorgehaltenen Bände freilich nicht mehr dieselbe Rolle wie noch vor zehn Jahren. Während Lehrbücher noch häufig erworben werden, findet die Recherche von Urteilen heutzutage nur noch elektronisch statt – in Deutschland über juris und beck-online, in den USA traditionell über Westlaw und LexisNexis, in anderen Ländern über die dort vorherrschenden Quellen. Meist können die Studenten die Datenbanken für die Dauer des Studiums kostenlos nutzen. Die professionellen Einführungskurse sind sehr hilfreich und unbedingt zu empfehlen.

Kursangebot und Flexibilität bei der Kurswahl

Eine besonders wichtige Rolle bei der Wahl des geeigneten Programms spielt das Spektrum der angebotenen Kurse. Die Internetseiten der Law Schools bieten in der Regel einen Einblick in die Veranstaltungsliste des aktuellen Jahrgangs. So kann man dort prüfen, ob sich die eigenen Interessen im Lehrangebot der Fakultät wiederfinden. Je größer die Fülle der Vorlesungen und Seminare, desto besser für den Studenten.

Wirtschaft, Wirtschaft, Wirtschaft ...
Betrachtet man das Kursangebot von LL.M.-Studiengängen näher, fällt die Betonung wirtschaftsrechtlicher Themen auf. Hierfür gibt es mehrere Gründe. Das Jurastudium ist gerade in angloamerikanischen Ländern und speziell in LL.M.-Programmen deutlich praxisnäher. Und am größten ist nun einmal der Nachwuchsbedarf in Unternehmen und wirtschaftsrechtlich orientierten Kanzleien. U.S.-amerikanische Universitäten beispielsweise wachen sorgfältig darüber, dass ein möglichst hoher Teil ihrer Absolventen in große Wirtschaftsrechtskanzleien einsteigt. Nur dort können die Absolventen das Geld verdienen, mit dem sie ihre Studienkredite zurückzahlen können. Wen es doch einmal in den Bereich des öffentlichen Rechts verschlägt, dem erlässt die Universität nachträglich einen Teil seiner Hochschulgebühren. Auch in Deutschland interessieren sich die meisten Kandidaten für einen wirtschaftsrechtlich geprägten LL.M. Sie folgen damit den Wünschen der Arbeitgeber: Ein LL.M. ist Großkanzleien wichtiger als der öffentlichen Hand. Kandidaten mit Interesse an internationalem Recht, öffentlichem Recht oder Strafrecht sollten sich davon zwar keinesfalls abschrecken lassen – sie müssen aber damit rechnen, dass das Kursangebot kleiner ist und dass künftige Arbeitgeber ihrem Abschluss nicht die gebührende Wertschätzung entgegenbringen werden.

Unbedingt in Erwägung zu ziehen ist die Möglichkeit, Kurse an anderen Fakultäten der Universität zu besuchen. Die Teilnahme etwa an Veranstaltungen der benachbarten Business School ist in aller Regel zulässig und wird bei ausreichendem rechtlichen Bezug oft sogar auf die zu erbringende Anzahl von Credits angerechnet. In besonderen Fällen ergänzen mehrere Universitäten gegenseitig ihr Angebot, indem sie freie Plätze für bestimmte Kurse an die Studenten kooperierender Institute vergeben.

Wieder etwas anders gelagert sind LL.M.-Programme, die verpflichtend in verschiedene – meist zwei – Blöcke eingeteilt werden. Dies kann etwa bedeuten, dass im Wechsel je ein Semester an einer der beiden Universitäten oder zumindest der Sommer an einer anderen Hochschule verbracht wird (so z. B. das gemeinsame Programm von McGeorge/Sacramento und der Uni Salzburg). Seltener sind die LL.M.-Programme mit einem obligatorischen Internship in einem Unternehmen verbunden. Anders als (noch) an vielen deutschen Universitäten kann man seine Kurse an ausländischen Unis meist sehr flexibel zusammenstellen. Ungewöhnliche Kombinationen verschiedener Fächer kommen häufig vor, da sie mehr Abwechslung in den Lernalltag bringen. Die formalen Voraussetzungen beschränken sich in der Regel darauf, eine bestimmte Mindestanzahl an Credits zu erbringen und wenigstens eine größere schriftliche Arbeit anzufertigen. Sofern neben dem LL.M. auch eine Promotion angestrebt wird, kann mit der Master-Arbeit bereits die Grundlage für eine rechtsvergleichende Dissertation gelegt werden. Die hierbei erzielbaren Synergien werden mitunter jedoch dadurch aufgehoben, dass rechtsvergleichende Dissertationen häufig einen höheren Aufwand erfordern als rein auf das deutsche Recht bezogene Arbeiten. Zusätzlich ist zur Kurswahl zu sagen, dass insbesondere in den USA häufig die Teilnahme an spezifischen LL.M.-Kursen, die etwa auf die amerikanische Rechtssprache vorbereiten oder den Umgang mit Recherchewerkzeugen vermitteln, vorgeschrieben ist.

Zusammenstellung der Kurse

Die eigentliche Zusammenstellung der Kurse geschieht erst unmittelbar vor Studienbeginn, sodass sich der Bewerber noch nicht unbedingt Gedanken darüber machen muss. Dennoch seien an dieser Stelle ein paar Hinweise gegeben.

LL.M.-spezifische versus allgemeine Kurse

Selbstverständlich bietet es sich an, ein LL.M.-Programm zu wählen, dessen Kursangebot den eigenen beruflichen oder persönlichen Interessen entspricht. Gerade im Ausland kann es reizvoll sein, statt der LL.M.-eigenen Angebote einen der Bachelor-Kurse zu besuchen. Wer sich von dem hier oft höheren Arbeitsaufwand nicht abschrecken lässt, kann bei diesen Veranstaltungen Kontakte zu einheimischen Studierenden knüpfen und etwa im angloamerikanischen Rechtskreis die klassische Socratic Method kennenlernen. Bei diesem Unterrichtsstil vermittelt der Professor das Wissen nicht in Form einer klassischen Vorlesung, sondern leitet die Studenten im Frage-Antwort-Spiel zur Erkenntnis. Bei Kursen für fortgeschrittenere Studenten sowie bei den speziellen LL.M.-Kursen steht weniger das Auswendiglernen als vielmehr das eigenständige Lösen juristischer Sachverhalte im Vordergrund.

Zusammenstellung der Kurse nach beruflichen Aspekten

LL.M.-Studenten mit einer bestimmten beruflichen Perspektive können ihre Kurswahl entsprechend treffen. Die Zielsetzung der angloamerikanischen Law Schools, die Studenten auf den Beruf vorzubereiten, ist hier eine gute Basis. Deutsche LL.M.-Studenten zeigen sich häufig überrascht vom hohen Praxisbezug der Veranstaltungen, während selbst Eliteschulen die wissenschaftliche Tiefe des deutschen Jurastudiums nicht erreichen. Ursache dafür ist die unterschiedliche Konzeption deutscher und angloamerikanischer Rechtsfakultäten. In Großbritannien und den USA geht es nicht um die umfassende Vermittlung von Inhalten, sondern um die zielgenaue Vorbereitung auf den Job. Dementsprechend gehören die Law Schools nicht zu den klassischen wissenschaftlichen Instituten, sondern bilden zusammen mit den Business Schools und Medical Schools die Professional Schools. Nicht selten tragen Richter oder erfolgreiche Anwälte als Gastprofessoren hochaktuelle juristische Sachverhalte in die Universität hinein. Diese konsequente Ausrichtung der Ausbildung auf die Rechtspraxis macht das Lernen nicht nur plastischer, sondern informiert gleichzeitig über die aktuellen Entwicklungen im jeweiligen Rechtsgebiet.

Wer im Ausland bleiben will, sollte sich darüber informieren, welche Spezialisierungen dort gefragt sind. Ein in England absolvierter Tax LL.M. kann den Einstieg in eine britische Kanzlei erheblich erleichtern. Hilfreich ist auch die Wahl von Kursen im internationalen Recht, da hier keine Grenzen zwischen den Rechtsordnungen bestehen. Wer sich mit dem LL.M.-Studium auf eine spätere Berufstätigkeit in Deutschland vorbereiten will, muss die gewählten Fächer im Zusammenhang mit der Bedeutung des Ziellandes für die deutsche Rechtsordnung sehen. So findet aufgrund des großen Einflusses des amerikanischen Gesellschaftsrechts auf die deutsche Rechtsordnung ein LL.M. in U.S. Corporate Law auch bei deutschen Großkanzleien Anklang. Auf der anderen Seite darf die Bedeutung der Kurswahl für potenzielle Arbeitgeber nicht überschätzt werden. Deutsche Kanzleien interessieren sich überwiegend für den Titel und die Englischkenntnisse, die mit einem LL.M.-Studium erworben werden. Daher sollte sich der künftige LL.M.-Student bei der Wahl der Kurse vor allem von seinen persönlichen Neigungen leiten lassen. Das LL.M.-Studium bietet die Gelegenheit, sich in neue Bereiche einzulesen oder auch spannende Einzelthemen zu erforschen. Wer plant, nach dem LL.M.-Studium das Bar Exam abzulegen, könnte dies schon bei der Kurswahl berücksichtigen und dafür relevante Kurse abdecken.

Prüfungen im LL.M.-Studium

Die Universitäten stellen unterschiedliche formale Anforderungen an die Verleihung des Master of Laws. In Europa gilt das ECTS (siehe oben). In der übrigen Welt wird meist eine von der jeweiligen Hochschule festgelegte Anzahl an Credits verlangt, die sich zu bestimmten Teilen aus mündlichen und schriftlichen Leistungen zusammensetzt. Zu den Veranstaltungen, bei denen man Credits erwerben kann, zählen Vorlesungen und Seminare. Zudem werden selbstständig verfasste schriftliche Arbeiten angerechnet. Diese müssen einen bestimmten Umfang haben, der in der Regel bei 20 Seiten pro Credit liegt. Vorlesungen schließen mit schriftlichen Tests ab und behandeln in vergleichsweise kurzer Zeit eine große Bandbreite an Themen. Angesichts dessen wird den Studenten in Klausuren keine dem deutschen Studium vergleichbare präzise Bearbeitung abverlangt. Ausschlaggebend für den Erfolg einer Klausur ist vielmehr das Ansprechen möglichst vieler Problemschwerpunkte, während deren Lösung allenfalls mit ein paar Zusatzpunkten honoriert wird.

Viele Bewerber sorgen sich um die Durchfallquoten beim LL.M.-Studium. Hier gilt es abermals zwischen kontinentaleuropäischen und angelsächsisch geprägten Rechtskulturen zu unterscheiden. Während in Ländern der ersteren Prägung Leistungen vor allem im Studium erbracht werden müssen, liegt etwa in Japan oder England die eigentliche Leistung vor dem Studium, weil hier die Zulassung zum Studium die höchste Hürde darstellt. In angelsächsisch geprägten Ländern kommt es daher kaum vor, dass jemand durch eine Prüfung fällt. Dies gilt gleichermaßen für Eliteschulen wie für weniger bekannte Law Schools. Auf den ersten Blick erstaunt es, dass dieser Umstand keinen Einfluss auf den ungebrochenen Arbeitseifer hat, der zumindest an den Top-Universitäten an den Tag gelegt wird. Die Motivation erwächst an angloamerikanischen Rechtsschulen nicht so sehr aus dem Prüfungsdruck, sondern wohl eher aus der Gefahr, in der nächsten Unterrichtsstunde vom Professor aufgerufen zu werden. Zudem wollen viele den Lernertrag eines Studiums maximieren, für das sie Gebühren von bis zu 100.000 Euro entrichten müssen. Wer in einzelnen Prüfungen dennoch durchfällt, dem wird in der Regel die Möglichkeit geboten, die erforderlichen Credits beispielsweise mit einer zusätzlichen Arbeit zu erwerben. Man muss daher im angelsächsischen Raum nicht befürchten, aufgrund von einzelnen Misserfolgen den LL.M.-Titel nicht verliehen zu bekommen.

4. Erfolgreich bewerben um Studienplatz und Stipendien

von Steffi Balzerkiewicz

66 Bewerbung um einen LL.M.-Studienplatz
67 Mindestvoraussetzungen für eine Bewerbung
74 Zusammenstellung der übrigen Bewerbungsunterlagen
80 Zeitmanagement
83 Zusage
83 Online-Bewerbung und Bewerbung über Partnerinstitute
84 Stipendien
84 Anforderungen der Stipendiengeber
85 Bewerbung um ein Stipendium
89 Beispieldokumente

Bewerbung um einen LL.M.-Studienplatz

Hat man sich für eine Universität und ein LL.M.-Programm entschieden, folgt als nächster Schritt die Bewerbung um einen Studienplatz. Die Zulassung zum gewünschten Programm zu erreichen ist keine reine Formsache – die Hürden werden von den Bewerbern jedoch manchmal überschätzt. Voraussetzung für eine erfolgreiche Bewerbung ist, dass sie die von der Universität gestellten formalen Anforderungen erfüllt und die Stärken des Bewerbers hervorhebt. Es ist daher wichtig, die Bewerbung mit großer Sorgfalt anzufertigen und schon im Vorfeld ausreichend Zeit hierfür einzuplanen. Für viele Bewerber ist die Zusammenstellung der Bewerbungsunterlagen noch ungewohnt. Die mangelnde Erfahrung auf diesem Gebiet führt häufig zu Unsicherheiten bei inhaltlichen und formalen Fragen. Die folgenden Hinweise sollen Vorschläge und Vorlagen bieten und helfen, die Unsicherheiten zu beseitigen. Sie sind jedoch nur als Richtlinien zu verstehen. Jede Bewerbung sollte individuell auf die entsprechende Person und das mit der Bewerbung verfolgte Ziel zugeschnitten sein.

TIPP: Auch wer den Großteil der Bewerbung allein vorbereitet, sollte sich beraten und helfen lassen. Dies gilt insbesondere bei geringer Erfahrung mit Bewerbungsunterlagen oder unzureichenden Sprachkenntnissen. Die Bewerbung Korrektur lesen zu lassen, schadet in keinem Fall.

Grundsätzlich stellen alle Universitäten vergleichbare Anforderungen an eine Bewerbung. Neben Abschlusszeugnissen (Abitur und Studium) und Leistungsnachweisen aus dem Studium werden in der Regel ein tabellarischer Lebenslauf, ein Nachweis über die Sprachkenntnisse und oft auch Empfehlungsschreiben verlangt. Amerikanische Universitäten erwarten darüber hinaus häufig, dass der Bewerber seine Motive für das Studium in einem Essay darlegt. Darüber hinaus gibt es Programme, die ausschließlich Bewerbern mit Berufserfahrung offenstehen. Wegen der großen Zahl der Programme und der damit verbundenen unterschiedlichen Anforderungen können die Darstellungen im Folgenden nur einen ersten Überblick bieten.

Die inhaltlichen Anforderungen an die Bewerbungsunterlagen variieren zum Teil stark, beispielsweise bezüglich des Umfangs und Inhalts des Lebenslaufs. Auch werden den Bewerbungen außerhalb Deutschlands meist keine Fotos beigefügt. Aus diesem Grund sollte sich der Bewerber im Vorfeld über die von den jeweiligen Universitäten gestellten Vorgaben an die Bewerbung genau informieren.

Die Internetseiten der Universitäten geben detaillierte Informationen zum Studium und zu den Zugangsvoraussetzungen der einzelnen Studiengänge. Die postalische Übersendung von Broschüren für potenzielle Studierende erfolgt nur noch in Einzelfällen. Die Broschüren werden jedoch häufig auf den Webseiten zum Herunterladen bereitgestellt. Allerdings sollte man nicht vergessen, dass es sich sowohl bei Internetauftritten als auch in den Broschüren um eine werbende Außendarstellung handelt und die Universität sich den potenziellen Studierenden natürlich im besten Licht präsentieren will.

Die Bewerbung erfolgt bei den meisten ausländischen Universitäten online. Bewerbungsportale leiten Interessenten detailiert durch den Prozess. Sollten dennoch Fragen offenbleiben, beantworten die Universitäten diese in der Regel schnell und unkompliziert per E-Mail.

Bewerbungsunterlagen werden in der jeweiligen Landessprache oder auf Englisch erstellt. Bewerber, deren Sprachkenntnisse für das Anfertigen einer Bewerbung nicht ausreichen, können diese notfalls professionell übersetzen oder lektorieren lassen. Mangelnde Sprachkenntnisse zum Zeitpunkt der Bewerbung sind daher kein Hindernis.

Mindestvoraussetzungen für eine Bewerbung

Für die Bewerbung ist es zunächst wichtig, dass die formalen Voraussetzungen für die Zulassung zu einem LL.M.-Programm erfüllt sind. Diese stellen keine große Hürde dar. Man muss für die Bewerbung um einen Studienplatz ein abgeschlossenes rechtswissenschaftliches Studium und ausreichende Sprachkenntnisse vorweisen. Alle weiteren Anforderungen wie Lebenslauf, Gutachten etc. sind keine formalen Zulassungsvoraussetzungen, sondern dienen dazu, sich von anderen Bewerbern abzuheben und die Universität von den eigenen Qualitäten zu überzeugen.

Studienabschluss

Erste Voraussetzung für die Zulassung zu einem LL.M.-Studium ist der Bachelor-Abschluss mit rechtlichem Schwerpunkt. Die Erste Juristische Prüfung gilt als gleichwertig. Auf die Note kommt es zunächst nicht an. Die Note oder der Abschluss der Zweiten Juristischen Staatsprüfung sind in der Regel keine Bewerbungsvoraussetzungen. An einigen Universitäten, insbesondere in Deutschland, berechtigt auch ein (studienbegleitend erworbener) deutscher Bachelor of Laws oder ein Diplom-Wirtschaftsjurist zur Zulassung. Dies sollte im Vorfeld unbedingt geklärt werden.

Die Note der Ersten Juristischen Prüfung ist vor allem für die Bewerbungstaktik entscheidend. Nicht alle, aber viele Universitäten verlangen eine Mindestpunktzahl. Wird keine Mindestpunktzahl vorausgesetzt, ist eine Bewerbung unproblematisch und kann zunächst auch auf Basis der Noten der Scheine erfolgen. Bewerber müssen das Abschlusszeugnis der Universität als (gegebenenfalls beglaubigte) Übersetzung vor Beginn des Studiums vorlegen. Ein Beispiel für eine solche Übersetzung ist am Ende des Kapitels abgedruckt.

Wird keine bestimmte Note verlangt, kann man seine Qualifikation dadurch hervorheben, dass man seine Prüfungsnote gewichtet. Bewerber können von den Justizprüfungsämtern auf Anfrage erstellte Rankings beifügen und dadurch belegen, dass sie zum Beispiel zu den besten 20 Prozent ihres Jahrgangs gehören. Liegt kein Ranking vor, kann ein solches mithilfe der Prüfungsstatistiken, die auf der Website des Bundesamts für Justiz[1] veröffentlicht werden, selbst erstellt werden.

1 www.bundesjustizamt.de/DE/Themen/Buergerdienste/Justizstatistik/Juristen/Ausbildung.html; abgerufen am 17.12.2019.

Vor allem renommierte Universitäten verlangen eine bestimmte Punktzahl in der Ersten Juristischen Prüfung. Diese kann von Fall zu Fall variieren. LL.M.-Bewerber sollten ihre Note bei der Auswahl der Universität nicht völlig außer Acht lassen, sich jedoch von einer Mindestpunktzahl nicht abschrecken lassen. Viele Universitäten lassen Ausnahmen zu, etwa wenn die Nachfrage gering ist oder die Bewerbung ansonsten überzeugt.

Wer zum Zeitpunkt der Bewerbung noch keinen Studienabschluss vorweisen kann, reicht zunächst nur eine Übersicht der im Studium besuchten Veranstaltungen mit Leistungsnachweisen bei der Universität ein. Die Bewerbung mit Übungs- und Seminarnoten ist vorteilhaft, wenn man gute Ergebnisse vorweisen kann. Die Zusage wird dann häufig schon vor Abschluss der Ersten Juristischen Prüfung unter der Bedingung erteilt, dass die Prüfung bestanden oder eine bestimmte Punktzahl erreicht wird. Es ist also nicht zwingend erforderlich, dass das Abschlusszeugnis bereits zum Zeitpunkt der Bewerbung vorliegt. Dies ist wegen der langen Vorlaufzeiten für Bewerber, die ihr LL.M.-Studium direkt im Anschluss an die Erste Juristische Prüfung aufnehmen wollen, oft auch gar nicht möglich, denn der Bewerbungsschluss für Studienplätze liegt häufig vor den Terminen für die mündlichen Prüfungen.

TIPP: Eine Übersicht über die im Studium besuchten Veranstaltungen kann beim Studienbüro der Heimatuniversität angefordert werden. Viele Universitäten bieten (gegen eine Gebühr) an, eine entsprechende Übersicht auf Englisch zu erstellen und diese zu beglaubigen.

Auch wenn die Prüfungsnote hinter den Erwartungen zurückbleibt oder man die Anforderungen der Universität verfehlt, muss das kein Ausschlusskriterium sein. Selbst wenn nur eine bedingte Zusage (Conditional Offer) gegeben wurde, hat die Universität letztlich den Platz im Programm für den Bewerber reserviert. Daher bestehen häufig Verhandlungsspielräume.

Bewerber, die die von der Wunschuniversität geforderte Mindestpunktzahl nicht nachweisen können, sollten auf jeden Fall ihr Studienvorhaben absichern, indem sie sich parallel an anderen Universitäten bewerben. Es ist sinnvoll, sich drei bis fünf Programme, ggf. mit unterschiedlichen Mindestvoraussetzungen, auszusuchen und Bewerbungen dafür vorzubereiten. Sollte die Wunschuniversität absagen, bleibt damit immer noch die Möglichkeit, das Studium andernorts zu absolvieren.

Fazit: Bewerber sollten sich keinesfalls von Anforderungen wie einer Mindestnote in der Ersten Juristischen Prüfung entmutigen lassen. Die Note kann, muss aber nicht entscheidend dafür sein, an welcher Universität man sein LL.M.-Programm absolvieren kann. Absolventen sollten die Note lediglich bei ihrer Bewerbungsstrategie berücksichtigen.

Nachweis der Sprachkenntnisse

Neben der fachlichen Qualifikation (Erste Juristische Prüfung) müssen Bewerber in der Regel auch die für das Studium erforderlichen Sprachkenntnisse nachweisen. Auch das ist keine unüberwindbare Hürde.

Jeder Bewerber, der noch keinen Abschluss einer englischsprachigen Universität hat, muss einen anerkannten Sprachtest ablegen. Die Universitäten wollen so sicherstellen, dass der Bewerber den Vorlesungen folgen und Seminararbeiten verfassen kann. Der Sprachtest wird in der Regel nur für die Unterrichtssprache verlangt.

Sofern die Landessprache von der Unterrichtssprache abweicht, ist in der Regel kein weiterer Sprachnachweis für die Landessprache erforderlich. Dennoch sind zumindest Grundkenntnisse der Landessprache sinnvoll, um sich in Alltagssituationen verständigen zu können.

Da die überwiegende Zahl der LL.M.-Interessenten ein Studium in einem englischsprachigen Land anstrebt, beschränken sich die Ausführungen im Folgenden auf Englischtests. Für Englisch gibt es eine Vielzahl von Sprachprüfungen und -zertifikaten, die aber nicht alle von den Universitäten anerkannt werden. Oft haben sie einen bevorzugten Test, akzeptieren aber auch andere Nachweise. Um Überraschungen zu vermeiden, sollte sich der Bewerber im Vorfeld bei den entsprechenden Universitäten über die anerkannten Tests informieren. Meist reichen die Schulenglischkenntnisse aus, um den Test zu bestehen. Allerdings muss man den Test nicht nur bestehen, sondern eine Mindestpunktzahl nachweisen. Mit gezielter Vorbereitung kann man mit überschaubarem Aufwand seine Wunschpunktzahl erreichen.

Die am weitesten verbreiteten und an den meisten Universitäten akzeptierten Tests sind der Test of English as a Foreign Language (TOEFL) und der International English Language Testing Service (IELTS).

Der TOEFL ist ein vom Educational Testing Service (ETS) in Princeton, USA, entwickelter und international anerkannter Sprachtest für den Hochschulzugang. Näheres hierzu findet man unter www.ets.org. Für ein Studium an einer U.S.-amerikanischen Universität ist er unerlässlich, aber auch die meisten anderen Universitäten im englischsprachigen Ausland akzeptieren den TOEFL. Seit 2006 wird er als internetbasierter Test (iBT) durchgeführt. Im Gegensatz zum alten computerbasierten Testverfahren ist der internetbasierte TOEFL-Test nicht adaptiv, das heißt, das Testprogramm passt sich nicht der individuellen Leistungsfähigkeit jedes Prüflings an. Die älteren Formate - CBT (computer-based) und PBT (paper-based) - wurden in Deutschland eingestellt.

An britischen Universitäten oder an Universitäten des Commonwealth, z. B. in Australien oder Neuseeland, wird anstelle des TOEFL möglicherweise der IELTS-Test für die Zulassung verlangt. Dieser Test wurde vom British Council, dem IDP Australia und dem University of Cambridge ESOL Examination Board entwickelt. Es gibt zwei verschiedene Formen des Tests, den Academic Test und den General Test, wobei für die Bewerbung an einer Hochschule im englischsprachigen Raum nur ersterer akzeptiert wird. Näheres hierzu unter www.ielts.org und www.ielts-exam.net.

TIPP: Obwohl die meisten Universitäten des Commonwealth den IELTS bevorzugen, akzeptieren sie meist auch den TOEFL als Sprachnachweis. Insbesondere wer sich an englischen und amerikanischen Universitäten bewerben will, sollte sich im Vorfeld erkundigen, ob beide Tests akzeptiert werden. Doppelte Sprachtests lassen sich so vermeiden.

Der TOEFL kann in Test-Centern in mehr als 30 deutschen Städten, darunter Berlin, Frankfurt am Main, Hamburg und München, in der Regel freitags und/oder samstags abgelegt werden.[2] Es empfiehlt sich allerdings, den Termin rechtzeitig zu vereinbaren, da manche Test-Center relativ häufig ausgebucht sind. Die Anmeldung für den internetbasierten Test erfolgt online, telefonisch oder per Post zentral bei einem Büro in Irland.[3]

Der IELTS kann beim British Council in Aachen, Berlin, Bremen, Dortmund, Dresden, Düsseldorf, Frankfurt am Main, Freiburg, Hamburg, Hannover, Heidelberg, Köln, Leipzig, Mannheim, München, Nürnberg und Stuttgart an bestimmten Terminen (je nach Test-Center in der Regel ein bis drei Termine pro Monat) abgelegt werden.[4] Die Terminvereinbarung erfolgt online.[5]

TOEFL und IELTS haben gemeinsam, dass sie aus vier Teilen – Hörverständnis, Sprechen, Textverständnis und Schreiben – bestehen, die sich im Wesentlichen ähnlich zusammensetzen. In der Listening Section hört der Prüfling per Kopfhörer kurze Ausschnitte aus Gesprächen und beantwortet anschließend Fragen zum Inhalt. In der Reading Section muss er Verständnisfragen zu kurzen, akademischen Texten beantworten. Die Writing Section besteht aus zwei Teilen: Im ersten Teil beantwortet man schriftlich Fragen zu Textpassagen und diskutiert das zentrale Thema oder die Kernaussage des Textes. Im zweiten Teil schreibt man einen Essay zu einem gegebenen Thema. Schließlich wird das gesprochene Englisch getestet. Einen Überblick über die Anforderungen beider Tests gibt die folgende Tabelle.

---

2 Eine täglich aktualisierte Übersicht über Testtermine, unterteilt in Regionen, findet sich unter: www.ets.org/bin/getprogram.cgi?test=toefl; abgerufen am 09.08.2019. Die einzelnen Testzentren sind nur für registrierte Benutzer einsehbar.

3 Prometric, Building 3, Finnabair Technology Park, Dundalk, Co Luth, Ireland, Telefon: +31 320 239-540, Fax: +31 320 239-541.

4 Eine Übersicht über Testzentren und -termine findet sich unter https://www.britishcouncil.de/pruefung/ielts/termine, abgerufen am 17.12.2019.

5 https://www.britishcouncil.de/pruefung/ielts/anmelden, abgerufen am 17.12.2019.

	TOEFL*	IELTS**
Getestete Sprachfertigkeiten	• Hörverständnis • Textverständnis • Schreiben • Sprechen	• Hörverständnis • Textverständnis • Schreiben • Sprechen
Gesamtdauer	ca. vier Stunden	ca. drei Stunden
Notizen	Handschriftliche Notizen sind erlaubt.	Handschriftliche Notizen sind erlaubt.
Hörverständnis	• vier bis sechs Ausschnitte aus Vorlesungen, einige mit Diskussionen, jeweils drei bis fünf Minuten lang, sechs Fragen pro Aufgabe • zwei bis drei Gespräche von drei Minuten, fünf Fragen pro Aufgabe • verschiedene englische Akzente • Gesamtdauer: 60–90 Minuten • maximal erreichbare Punktzahl: 30 • Die Aufgaben messen nicht nur das allgemeine Sprachverständnis des Kandidaten, sondern auch, ob er die Einstellung des Sprechers zu dem ausgewählten Thema, dessen Ziele oder Motive richtig erfasst hat.	• vier Abschnitte mit insgesamt 40 Fragen • zwei Gespräche oder Monologe zu allgemeinen Themen • zwei Abschnitte mit akademischem Bezug • verschiedene englische Akzente • Gesamtdauer: 30 Minuten • maximal erreichbare Punktzahl: neun • Die Aufgaben messen nicht nur das allgemeine Sprachverständnis des Kandidaten, sondern auch, ob er die Einstellung des Sprechers zu dem ausgewählten Thema, dessen Ziele oder Motive richtig erfasst hat.
Textverständnis	• drei bis vier Passagen akademischer Texte, etwa 700 Wörter lang • beinhaltet Passagen mit multiplem Fokus (vergleichen/gegenüberstellen/Ursache/Wirkung) • 12–14 Fragen pro Passage • Dauer: 60–80 Minuten • maximal erreichbare Punktzahl: 30	• drei Textpassagen mit akademischem Bezug, geschrieben für Fachfremde; Gesamtlänge: 2.150–2.750 Wörter • Insgesamt sind 40 Fragen zu beantworten. • Dauer: 60 Minuten • maximal erreichbare Punktzahl: neun

Sprechen	• sechs Aufgaben
	• zwei von den bisherigen Aufgabenstellungen unabhängige Befragungen zu allgemeinen Themen
	• vier Aufgaben mit Bezug zu vorangegangenen Testabschnitten
	• max. 30 Minuten zur Vorbereitung der Antworten; max. eine Minute für die Antwort
	• Dauer: 20 Minuten
	• maximal erreichbare Punktzahl: 30
		• Gespräch mit einem Prüfer in drei Teilen:
		  • Teil 1: allgemeine Fragestellungen zu Person, Familie, Beruf, Hobbys
		  • Teil 2: Präsentation zu einem bestimmten Thema; Vorbereitungszeit: eine Minute; Sprechzeit: zwei Minuten
		  • Teil 3: Diskussion mit dem Prüfer zum Thema von Teil 2
		• Dauer: 11–14 Minuten
		• maximal erreichbare Punktzahl: neun

* www.ets.org/toefl/ibt/about/content; abgerufen am 17.12.2019.

** www.ielts.org/test_takers_information/question_types.aspx; abgerufen am 17.12.2019.

	TOEFL	IELTS
Schreiben	• zwei Aufgaben: eine Meinungsäußerung mit Bezug zu vorangegangenen Testabschnitten; ein Essay zu einem vorgegebenen allgemeinen Thema • Dauer: 50 Minuten (20 Minuten für die erste Aufgabe, 30 Minuten für den Essay) • nur in getippter Form, nicht handschriftlich • maximal erreichbare Punktzahl: 30	• zwei Aufgaben: eine Erläuterung von vorgegebenen Informationen in Tabellenform, als Diagramm oder Grafik; ein Essay zu einem allgemeinen Thema • Dauer: 60 Minuten (empfohlen werden 20 Minuten + mind. 150 Wörter für die erste Aufgabe; 40 Minuten + mind. 250 Wörter für die zweite) • nur in handschriftlicher Form • maximal erreichbare Punktzahl: neun
Grammatik	kein separater Testabschnitt, Grammatikkenntnisse werden in den Prüfungsabschnitten Schreiben und Sprechen bewertet	kein separater Testabschnitt, Grammatikkenntnisse werden in den Prüfungsabschnitten Schreiben und Sprechen bewertet
Maximal erreichbare Punktzahl	120 (alle vier Prüfungsbereiche werden addiert)	neun Leistungsstufen (9 = expert user, 1 = non-user); Durchschnitt aus allen vier Prüfungsbereichen
Leistungsbeschreibung	Leistungsbeschreibung in den jeweiligen Testabschnitten	allgemeine Beschreibung der Anforderungen jeder Leistungsstufe
Übermittlung der Testergebnisse	Die Testergebnisse können 15 Werktage nach dem Testtermin online abgerufen werden. In den darauffolgenden Tagen werden sie auch per Post verschickt.	Die Testergebnisse können 13 Tage nach dem Testtermin online abgerufen werden. In den darauffolgenden Tagen werden sie auch per Post verschickt.

Vergleich der Sprachtests TOEFL und IELTS

Auch bei guten Englischkenntnissen ist eine Vorbereitung empfehlenswert, da die Tests häufig eigenen Regeln folgen. Beispielsweise haben die Themen in den verschiedenen Prüfungsteilen stets akademischen Bezug, es werden etwa Gespräche zwischen Studierenden oder Ausschnitte aus Vorlesungen vorgespielt. Anschließend werden häufig Details aus den Gesprächen abgefragt, wobei es meist weniger darauf ankommt, sein Sprachverständnis unter Beweis zu stellen, als sich vielmehr die richtigen Details zu merken.

TIPP: Auf den Internetseiten, die über die Tests informieren, gibt es oft kostenlose Probetests oder Übungsmaterial. Darüber hinaus ist eine große Zahl an Büchern zur Vorbereitung auf verschiedene Tests erschienen. Einige der Bücher enthalten Medien oder Online-Zugänge mit Tests, die den Originalen nachempfunden sind. Dies erleichtert die Vorbereitung. Schließlich gibt es inzwischen neben Präsenzkursen zur Vorbereitung auf die Tests, z. B. an Sprachzentren der Universitäten oder Volkshochschulen, auch zahlreiche Anbieter von Online-Kursen.

Generell sollte man keine übertriebene Ehrfurcht vor den Tests haben. Mit ausreichender Vorbereitung lassen sich die gewünschten Ergebnisse meist ohne Weiteres erzielen. Sollte man bei einem Test dennoch beim ersten Versuch kein zufriedenstellendes Ergebnis erreichen, kann er beliebig oft wiederholt werden. Dies kostet allerdings Zeit und Geld. Beim TOEFL müssen zwischen zwei Tests mindestens zwölf Tage liegen. Offiziell sind die Ergebnisse von TOEFL und IELTS zwar bis zu zwei Jahre lang gültig. Einige Universitäten verlangen aber Ergebnisse, die nicht älter als sechs bis zwölf Monate sind. Dies sollte bei der Zeitplanung für die Bewerbung unbedingt beachtet werden.

Am Ende des jeweiligen Tests kann man bis zu fünf Stellen angeben, an die das Ergebnis kostenlos geschickt wird, zum Beispiel an die Admissions Offices der Universitäten, an denen man sich bewirbt. Für weitere Kopien wird eine Gebühr in Rechnung gestellt.

TIPP: Steht bereits nach dem ersten Teil des Tests fest, dass die Mindestpunktzahl nicht erreicht wurde, sollte das Testergebnis nicht an die Universität verschickt werden. Will man ein Studium im englischsprachigen Ausland aufnehmen, empfiehlt es sich, den Test einige Monate vor der Bewerbung zu absolvieren. Auf diese Art und Weise kann man sich in Ruhe auf den Test vorbereiten und hat genügend Zeit, ihn zu wiederholen, falls das Ergebnis zu schlecht ausfällt.

Universitäten in Großbritannien und in einigen Commonwealth-Ländern akzeptieren auch bestimmte Sprachzertifikate der Universität Cambridge. Im Einzelnen handelt es sich um das Cambridge C1 Advanced (bisher: Cambridge English: Advanced bzw. Certificate in Advanced English (CAE)) und das Cambridge C2 Proficiency (bisher: Certificate of Proficiency in English (CPE)). Es handelt sich hierbei um die zwei höchsten Prüfungen des Cambridge Assessment English (früher: Cambridge English Language Assessment der University of Cambridge (ESOL)).

Häufig bieten ausländische Universitäten den künftigen Studierenden auch Kurse an universitätseigenen Sprachinstituten an. Diese Kurse bereiten entweder gezielt auf einen der oben genannten Sprachtests vor, oder aber die Universität prüft die Bewerber nach ihren eigenen Kriterien auf die Eignung zum Studium. Hierbei besteht jedoch die Gefahr, dass man sein Jahr im Ausland intensiv vorbereitet hat und am Ende den Test an der Universität nicht besteht und daher das Studienvorhaben abbrechen muss. Auf keinen Fall sollte man davon ausgehen, dass die Universität „einen schon bestehen lässt".

Andere als die oben genannten Sprachzeugnisse werden von den ausländischen Universitäten in der Regel nicht als Sprachnachweis akzeptiert. Für die Bewerbung um Stipendien können manchmal allerdings auch universitäre Sprachzeugnisse als Nachweise vorgelegt werden.

Zusammenstellung der übrigen Bewerbungsunterlagen

Sind die oben genannten Mindestvoraussetzungen erfüllt, hat man das Pflichtprogramm absolviert. Mit der Zusammenstellung der übrigen Bewerbungsunterlagen folgt nun die Kür. Grundsätzlich steht es der Universität frei, einen Bewerber abzulehnen. Auf der anderen Seite erlaubt der Ermessensspielraum der Universität, unter Umständen Bewerber zuzulassen, die eine der Mindestvoraussetzungen nicht erfüllen, aber auf andere Art und Weise einen Ausgleich schaffen. Daher sei noch einmal betont, dass sich Bewerber nicht von einer geforderten Mindestpunktzahl oder dem Renommee der Universität abschrecken lassen sollten. Die übrigen Bewerbungsunterlagen sollten mit Sorgfalt erstellt werden. Sie können im Vergleich zu Mitbewerbern den Ausschlag geben oder einem ein so interessantes Profil verleihen, dass eine weniger geglückte Erste Juristische Prüfung eventuell in den Hintergrund tritt.

Die übrigen Bewerbungsunterlagen für ein LL.M.-Programm sind im Wesentlichen das Bewerbungsformular, der Lebenslauf und das Academic Transcript. Darüber hinaus verlangen insbesondere amerikanische Universitäten häufig Referenzen und ein Motivationsschreiben. Diese Unterlagen helfen der Universität, die Persönlichkeit des Bewerbers besser einzuschätzen, und geben ihr eine Entscheidungshilfe für die Zulassung. Ein ausführliches Anschreiben ist in der Regel nicht nötig.

Bewerbungsformular mit Anlagen

Zunächst ist das Bewerbungsformular der Universität auszufüllen, was keinem Bewerber schwerfallen dürfte. Das Formular kann man entweder online im Bewerberportal der Universität ausfüllen, oder man lässt es sich von der Universität per Post zuschicken. Falls man Schwierigkeiten beim Ausfüllen hat, zum Beispiel weil eine Frage nicht klar formuliert ist, kann man direkt mit der Zulassungsstelle der Universität (Admissions Office) Kontakt aufnehmen.

TIPP: Selbst bei einfachen Formularen oder Dokumenten sollte man einen Dritten die Unterlagen Korrektur lesen lassen oder dies selbst mit zeitlichem Abstand tun. Denn nichts wirkt negativer als ein Formular mit diversen Inhalts- oder sogar Rechtschreibfehlern.

Dem Formular kann man auch entnehmen, welche weiteren Unterlagen man seiner Bewerbung beifügen muss. In der Regel sind das eine Kopie des Abschlusszeugnisses, eine Übersicht der während des Studiums besuchten Veranstaltungen mit Leistungsnachweisen (Academic Transcript) und häufig das Abiturzeugnis. Diese Unterlagen müssen übersetzt und meist amtlich beglaubigt werden.

Erstellen des Lebenslaufs

Der Lebenslauf ist zentraler Bestandteil der Bewerbung. In der Regel wird er in tabellarischer Form gefordert. Für die Erstellung eines ansprechenden Lebenslaufs gibt es drei unverzichtbare Vorgaben: Er muss fehlerfrei, vollständig und übersichtlich sein. Auch wenn nur ein kurzer Lebenslauf verlangt wird, lohnt es sich, Zeit und Aufwand in die Zusammenstellung eines umfassenden Lebenslaufs zu investieren.

TIPP: Ein einmal erstellter Lebenslauf kann gegebenenfalls auch für andere Bewerbungen genutzt werden. Die einmalige Investition von Zeit und Mühe zahlt sich also aus.

Das am Ende des Kapitels dargestellte anonymisierte Beispiel soll die Arbeit am eigenen Lebenslauf sowohl formal als auch inhaltlich erleichtern.[6]

Am Anfang stehen persönliche Informationen wie Name und Kontaktdaten. Wichtig ist, dass man unter den angegebenen Telefonnummern oder E-Mail-Adressen tatsächlich leicht zu erreichen ist. Auf Angaben wie Eltern, Herkunft oder Familienstand kann verzichtet werden. Im angloamerikanischen Rechtsraum ist es nicht üblich, ein Passbild beizufügen. Der Bewerber sollte sich einer klaren Sprache bedienen und sich prägnant ausdrücken. Für Bewerbungen in den USA sollte der Lebenslauf zudem nicht mehr als eine Seite umfassen.

Grundsätzlich werden Lebensläufe umgekehrt chronologisch verfasst, indem man mit den am kürzesten zurückliegenden Ereignissen beginnt. Auf die erste Seite gehören berufliche und akademische Meilensteine. Hierbei sollte der Bewerber beachten, dass der Leser mit dem deutschen Ausbildungssystem nicht unbedingt vertraut ist. Es bietet sich daher an, Studienschwerpunkte kurz zu erläutern oder neben der Nennung des Arbeitgebers die Tätigkeitsschwerpunkte des Unternehmens zu erwähnen. Länger zurückliegende Ausbildungsabschnitte, insbesondere die Schulausbildung, sollten - wenn überhaupt - nur sehr kurz angesprochen werden. Überspitzt ausgedrückt: Bei der Beurteilung eines Hochschulabsolventen spielt die Grundschulzeit keine Rolle. Zum akademischen Werdegang gehören darüber hinaus auch die Teilnahme an außeruniversitären Seminaren (Fachanwaltskurs, Buchführungskurs etc.) oder die Teilnahme an Wettbewerben (Moot Court, Debattierclub etc.). Überdurchschnittliche Ergebnisse sollten hervorgehoben werden.

Neben dem beruflichen und akademischen Werdegang sollte man auch private Interessen und soziales Engagement erwähnen. Sie unterstreichen die Persönlichkeit des Bewerbers und heben ihn von anderen Bewerbern ab. Hierzu gehören Aktivitäten wie Engagement an der Universität (Fachschaft, Studierendenparlament, Tutorien) oder in der Lokalpolitik, aktive Mitgliedschaften in Organisationen, die sich für Umwelt, Menschenrechte, Minderheiten etc. einsetzen, Funktionen in Clubs oder Vereinen und anderes regelmäßiges freiwilliges Engagement. Aus diesen Aktivitäten sollte hervorgehen, dass sich der Bewerber nicht nur um eigene Belange kümmert. Passive Mitgliedschaften, beispielsweise in einer politischen Partei, sind von untergeordneter Bedeutung.

TIPP: Gerade im angloamerikanischen Raum wird großer Wert auf soziales Engagement gelegt. In Grenzfällen können mit einem überzeugenden Lebenslauf andere Schwächen ausgeglichen werden.

Die Erstellung eines guten Lebenslaufs sollte sorgfältig erfolgen und kostet daher Zeit. Zunächst müssen die wesentlichen Daten vom Bewerber selbst zusammengestellt werden. Anschließend sollte der Lebenslauf noch einmal mit einer außenstehenden Person besprochen werden, denn eine objektive zweite Meinung kann hier sehr wertvoll sein.

---

6 Beispiele und Hinweise speziell für Bewerbungen in den USA gibt der *USA Bewerbungsführer für Juristen* von Clemens Kochinke und Dr. Stephan Wilske, herausgegeben von der Deutsch-Amerikanischen Juristenvereinigung, 3. Auflage 2009.

Motivationsschreiben

Verlangt die Universität einen Bewerbungsessay oder ein Motivationsschreiben, kommt diesem im Bewerbungsverfahren eine herausragende Rolle zu. Dementsprechend viel Zeit und Aufmerksamkeit sollte man diesem Schreiben widmen. Da Noten, Rankings und standardisierte Tests meist nicht zeigen, ob der Bewerber beispielsweise kreativ oder teamfähig ist, wollen sich die Universitäten auf diesem Weg ein Bild von dessen Persönlichkeit machen.

Das Verfassen eines Motivationsschreibens empfinden viele Bewerber sicherlich als die größte Herausforderung im Bewerbungsprozess. Doch auch diese Aufgabe ist nicht unlösbar. Vielmehr bietet sie die Gelegenheit, sich über die eigenen Ziele und Vorstellungen klar zu werden, um dann die Universität leichter davon zu überzeugen, dass man ein geeigneter Student ist.

Die Anforderungen an ein Motivationsschreiben variieren von Universität zu Universität. Der Bewerber sollte sich unbedingt an die Vorgaben der Universität halten. Die folgenden Hinweise sollen lediglich eine Orientierungshilfe sein.

In der Regel wird der Bewerber aufgefordert, seine Motive und seine Eignung für das Studium anhand folgender Aspekte zu erklären:

- Motivation für das Studium
- Einschätzung der künftigen beruflichen Entwicklung
- Begründung der Entscheidung für dieses bestimmte LL.M.-Programm
- Einschätzung persönlicher Stärken und Schwächen.

Für die überzeugende Beantwortung dieser Fragen gibt es kein Patentrezept. Allerdings steht fest, dass inhaltsleere Phrasen oder pauschale Aussagen nicht ausreichen. Es empfiehlt sich nur sehr begrenzt, Vorlagen oder Textbausteine zu nutzen. Vielmehr soll das Motivationsschreiben dem Bewerber helfen, sich von den Mitbewerbern positiv abzuheben. Hier sind Individualität und Originalität gefragt. Man sollte die Chance nutzen, Aufmerksamkeit auf sich und die eigenen Qualifikationen zu lenken und so die gewünschte Zulassung zum Studium zu erhalten. Wichtig ist es, zu zeigen, dass man sich mit der Universität und dem angebotenen LL.M.-Programm auseinandergesetzt hat. Das Schreiben sollte immer auf die jeweilige Universität zugeschnitten sein und beispielsweise auf universitätsspezifische Programm- oder Forschungsschwerpunkte eingehen. Im Vorfeld sollte sich der Bewerber daher gut über die Universität und das entsprechende Programm informieren.

TIPP: Gerade bei der Bewerbung an mehreren Universitäten ist es wichtig, sorgfältig vorzugehen. Nichts schadet einer Bewerbung mehr, als wenn man etwa einen Studienschwerpunkt nennt, der an der jeweiligen Universität gar nicht angeboten wird.

Darüber hinaus sollte der Bewerber zeigen, dass er sich Gedanken darüber gemacht hat, wie er mit seinem Profil in das gewünschte Programm passt und warum er es zu diesem Zeitpunkt gewählt hat. Dabei kann man beispielsweise auf bisherige Studienschwerpunkte oder auch auf praktische Erfahrungen verweisen.

U.S.-amerikanische Bewerber sind in ihren Essays oft sehr überschwänglich. Dieser Schreibstil fällt vielen deutschen Bewerbern schwer. Er muss auch nicht zwingend adaptiert werden, denn die amerikanischen Universitäten sind mit deutschen Bewerbern vertraut und beziehen auch die eher nüchternen Motivationsschreiben in den Auswahlprozess ein. Hier ist es wahrscheinlich überzeugender, dem eigenen Stil treu zu bleiben, als einen ungewohnten Duktus zu verwenden, der nicht der eigenen Persönlichkeit entspricht.

Im Internet gibt es zahlreiche Seiten mit Erfahrungsberichten über Studienvorhaben im Ausland. Bewerber, die sich nicht sicher sind, ob ihr Motivationsschreiben inhaltlich gelungen ist, können sich mit Fragen an diese (erfolgreichen) Bewerber wenden.[7]

Empfehlungsschreiben

Zusätzlich zum Motivationsschreiben verlangen die meisten britischen und amerikanischen Universitäten Empfehlungsschreiben. In Deutschland sind sie eher unüblich. Eine gute Empfehlung kann die eigene Bewerbung entscheidend voranbringen. Man kann sich mit einem solchen Gutachten positiv von anderen Bewerbern abheben oder (wenn nötig) manch andere Schwäche in seiner Bewerbung kompensieren. Dabei sollte man keine Angst vor etwaigen negativen Empfehlungen haben. Erklärt ein Gutachter seine Bereitschaft, das Schreiben auszustellen, wird die Empfehlung in der Regel positiv ausfallen. Wie positiv, hängt vom Gutachter und einem selbst ab. Deswegen sollte man seinen Gutachter sorgfältig auswählen.

Die meisten Universitäten verlangen, dass das Gutachten von einem Hochschullehrer stammt. Gerade Absolventen von Massenuniversitäten haben jedoch häufig während des Studiums kaum näheren Kontakt zu einem Professor herstellen können. Für Absolventen mit dem Zweiten Staatsexamen liegt die universitäre Ausbildung zudem häufig Jahre zurück. Dies erschwert es zusätzlich, auf einen Professor zuzugehen. Dennoch sollte man sich nicht von dieser Hürde abschrecken lassen. Viele Professoren sind hilfsbereit, weil sie wissen, wie wichtig das Empfehlungsschreiben für die Bewerbung ist. Im günstigsten Fall kennt man wenigstens einen Hochschullehrer gut genug, um beispielsweise mit Verweis auf ein bei ihm belegtes Seminar um ein Empfehlungsschreiben zu bitten. Absolventen, deren Studium bereits länger zurückliegt, sollten sich auch nicht davor scheuen, an Professoren herantreten, die bereits emeritiert sind. Gutachten von emeritierten Professoren finden die gleiche Anerkennung wie Gutachten von Hochschullehrern, die noch im Dienst sind. Kennt man keinen Professor, den man ansprechen kann, sollte man zunächst in Erfahrung bringen, welche Professoren der Bitte um ein Gutachten grundsätzlich aufgeschlossen gegenüberstehen. Man kann dies häufig informell im Gespräch mit Kommilitonen, Mitarbeitern des Professors oder der Fachschaft in Erfahrung bringen.

---

7 www.e-fellows.net/Studium/Studiengaenge/LL.M/Erfahrungsberichte-zum-LL.M; www.dajv.de/erfahrungsberichte-42.html, alle abgerufen am 17.12.2019.

Meist wollen sich die Gutachter auch einen Eindruck von der Persönlichkeit der zu begutachtenden Person verschaffen, denn mit dem Empfehlungsschreiben setzt der Gutachter einen Teil seines Renommees für den Begutachteten ein. Auch deswegen sollte die Bitte um ein Empfehlungsschreiben in einem persönlichen Gespräch erfolgen. Das Gespräch dient dem Gutachter gleichzeitig dazu, sich einen direkten Eindruck zu verschaffen. Um die Bitte um ein Gutachten möglichst formvollendet vorzubringen, vereinbart man am besten unter Angabe des Gesprächsgrunds einen Termin und bereitet diesen Termin entsprechend vor.

TIPP: Unpersönliche Anfragen per E-Mail oder über Dritte sind nicht angemessen. Stattdessen wird erwartet, dass man sein Anliegen in einer angemessenen Form vorbringt - schon um damit zu unterstreichen, dass man eine positive Empfehlung verdient.

Unangekündigt in der Sprechstunde zu erscheinen ist natürlich ohne Weiteres möglich. Ein sinnvolles Gespräch wird sich so aber in der Regel nicht ergeben, da dem Gutachter keine Entscheidungsgrundlage - zum Beispiel der Lebenslauf - vorliegt. Deswegen gilt: Bei der Vorbereitung des Gesprächs sollte man Unterlagen erstellen, die ein Gutachten inhaltlich vorbereiten. Dazu muss man sich vergegenwärtigen, wie ein derartiges Gutachten typischerweise aufgebaut ist. Zur Verdeutlichung ist am Ende dieses Kapitels ein verfremdetes Originalgutachten angefügt.

Das Empfehlungsschreiben beginnt in der Regel mit einer kurzen Vorstellung des Gutachters und Angaben dazu, woher der Gutachter den Kandidaten kennt (Vorlesungen, Seminare etc.). Damit wird die Gutachtenbasis vorbereitet.

TIPP: Man sollte hierfür den Professor auf Veranstaltungen hinweisen, die man bei ihm oder seinen Mitarbeitern besucht hat. Oft empfiehlt es sich auch, direkt nach einer besonders erfolgreich besuchten Lehrveranstaltung um ein Empfehlungsschreiben zu bitten, das man später im Zweifelsfall vorlegen kann - denn Professoren können nicht jeden einzelnen Studenten im Gedächtnis behalten.

Anschließend wird die fachliche Leistung der zu begutachtenden Person beurteilt, dann eine Persönlichkeitseinschätzung gegeben und schließlich das Studienvorhaben bewertet. Am Schluss findet sich häufig eine abschließende Empfehlungsfloskel.

Es empfiehlt sich, für den Gutachter nicht nur eine Übersicht seiner bisher erbrachten Leistungen zu erstellen, sondern auch einen Lebenslauf, aus dem Engagement und persönliche Interessen hervorgehen. Zusätzlich kann man eine kurze Übersicht über das Studienvorhaben beifügen.

Die Übergabe dieser Dokumente ist keine nutzlose Formalität. Sie ermöglicht es dem Gutachter, die für das Empfehlungsschreiben notwendigen Informationen jenseits des persönlichen Gesprächseindrucks zu erhalten. Außerdem kann der Gutachter dadurch weitere Details erwähnen, die den Eindruck entstehen lassen, er kenne den Begutachteten gut. Es dürfte eine Geschmacksfrage sein, ob es sinnvoll ist, die Unterlagen schon bei Vereinbarung des Termins zu überreichen oder erst zum Termin mitzubringen. Ersteres hat den Vorteil, dass die Ernsthaftigkeit der Bitte um ein Gutachten unterstrichen wird. Zudem kann sich der Gutachter durch die Unterlagen schon vor dem Gespräch einen persönlichen Eindruck verschaffen und das Gespräch somit zielgerichteter führen. Die zweite Variante ist dann vorteilhaft, wenn der Gutachter seine Entscheidung über das Ausstellen eines Gutachtens zunächst vom persönlichen Eindruck abhängig macht.

TIPP: Man kann über das Sekretariat in Erfahrung bringen, welche Reihenfolge dem Gutachter lieber ist, oder nach seiner eigenen Präferenz gehen. Wer glaubt, persönlich besser zu überzeugen, kann die Unterlagen erst beim Gespräch überreichen.

Bei der Vereinbarung des Termins muss man auch seinen Zeitrahmen im Auge behalten. Das Erstellen eines Gutachtens dauert im Normalfall etwa vier Wochen, weshalb man bei fristgebundenen Bewerbungen frühzeitig auf potenzielle Gutachter zugehen bzw. im Gespräch auf die Frist hinweisen sollte.

Bei der Angabe der Frist empfiehlt es sich, einen Zeitpunkt zu nennen, der etwa zwei Wochen vor Ablauf der eigentlichen Frist liegt. Denn bei der Erstellung von Gutachten kann es immer zu Verzögerungen durch anderweitige Verpflichtungen des Gutachters kommen.

Aus diesem Grund sollte man, wenn man sich um ein Stipendium bemüht, auch hierfür um ein Empfehlungsschreiben bitten, denn auch für Stipendienbewerbungen sind Empfehlungsschreiben nötig. Wer sich bei mehreren Universitäten parallel bewerben will, kann dem Gutachter im Gespräch mitteilen, wie viele Gutachten er für seine Bewerbungen benötigt, und ihn darum bitten, die entsprechende Anzahl auszustellen. Es ist wichtig, den Gutachter im Gespräch auch auf formale Anforderungen hinzuweisen. In welcher Sprache das Gutachten vorgelegt werden muss, kann man den Unterlagen zum Bewerbungsprozedere entnehmen und, wenn nötig, dem Gutachter anbieten, auf eigene Kosten eine Übersetzung zu veranlassen. Zudem muss man auf die Formalien der Übermittlung des Gutachtens hinweisen (z. B. versiegelter Umschlag oder direkte Übersendung an den Stipendiengeber). Ein Anspruch auf Einsichtnahme in das Gutachten besteht nicht. Ein solches Anliegen sollte man von sich aus nicht vorbringen. In manchen Fällen wird das Gutachten dem Kandidaten zur Kenntnis übermittelt, gegebenenfalls auch mit der Bitte um Rückmeldung. In diesem Fall sollte man diese Bitte dahingehend verstehen, nur dringende Änderungswünsche mitzuteilen oder auf etwaige Fehler hinzuweisen. Letztlich liegt der Inhalt des Schreibens im Ermessen des Gutachters.

Empfehlungsschreiben anderer Personen

Findet man keinen Hochschullehrer, werden häufig auch Gutachten von anderen Personen akzeptiert, zum Beispiel von wissenschaftlichen Mitarbeitern oder Unternehmensvertretern. Wer als Gutachter infrage kommt, sollte man allerdings bei den ausländischen Universitäten genau erfragen. Gerade bei Absolventen mit Zweitem Staatsexamen sind die Universitäten häufig kompromissbereit, da die universitäre Ausbildung seit längerer Zeit beendet ist. Darüber hinaus können Empfehlungsschreiben anderer Gutachter der Bewerbung ohne Weiteres zusätzlich beigefügt werden. Es kann allerdings sein, dass die Universität explizit das Einreichen eines Professorengutachtens fordert oder die Bewerbung ohne ein solches schlicht ablehnt. Deswegen gilt es hier, einen möglichst namhaften Ersatzgutachter zu finden. Gutachten anderer Personen folgen denselben Regeln wie Hochschullehrergutachten. Als Beispiel ist am Ende dieses Kapitels ein verfremdetes Gutachten eines Arbeitgebers angefügt. Da für die meisten Universitäten ein Professorengutachten am eindrucksvollsten ist, sollte man erst auf andere Gutachter ausweichen, wenn man sich erfolglos um ein Hochschullehrergutachten bemüht hat. Es steht für eine gewisse Qualität und Objektivität, wohingegen Empfehlungsschreiben anderer Personen häufig unter dem Aspekt des Gefälligkeitsgutachtens Skepsis entgegengebracht wird - ob berechtigt oder nicht.

In manchen Fällen steht man vor dem Problem, dass Gutachter - auch an Universitäten - deutlich zu erkennen geben, dass sie von einem selbst einen Entwurf des Gutachtens erwarten. Plötzlich soll man sein eigenes Gutachten schreiben.

TIPP: Am besten, man spricht diese Variante - auch im eigenen Interesse - von sich aus nicht an. Ein solches Ansinnen wird von vielen Gutachtern als ehrenrührig empfunden. Wird dieses Vorgehen vom Gutachter selbst vorgeschlagen, sollte man es besser nicht kommentieren und sich nur vergewissern, wie detailliert der Entwurf ausfallen soll.

Man sollte sich bei der Anfertigung des Entwurfs an die genannten Gliederungselemente halten. Zudem sollte das Gutachten nicht zu euphorisch ausfallen, sondern eine realistische Darstellung der eigenen Fähigkeiten enthalten.

Fazit: Das Einholen von Empfehlungsschreiben erfordert einen gewissen Aufwand. Eine Bewerbung wird an dieser Hürde jedoch in den allermeisten Fällen nicht scheitern.

Zeitmanagement

Den „richtigen“ Bewerbungszeitpunkt gibt es nicht. Für einen Studienplatz in einem LL.M.-Programm kann man sich sowohl ein Jahr im Voraus als auch auf den letzten Drücker bewerben. Grundsätzlich gilt jedoch: je früher, desto besser. Die Zusammenstellung überzeugender Bewerbungsunterlagen ist recht zeitintensiv. Für Gutachten muss man an Dritte herantreten, auf deren Zeitplan man keinen Einfluss hat, und für Sprachtests muss man sich rechtzeitig anmelden und gut vorbereiten, um sie erfolgreich zu absolvieren - das alles neben dem Alltagsgeschäft, also dem Studium oder der Arbeit. Von langer Hand geplante Bewerbungen ermöglichen eine Verteilung der Belastung und lassen darüber hinaus genügend Raum für Änderungen und Verzögerungen.

Bei Bewerbern vor der Ersten Juristischen Prüfung stellt eine frühzeitige Bewerbung sicher, dass sie sich in Ruhe auf die Prüfungsvorbereitung konzentrieren können. Da sie sich mit ihren universitären Leistungsnachweisen bewerben können, ist es auch nicht erforderlich, die Erste Juristische Prüfung abzuwarten.

Selbst wenn die Universitäten feste Fristen haben, vor denen eine Bewerbung nicht möglich ist, kann die Bewerbung schon von langer Hand vorbereitet werden und muss dann nur noch zum geforderten Zeitpunkt abgeschickt werden. Bei Universitäten ohne Fristen haben frühzeitige Bewerbungen auch den Vorteil, dass schon sehr zeitig eine Zusage erfolgen kann. Bei späten Bewerbungen hingegen besteht die Gefahr, dass das Platzkontingent bereits ausgeschöpft ist.

TIPP: Die Bewerbung sollte nicht erst kurz vor Anmeldeschluss, sondern möglichst früh erfolgen. Auch wenn (noch) nicht alle Voraussetzungen erfüllt sind oder nicht alle Unterlagen vorliegen, kann die Universität ein bedingtes Angebot (Conditional Offer) unterbreiten, und es bleibt genügend Zeit, fehlende Dokumente nachzureichen. Falls eine Zulassung zum gewünschten Programm nicht erfolgt, hat der Bewerber Zeit, entweder mit der betreffenden Universität über die Zulassung zu verhandeln oder sich bei anderen Universitäten zu bewerben.

Der nachfolgende Zeitplan soll eine grobe Orientierung über die Vorbereitungszeit geben. Er ist großzügig bemessen, allerdings sollte man den Aufwand für die einzelnen Posten nicht unterschätzen. Insbesondere wer sich parallel auf die Erste Juristische Prüfung oder das Zweite Staatsexamen vorbereitet, sollte rechtzeitig mit der Planung des Auslandsaufenthalts beginnen, damit die Prüfungsvorbereitung nicht darunter leidet.

Zeitplan	Rechtzeitig mit den Vorbereitungen beginnen!
Vorüberlegungen	☐ Welcher Abschluss wird angestrebt? Welche Kombinationsmöglichkeiten gibt es, beispielsweise mit Promotion oder Fachanwaltslehrgang? ☐ Präsenz- oder Fernstudium? ☐ Studium im In- oder Ausland? Welche Länder kommen in Betracht? ☐ Vollzeit- oder Teilzeitstudium? ☐ Beginn und Dauer des Studiums/Auslandaufenthalts?
15 Monate	☐ Informationen über Studienprogramme und Universitäten einholen ☐ beim Akademischen Auslandsamt der Heimatuniversität nach Hochschulkooperationen erkundigen ☐ Informationsveranstaltungen besuchen, z. B. den e-fellows.net LL.M. Day ☐ Austausch mit auslandserfahrenen Freunden/Kommilitonen ☐ Vorüberlegungen zu Kosten und Finanzierung, ggf. Informationen zu Stipendien einholen
10 Monate	☐ Informationen über Zulassungsbeschränkungen und -voraussetzungen der ausgewählten Universitäten/Programme einholen ☐ ggf. Beginn der Vorbereitung für einen Sprachtest ☐ Informationen zum Bewerbungsschluss bei den Universitäten einholen und individuellen Zeitplan für Bewerbung erstellen ☐ ggf. Empfehlungsschreiben bei Hochschullehrern anfordern
6–8 Monate	Bewerbung zusammenstellen ☐ Lebenslauf erstellen ☐ beglaubigte Kopien einholen ☐ Academic Transcript einholen ☐ Motivationsschreiben ☐ Empfehlungsschreiben ☐ Sprachzeugnisse
5 Monate	☐ Bewerbungen abschicken ☐ ggf. Reisepass beantragen/erneuern

Zeitplan	Rechtzeitig mit den Vorbereitungen beginnen!
4 Monate	☐ Informationen zu besonderen Einreise- und Aufenthaltsbestimmungen (z. B. Visum, Arbeitserlaubnis, Impfungen) einholen, insbesondere sofern Studium außerhalb der EU ☐ Finanzplanung steht ☐ Informationen zu ggf. zusätzlichen Versicherungen (Kranken-, Reiserücktritts- bzw. Reiseversicherungen) einholen ☐ ggf. Wohnung/Zimmer im Heimatland kündigen oder untervermieten
3 Monate	☐ Rückmeldung der Universität sollte erfolgt sein, ggf. weitere Bewerbungen abschicken ☐ Zusage/Absage an Universitäten senden ☐ Einreise- und Aufenthaltsangelegenheiten klären ☐ Flug buchen ☐ Unterkunft im Gastland (private Zimmer- bzw. Wohnungssuche, Vermittlung von Wohnheimzimmer über die Universität/das College) ☐ Bankangelegenheiten im Ausland klären (Kontoeröffnung, Überweisungen, Nutzung EC- bzw. Kreditkarte) ☐ ggf. internationalen Führerschein beantragen

Zeitplan für die Vorbereitung eines LL.M.-Studiums

Bewerbungsschluss ist in der Regel ein bis zwei Monate vor Studienbeginn. Zwar werden Bewerbungen teilweise auch noch nach diesem Zeitpunkt akzeptiert, doch angesichts der mit dem Auslandsaufenthalt verbundenen Planung und Vorbereitung sollte diese Frist nicht voll ausgereizt werden. Darüber hinaus sollte der Bewerber bei der Planung des zeitlichen Ablaufs im Auge behalten, dass auch bei Erfüllung der Mindestvoraussetzungen der Studienplatz nicht garantiert ist. Insbesondere an US-amerikanischen Eliteuniversitäten ist die Konkurrenz groß. Die Bewerbung an der Wunschuniversität sollte aus diesem Grund möglichst frühzeitig erfolgen. Es bleibt dem Bewerber überlassen, sich gleichzeitig oder später an Ausweichuniversitäten zu bewerben. Ist die Bewerbung an der bevorzugten Universität erfolgreich, sind weitere Bewerbungen nicht erforderlich. Reagiert die Universität nicht rechtzeitig oder will man auf Nummer sicher gehen, sollte man sich an allen Universitäten seiner engeren Wahl bewerben.

Bewerber gehen bei ihren Bewerbungen – abgesehen von seitens der Universität vorgegebenen Fristen – am besten in der Reihenfolge ihrer Präferenz vor, schicken also Bewerbungen an die Wunschuniversitäten zuerst ab. Bei einer anderen Reihenfolge läuft man Gefahr, von einem weniger attraktiven Programm frühzeitig eine fristgebundene Zusage zu erhalten, während die Zusage der Wunschuniversität weiter auf sich warten lässt. Bewerber stehen dann vor dem Dilemma, entweder ein weniger begehrtes Programm akzeptieren zu müssen, obwohl die Zusage der Wunschuniversität vielleicht noch kommt, oder mit leeren Händen dazustehen, wenn sie das erste Angebot zurückweisen und dann keine Zusage von ihrer Wunschuniversität erhalten.

Zusage

Nach Prüfung der Bewerbung trifft die Universität eine Entscheidung über die Zulassung des Bewerbers. Im Idealfall sind die Mindestvoraussetzungen erfüllt, und die Bewerbung ist vollständig und ansprechend. Dann erhält der Bewerber optimalerweise ein verbindliches Angebot der Universität (Unconditional Offer), das grundsätzlich innerhalb einer bestimmten Frist angenommen werden muss. Die Erfahrung hat jedoch gezeigt, dass einige Universitäten auch bereit sind, die Annahmefristen (sogar mehrfach) zu verlängern und unter Umständen sogar einen Teil der Studiengebühren zu erlassen. Der Bewerber sollte sich jedoch nicht darauf verlassen. Zum einen sind Universitäten zu einem solchen Vorgehen nur bereit, wenn noch Studienplätze zu vergeben sind, was gerade bei angesehenen Universitäten nicht unbedingt der Fall ist. Zum anderen besteht das Risiko, am Ende den gewünschten Studienplatz doch nicht zu erhalten.

Waren die Unterlagen nicht vollständig oder sind bestimmte Voraussetzungen (noch) nicht erfüllt, kann die Universität ein bedingtes Angebot (Conditional Offer) unterbreiten, insbesondere wenn die Bewerbung vor Abschluss der Ersten Juristischen Prüfung erfolgt. Das Angebot wird mit Bestehen der Prüfung (ggf. mit einer Mindestpunktzahl) verbindlich, und das Abschlusszeugnis muss dann vor Beginn des Studiums nachgereicht werden.

Online-Bewerbung und Bewerbung über Partnerinstitute

Die meisten Universitäten im englischsprachigen Ausland akzeptieren ausschließlich Bewerbungen über Online-Bewerbungsportale. Online-Bewerbungen sollten mit der gleichen Sorgfalt erstellt werden wie schriftliche Bewerbungen. Auch hier gilt es natürlich, Rechtschreibfehler zu vermeiden. Unterlagen wie Zeugnisse und das Academic Transcript müssen gegebenenfalls eingescannt oder zusätzlich per Post versandt werden. Der Bewerber sollte sich im Vorfeld sorgfältig über den Prozess der Online-Bewerbung informieren.

Eine weitere Möglichkeit ist die Bewerbung über Partnerbüros und -institute der Universitäten. Für Hochschulen in Australien und Neuseeland gibt es eine Reihe von Institutionen, die bei der Bewerbung um einen Studienplatz an australischen und neuseeländischen Universitäten kostenlos Unterstützung anbieten (z. B. IEC, Institut Ranke-Heinemann, Studium Downunder, GOstralia!). Ähnliche Angebote gibt es inzwischen auch für andere Länder, u. a. von College Contact und IEC. Allerdings gelten diese meist nur für bestimmte Universitäten und Colleges. Schließlich gibt es auch zahlreiche kommerzielle Anbieter, die ihre Dienste gegen Entgelt anbieten (zum Beispiel den LL.M. Credential Assembly Service for International Applicants des Law School Admission Council (LSAC)). Der Vorteil bei der Bewerbung über eine solche Institution liegt darin, dass der Bewerber seine Bewerbungsunterlagen für alle Universitäten nur einmal an die jeweilige Agentur schickt. Diese sorgt dann für die Übersendung der Unterlagen an die verschiedenen Universitäten. Darüber hinaus kümmert sie sich um Übersetzungen und Beglaubigungen von Unterlagen, wie z. B. Zeugnissen. Das spart Zeit und Wege. Außerdem kann die Agentur aufgrund ihrer langjährigen Zusammenarbeit mit verschiedenen Universitäten nützliche Tipps geben. Der Nachteil liegt allerdings darin, dass man die Bewerbung aus der Hand gibt und die Mittlerorganisation bei Problemen womöglich nicht so schnell reagieren kann wie man selbst.

TIPP: Grundsätzlich erspart die Bewerbung über Partnerorganisationen Behördengänge. Sollte die Bewerbung nicht glatt verlaufen, kann der Bewerber die Korrespondenz immer noch in die eigene Hand nehmen.

Stipendien

Ein Stipendium ermöglicht nicht nur eine sorglose (Teil-)Finanzierung des LL.M.-Studiums, sondern auch den Zugang zum Netzwerk des jeweiligen Stipendiengebers. Zudem zeichnet man sich durch ein Stipendium aus und kann diese Tatsache schon in seinen Bewerbungen um einen Studienplatz positiv hervorheben.

Wer sich um ein Stipendium zur Finanzierung des LL.M.-Studiums bemüht, muss zunächst eine zweite Bewerbung erstellen. Die Bewerbungen sind nur zum Teil deckungsgleich, wobei die Universitäten und Stipendiengeber einige übereinstimmende Dokumente verlangen – wenn auch häufig in unterschiedlichen Sprachen. Bewerber haben die Möglichkeit, diese Übereinstimmungen zu nutzen, zum Beispiel indem sie Professoren nicht nur um ein Gutachten für die Bewerbung an der Universität, sondern auch gleich um ein Gutachten für das Stipendium bitten.

Die Bewerbungsfristen für Stipendien stimmen nicht mit den Bewerbungsfristen der Universitäten überein. Wer sich um ein Stipendium bewirbt, muss mit der Planung und Vorbereitung seines Auslandsaufenthalts bereits früher beginnen. Bei einigen Stipendienprogrammen kann der Bewerbungsschluss bis zu einem Jahr vor Studienbeginn liegen. Bei einer Stipendienbewerbung müssen Bewerber bereits ihr Studienvorhaben erläutern und eine Universitätsauswahl präsentieren. Dabei ist den Stipendiengebern meist bewusst, dass es im Nachhinein noch zu Abweichungen kommen kann.

Anforderungen der Stipendiengeber

Die Fördermöglichkeiten für LL.M.-Studenten sind leider recht überschaubar. Am Ende des Finanzierungskapitels findet sich eine Übersicht über mögliche Stipendiengeber. Die meisten Stipendien vergibt der Deutsche Akademische Austauschdienst (DAAD). Wegen der begrenzten Fördermöglichkeiten und des hohen Wettbewerbs sind viele angehende LL.M.-Studenten unsicher, ob sie überhaupt für ein Stipendium infrage kommen. Im Gegensatz zur großen Zahl an LL.M.-Studiengängen und den teilweise eher lockeren Zulassungsvoraussetzungen sind die Anforderungen für eine Stipendienvergabe hoch. Die Anzahl der verfügbaren Stipendien ist hingegen niedrig. Allerdings sind die Bewerberzahlen häufig ebenfalls nicht allzu hoch, da längst nicht jeder den zusätzlichen Aufwand für eine Stipendienbewerbung auf sich nimmt.

Die Anforderungen der verschiedenen Stipendiengeber an ihre künftigen Stipendiaten sind sich recht ähnlich. In der Regel werden Personen gefördert, die ihr Studium zügig und mit überdurchschnittlichen Leistungen absolviert haben. Auch die Persönlichkeit des Bewerbers spielt bei der Auswahl eine Rolle. Hier sind Kriterien wie gesellschaftliches, politisches oder soziales Engagement wichtig. Außerdem muss das Studienziel überzeugend präsentiert werden, in der Regel durch ein Motivationsschreiben und in einem persönlichen Auswahlgespräch. Im Hinblick auf diese Anforderungen sollte der Bewerber berücksichtigen, dass er sich für die Zahlung einer recht hohen Summe bewirbt, die er nicht zurückzahlen muss. Dafür kann der Stipendiengeber im Gegenzug durchaus eine gewisse Vorleistung erwarten. Viele Stipendiengeber sehen die eigenen Stipendiaten als Botschafter Deutschlands und legen daher Wert auf das Auftreten und die Selbstdarstellung ihrer potenziellen Stipendiaten. Die Gewichtung der einzelnen Auswahlkriterien wird von den Stipendiengebern in aller Regel nicht veröffentlicht. Ob man die Anforderungen erfüllt, kann man selbst meist schwer beurteilen. Ein Indiz kann allerdings die Bereitschaft eines Hochschullehrers zum Erstellen eines Gutachtens sein. Professoren können aufgrund ihrer Erfahrungen oft einschätzen, ob jemand Chancen auf ein Stipendium hat. Im Hinblick auf das Kriterium der Förderung überdurchschnittlicher Leistung wird meist die Note vollbefriedigend in der Ersten Juristischen Prüfung verlangt, wobei Abweichungen im Einzelfall vorkommen können. Im Zweifelsfall sollte man sich erkundigen, ob die eigene Note ein Ausschlusskriterium darstellt. Bei einigen Stipendiengebern dürfte aufgrund des hohen Wettbewerbs zwischen den Bewerbern eine Leistung deutlich über neun Punkten erforderlich sein. Dabei stellt sich für viele Absolventen zusätzlich das Problem, dass viele Stipendiengeber nicht zwischen den einzelnen Bundesländern differenzieren, obwohl die Noten sich zum Teil beträchtlich unterscheiden. Hier kann sich das Beilegen eines Rankings positiv auswirken.

TIPP: Es gibt Stipendiengeber, die sich nicht ausschließlich an Juristen richten. Der Wettbewerb ist dann erfahrungsgemäß weniger notenorientiert, da die Noten verschiedener Studiengänge schwer vergleichbar sind. Bewerber mit Stärken jenseits der Note können hier auf bessere Chancen hoffen.

Bewerbung um ein Stipendium

Die Bewerbung um ein Stipendium ist ein zusätzlicher Aufwand. Auch hier ist es wichtig, die Bewerbungsunterlagen auf die Anforderungen des Stipendiengebers auszurichten. Die Vorgaben der verschiedenen Stipendiengeber sind prinzipiell vergleichbar, sodass hier nur die gemeinsamen Grundlagen überblicksartig dargestellt werden.

Erforderlich sind ein Lebenslauf, ein Motivationsschreiben bezüglich des Studienvorhabens (zum Teil auch mit einer Darstellung eines wissenschaftlichen Projekts) sowie ein Empfehlungsschreiben. Am Beispiel der vom DAAD verlangten Unterlagen lässt sich der Aufwand einer solchen Bewerbung skizzieren. Der DAAD verlangt neben dem Bewerbungsformular und einem tabellarischen Lebenslauf eine ausführliche Beschreibung des mit dem LL.M. verfolgten Studienvorhabens (max. fünf Seiten), die Darlegung der fachlichen und persönlichen Motive für das geplante Vorhaben (Motivationsschreiben), eine Aufstellung aller im Hauptstudium besuchten Übungs- und Seminarveranstaltungen (mit Bestätigung der Richtigkeit durch die Universität) auf einem DAAD-Formular sowie ein Gutachten eines Hochschullehrers. Zusätzlich müssen Bewerber für englischsprachige Länder bzw. für englischsprachige Studienangebote ihrer Bewerbung das Ergebnis des TOEFL (mindestens 100 Punkte im iBT) oder IELTS-Tests (mindestens sieben Punkte) beifügen. Für Bewerbungen nach Großbritannien kann auch der Cambridge English C1 Advanced-Test (bisher: Cambridge English: Advanced bzw. Certificate in Advanced English (CAE)) eingereicht werden. Darüber hinaus braucht man den Zulassungsbescheid der Hochschule, in der Regel auch bereits das Ergebnis der Ersten Juristischen Prüfung und wenn möglich eine Bescheinigung über das Ranking innerhalb des Bundeslandes bzw. der Hochschule oder des Fachs. Außerdem muss sich der Bewerber einem persönlichen Auswahlgespräch stellen.

Lebenslauf

Der Lebenslauf ist auch bei der Bewerbung für ein Stipendium das Aushängeschild. Grundsätzlich gelten die bereits genannten Formalitäten auch für die Stipendienbewerbung.

TIPP: Es lohnt sich, auch im Hinblick auf künftige Bewerbungen, Zeit und Mühe in die Erstellung eines ansprechenden Lebenslaufs zu investieren. Da Informationen zu Studium, beruflicher Laufbahn etc. gleich bleiben, muss das einmal verfasste Grundgerüst lediglich um aktuelle Ereignisse ergänzt werden.

Kürze und Klarheit sind die Grundsäulen eines überzeugenden Lebenslaufs. Sowohl inhaltlich als auch optisch sollte in erster Linie auf Lesbarkeit und eine klare Struktur geachtet werden. Wichtige Punkte wie Berufserfahrung oder Studium sollten am Anfang stehen. Darüber hinaus muss der Lebenslauf für Leser, die den Bewerber nicht kennen, in den einzelnen Punkten aussagekräftig sein. Bei einer Bewerbung für ein Stipendium kommt es – anders als bei der Bewerbung für eine Anstellung – weiterhin darauf an, nicht nur die beruflichen Meilensteine darzustellen, sondern verstärkt auf persönliche Interessen und Engagement zu verweisen. In diesen Punkten kann man sich von den Mitbewerbern positiv abheben und die entscheidende Aufmerksamkeit auf sich lenken. Ein Beispiel für einen ausführlichen Lebenslauf findet sich am Ende dieses Kapitels.

Motivationsschreiben

Bezüglich des Motivationsschreibens sind die Anforderungen der Stipendiengeber unterschiedlich. Sie reichen von einer kurzen Erläuterung des Studienvorhabens auf einer DIN A4-Seite bis zur Präsentation eines eigenen, über das Studium hinausgehenden Forschungsprojekts. Der Bewerber sollte diese Aufgabe auch als Chance verstehen, sich über die eigenen Ziele und Vorstellungen klarer zu werden.

Wie bei der Bewerbung für die Universität sollte das Motivationsschreiben für das Stipendium möglichst aussagekräftig sein. Es ist wichtig, die Informationen aus dem Lebenslauf mit dem angestrebten Studienvorhaben zu verknüpfen und hervorzuheben, warum man Interesse an einem Auslandsaufenthalt im Allgemeinen und im gewünschten Land im Besonderen hat. Dabei sollte der Bewerber im Hinterkopf behalten, dass mit dem Stipendium eine Zusatzausbildung gefördert werden soll, die ihn gewissermaßen zu einem Global Player macht, der sich sicher auf dem internationalen Parkett bewegt. Es gilt daher zu verdeutlichen, inwieweit das angestrebte Studienprojekt dazu beiträgt, dieses Ziel zu verwirklichen. Hierbei sollte der Bewerber auf die Gründe eingehen, die ihn letztlich dazu bewegt haben, die Universität und das Studienprogramm auszuwählen. Dafür muss das Rad nicht neu erfunden werden: Nach dem dargelegten systematischen Auswahlansatz sollte dem Bewerber bewusst sein, warum er sich für ein bestimmtes Studium entschieden hat.

Das Motivationsschreiben ist das Herzstück der Bewerbung um ein Stipendium. Entsprechend viel Zeit sollte man für Konzept und Formulierung des Schreibens einplanen. Ebenso wie beim Verfassen des Lebenslaufs sollte man Rat von Freunden oder Familienmitgliedern einholen und den Text Korrektur lesen lassen.

Auswahlgespräch

Im Gegensatz zu den Bewerbungen um einen LL.M.-Studienplatz muss man sich bei der Stipendienbewerbung einem persönlichen Gespräch stellen, da sich die Stipendiengeber einen eigenen Eindruck von ihren potenziellen Stipendiaten verschaffen wollen. Eine gewisse Vorbereitung auf die Gespräche ist durchaus möglich und empfehlenswert, auch wenn oft das Gegenteil behauptet wird. Da die verschiedenen Stipendiengeber zum Teil unterschiedliche Förderrichtlinien haben, können im Folgenden nur allgemeine Hinweise gegeben werden.

Zunächst beurteilt die Auswahlkommission den Bewerber anhand der schriftlichen Bewerbung. Besonders wichtig sind der Kommission hier die fachliche Qualifikation, die bisherigen Studienleistungen, die Darstellung und Begründung des Studienvorhabens sowie die Referenzschreiben.[8] Nach einer Vorauswahl entscheidet die Kommission, welche Bewerber zum Auswahlgespräch eingeladen werden. Mit der Einladung zum Gespräch hat der Bewerber die erste Hürde auf dem Weg zum Stipendium genommen. Da sich meist mehr Personen bewerben als Stipendien zu vergeben sind, ist das Stipendium aber noch längst nicht sicher.

Die Dauer der Auswahlgespräche variiert. Bei großen Organisationen, die eine Vielzahl von Stipendien vergeben (beispielsweise der DAAD), dauert ein Gespräch in der Regel ca. 15 Minuten. Bei anderen Stipendiengebern können die Gespräche deutlich länger sein. Teilweise werden sogar zwei Auswahlgespräche geführt. Die jeweilige Dauer eines solchen Interviews hat immer Vor- und Nachteile. Kurze Gespräche sind insofern angenehmer, als keine zu tief gehende Befragung erfolgt. Der erste Eindruck ist hier jedoch entscheidend und nicht revidierbar. Längere Gespräche sind entsprechend detaillierter und tiefer gehend, es ist allerdings auch leichter, kleine Fehler wieder auszugleichen. Im Gespräch gilt es, sich selbst und das angestrebte Studium gut zu präsentieren. Eine ansprechende Präsentation beginnt schon bei der äußerlichen Erscheinung. Es gibt keine formellen Regeln, wie man sich zu einem Auswahlgespräch zu kleiden hat, Jeans und Turnschuhe sind aber sicherlich unpassend. Wer im Anzug bzw. Kostüm erscheint, macht sicher nichts falsch: Es handelt sich dabei schließlich ohnehin für die meisten Juristen um die künftige Berufskleidung. Nichtsdestotrotz bewirbt man sich nicht um eine Anstellung, sondern um die finanzielle Förderung eines Studiums. Etwas weniger formelle Kleidung, oft auch als gepflegte Freizeitkleidung bezeichnet, wird daher in der Regel nicht negativ ausgelegt.

---

8 www.llm-guide.com/board/72205; www.financial-career.de/stipendienberichte.php, jeweils abgerufen am 17.12.2019.

TIPP: Der Bewerber sollte stets sich selbst treu bleiben und nicht versuchen, die Auswahlkommission durch ein Auftreten zu beeindrucken, das nicht seiner Persönlichkeit entspricht. Ein aufgesetztes Verhalten hinterlässt selten einen guten Eindruck.

Niemand sollte unvorbereitet in ein Auswahlgespräch gehen, denn der Eindruck, den man im Interview hinterlässt, ist entscheidend. Mit entsprechender Vorbereitung kann man sich positiv von seinen Mitbewerbern abheben und letztlich die Auswahlkommission von sich überzeugen. Die Auswahlgespräche, mögen sie im Einzelnen auch variieren, enthalten stets wiederkehrende Elemente. Hauptthema ist in der Regel das angestrebte Studium. Der Bewerber wird von der Auswahlkommission nochmals ganz genau befragt, warum er welchen Studiengang an welchem Ort absolvieren möchte. Dafür ist es wichtig, sich vorher gut über das jeweilige Land und das dortige Studiensystem zu informieren und über die Studienangebote an den diversen Hochschulen Bescheid zu wissen. Der Bewerber muss gut begründen können, warum er sich ausgerechnet für dieses bestimmte Programm entschieden hat.

TIPP: Man sollte seine eigene Bewerbung und insbesondere das Motivationsschreiben sehr gut kennen. Nichts ist schlechter, als bei der Auswahlkommission den Eindruck zu hinterlassen, dass man sich bei der schriftlichen Bewerbung hauptsächlich der Argumente Dritter bedient hat.

Wer sein Studium mit dem Erwerb von Kenntnissen des Rechtssystems eines wichtigen Wirtschaftspartners begründet, sollte auf Fragen zur Wirtschaft des jeweiligen Landes und zu dessen wirtschaftlichen Beziehungen zu Deutschland vorbereitet sein. Darüber hinaus sind tagesaktuelle Themen ein beliebter Anknüpfungspunkt für Auswahlgespräche. Es empfiehlt sich daher, in den Tagen vor dem Gespräch die Berichterstattung in den Medien zu verfolgen.

Wichtig ist für die Auswahlkommission häufig, welche Pläne ein Bewerber nach dem Auslandsaufenthalt hat. Mit anderen Worten: Welche Bedeutung hat das Studium für die angestrebte berufliche Tätigkeit? Es wird erwartet, dass sich der Bewerber über seine berufliche Perspektive Gedanken gemacht hat und das angestrebte Studium dazu in Beziehung setzen kann. Schließlich sollten sich Bewerber darauf einstellen, dass manchmal ein Teil des Gesprächs in der Sprache des Studienlands geführt wird. Hierbei ist es wahrscheinlich, dass ein juristisches Thema, gegebenenfalls das in der Stipendienbewerbung angegebene Forschungsgebiet oder -projekt, diskutiert wird. Ein Auswahlgespräch ist nie einfach, allerdings kann man es mit entsprechender Vorbereitung gut meistern.[9] Der Bewerber sollte sich immer bewusst sein, welchem Zweck das Gespräch eigentlich dient, nämlich der Vergabe von zum Teil recht hohen Geldsummen zur Finanzierung eines Studiums. Die Auswahlkommission, die sich aus Fachexperten (häufig Professoren), erfahrenen Stipendiaten und Mitarbeitern des Stipendiengebers zusammensetzt, will sich davon überzeugen, dass die Vergabe des Stipendiums eine gute Investition ist.

Es kommt nicht darauf an, perfekt zu sein. Jeder Mensch hat Schwächen, dazu sollte auch der Bewerber stehen. Außerdem ist auch der Kommission bewusst, dass es

---

9 www.e-fellows.net/Studium/Stipendien/Bewerbungstipps/Bewerbungsgespraech-Auswahltag, abgerufen am 17.12.2019.

ein Leben neben dem Studium gibt und persönliche Interessen bei der Auswahl des Studienorts eine Rolle spielen. Insgesamt will sich die Auswahlkommission davon überzeugen, dass das angestrebte Vorhaben gut durchdacht und für den Bewerber sinnvoll ist. Generell steht sie dem Studienvorhaben dabei aufgeschlossen gegenüber, sonst hätte sie gar nicht erst zum Gespräch geladen.

Entscheidung
Die Entscheidung über die Vergabe des Stipendiums wird dem Bewerber in der Regel schriftlich mitgeteilt. Liegen zum Zeitpunkt der Entscheidung beispielsweise die Examensergebnisse oder die Zusage der Universität noch nicht vor, wird die Stipendienzusage bedingt erteilt, und man muss die fehlenden Unterlagen nachreichen. Insgesamt lässt sich festhalten, dass ein Bewerber sorgfältig abwägen muss, ob sich der Aufwand für eine Stipendienbewerbung für ihn lohnt. Sind jedoch die Mindestvoraussetzungen wie eine gute Examensnote und studentisches oder soziales Engagement erfüllt, ist es sinnvoll, die Chance zu nutzen.

Beispieldokumente

Im Folgenden sind als Orientierungshilfe zehn anonymisierte Beispieldokumente abgebildet:

- Beispiel für ein Anschreiben (Cover Letter)
- Beispiel für ein Motivationsschreiben (Statement of Purpose)
- einseitiger Lebenslauf für die USA
- Beispiel für einen englischsprachigen Lebenslauf
- Empfehlungsschreiben des Professors
- Empfehlungsschreiben des Arbeitgebers
- einfache Übersetzung des Abiturzeugnisses
- Übersicht über die universitären Leistungen
- Übersetzung des Zeugnisses der universitären Schwerpunktbereichsprüfung
- Übersetzung des Zeugnisses der Ersten Juristischen Prüfung

Bei diesen Dokumenten handelt es sich um Beispiele aus erfolgreichen Bewerbungsprozessen, die lediglich als Anhaltspunkt zur Gestaltung der eigenen Bewerbungsunterlagen dienen sollen. Für die formale Richtigkeit kann deshalb keine Gewähr übernommen werden. Der Bewerber sollte ohnehin keine vorgefertigten Textbausteine verwenden.

Cover Letter

Michael Kugler
Hauptstraße 13
20301 Nordstadt
+49 12 7204 3299
michael@kugelweb.de

University of XYZ School of Law
329 Law School Boulevard
Los Angeles, CA, 90033

Application for the LL.M. Program at University of XYZ School of Law 2020/2021

To whom it may concern:

I am applying for a place on the LL.M. Program at the University of XYZ School of Law starting fall 2020.

As you can see from my resume, I have passed my first state exam with distinction and am currently working on my doctoral thesis. In preparation for entering an American Law School I am studying aspects of American law through a course at the University of Cologne.

My motivation in applying for admission to your LL.M. Program is to take advantage of XYZ's excellence in my particular fields of research, Corporate Law and Corporate Governance. In addition, I would like to acquire a profound knowledge of the U.S. legal system. Moreover, working at the University of XYZ with its comprehensive research facilities would also be of great value to my thesis.

I appreciate your consideration.

Sincerely yours,

Enclosure

Tipps für das Anschreiben:

- In Commonwealth-Staaten spricht man nicht von einem „resume", sondern von einem „CV".
- Für die Anrede sollte idealerweise eine Bezugsperson gefunden werden (z.B. Dekan des LL.M.-Programms); die Formulierung lautet dann „Dear Mr. Smith:". Anderenfalls wird die Anrede „To whom it may concern:" gewählt.
- Die Länge des Anschreibens sollte genau eine Seite betragen.
- Auf deutsche Bescheidenheit kann man verzichten und z.B. Prädikatsexamina bereits im Anschreiben erwähnen („passed with distinction").
- Aufbau:
  - kurze Einführung
  - aktuelle Tätigkeit, Nationalität und eigene Fähigkeiten
  - Gründe für Bewerbung und Wahl der Universität
  - ggf. Bitte um Übersendung der Liste der infrage kommenden Stipendiengeber

Motivationsschreiben

Statement of Purpose

By spending a year at the University of xy Law School, I would like to further my knowledge of the American legal system, thereby learning more about the roots of German business law. Having recently graduated from the University of Cologne, I had the chance of taking American Law courses. Here, I discovered that most rules of business law result from business cases, many of which had taken place in the U.S.

Currently, I am working on my doctoral thesis on xy at the University of Munich. For this purpose, I have a scholarship of the German National Merit Foundation. In the U.S., proxy voting is a well-known instrument to enable shareholders to participate in shareholder meetings, even without physical presence. Since this opportunity has recently been made available in Germany, a large number of legal questions wait to be answered.

Joining your LL.M. program would give me not only a greater understanding of the American legal system but also access to the vast library and other research facilities of the Law Quadrangle. The opportunity to pursue individual research while participating in the general LL.M. program would allow me to benefit greatly with regard to my thesis. Another motivation in applying for admission to the University of xy is to take advantage of its excellence in my particular fields of research, Corporate Law and Corporate Governance. The courses on corporate law and international economic law taught by xy and yz are especially interesting. Furthermore, the lectures at the John M. Olin Center for Law and Economics, e.g. the course on mergers and acquisitions, would provide additional support for my doctoral thesis.

I have a strong belief that this stay abroad would be enriching for my future personal career as a lawyer, focussing on cross border company law as well as for my personal development. I have visited foreign countries in Europe and East Asia already, and learned a great deal. I am enthusiastic about getting to know the U.S. from a first-hand perspective, too. I consider myself open-minded and could therefore take an active and integrative role in the multi-cultural student body of the University of xy Law School.

Einseitiger Lebenslauf für die USA

Kugler, Michael
Hauptstraße 13, 20301 Nordstadt, Germany
Phone: +49 12 7204 3299
michael@kugelweb.de

EDUCATION

Freie Universitaet Berlin, Germany
Ph.D. candidate in Law (Dr. iur.), expected May 2020

Thesis:	Negotiation and mediation in civil proceedings in Germany
Honors:	Postgraduate scholarship "Elitefoerderung Berlin" (2018/2019)
Publications:	Neue Zeitschrift für Verwaltungsrecht (NVwZ) 2017, 125 (together with Max Muster); Juristenzeitung (JZ) 2017, 122 (together with Max Muster); Neue Juristische Wochenschrift (NJW) 2018, 205

Albert-Ludwigs Universitaet Freiburg, Germany
First State Examination in Law, February 2017, grade: 9.86 (top 10% of the state)

Activities:	European Law Moot Court, Luxembourg, 2016; University of San Diego School of Law, Summer Institute on Comparative and International Law, Paris, France, 2014

EXPERIENCE

Regional Court Berlin, Germany
Trainee Lawyer, April 2018 – April 2020
Second State Examination in Law expected in April 2020
Drafted court decisions, participated in Civil and Administrative Court sessions, and acted as a co-mediator in court-connected proceedings. Represented the District Attorney's Office at the criminal court. Worked as a trainee lawyer with the law firm Schmutzler & Neid, Berlin. Interned with the German Embassy in New York, USA (Political Section and Legal/Consular Services).

Research Center for Civil Law, Freie Universitaet Berlin, Germany
Research Fellow, October 2017 – February 2018
Taught and trained students and professionals in arbitration procedure, coached the university's team at the European Law Moot Court, Luxembourg. Researched European law issues. Organized related seminars, lectures, classes and conferences.

Becker & Partner, Frankfurt, Germany
Law Clerk,, September 2016–April 2017
Researched case law and prepared a copyrights publication. Wrote memoranda on IP related problems. Drafted letters to clients, statements of claims, legal briefs and contracts. Participated in legal proceedings and negotiations. – Becker & Partner is an international law firm of over 500 attorneys based in Frankfurt, Germany.

LANGUAGES: German (native), English (fluent), French (basic knowledge), Spanish (basic knowledge)

INTERESTS: Snowboarding, swimming, cooking, jazz

Beispiel für einen englischsprachigen Lebenslauf

Kugler, Michael
Hauptstraße 13, 20301 Nordstadt, Germany
Phone: +49 12 7204 3299
michael@kugelweb.de

EDUCATION

09/2017 until present	**Freie Universitaet Berlin,** Germany Candidate for Dr. iur., expected May 2020 Doctoral Thesis on "Negotiation and mediation in civil proceedings in Germany"
10/2012–02/2017	**Albert-Ludwigs Universitaet Freiburg,** Germany First State Examination in Law, passed with distinction (9.86 points–fully satisfactory; top 10 % of the state) Specializations: Intellectual Property Law, International Private Law, European Law; Activities: • Participant in the final of the European Law Moot Court Luxembourg (2016). • Joint Seminar of the Law Faculties Tuebingen and La Rochelle, France (2014). • University of San Diego School of Law, Summer Institute on Comparative and International Law, Paris (2011).

EXPERIENCE

01/2018 –04/2018	**German Embassy New York,** USA Internship with the Legal and Consular Services Department
04/2018–04/2020	**Regional Court Berlin** (Landgericht Berlin) Trainee Lawyer (Rechtsreferendariat), Second State Examination expected in August 2020; main areas of work: Drafting court decisions, legal briefs and opinions; participating in Court sessions; acting as a co-mediator in court-connected proceedings; representing the District Attorney's Office at Criminal Court sessions.
10/2017–04/2018	**Research Center for Civil Law,** Freie Universitaet Berlin Research Fellow (part-time); main areas of work: Teaching & training students and professionals in arbitration procedure (in German and English); coaching the University's team at the European Law Moot Court in Luxembourg in 2017 & 2018; doing research on business negotiation and mediation; organizing seminars, lectures, classes and conferences.
09/2016–04/2017	**Becker & Partner,** Frankfurt Law Clerk (part-time); main areas of work: Researching case law; preparing a publication on Copyrights Law; writing memoranda, letters to clients, statements of claims, legal briefs and contracts on IP related

	problems; participating in legal proceedings and negotiations. Becker & Partner is an international law firm of over 500 attorneys based in Frankfurt, Germany.
11/2013 – 07/2016	**Institute of Finance & Taxation Law,** University of Freiburg Research Assistant (part-time); main areas of work: Researching case law and literature to prepare lectures and publications in Public, Finance and Taxation Law; proofreading; organizing the institute's library.

SCHOLARSHIPS

05/2017 – 04/2018	**Elitefoerderung Berlin** Competitive graduate scholarship for doctoral students based on excellent academic performance.
10/2014 until present	**e-fellows.net** Provides career services and networking opportunities to outstanding students.

VOLUNTEER WORK

09/2015 until present	**Round Table for Children in Need** (Foerderverein Runder Tisch fuer Kinder in Not), Berlin Volunteer, focus: Fundraising to assist children from socially deprived families by hiring social workers, organizing workshops and tutoring students.
12/2015 until present	**Friends of the Research Center for Civil Law,** Berlin Accountant (elected), focus: Controlling balance sheets and budgets of approx. 40,000 Euro; contacting actual and potential sponsors (law firms, companies and public organizations) to finance the Center's work at FU Berlin.
04/2015 – 09/2016	**e-fellows.net,** Munich Mentor to first year undergraduate students.

PUBLICATIONS

- Arbitration of Adminstrative Contracts, Neue Zeitschrift für Verwaltungsrecht (NVwZ) 2018, 125 (co-author with Max Muster)
- Arbitration in Germany, JuristenZeitung (JZ) 2018, 122 (co-author with Max Muster)
- Legal costs of registering IP in Germany, Neue Juristische Wochenschrift (NJW) 2019, 205

QUALIFICATION

Trained Mediator (~ 120 hours of basic and advanced mediation training in German and English)

LANGUAGES

German (native speaker), English (fluent), French (basic knowledge), Spanish (basic knowledge)

INTERESTS

Snowboarding, swimming, cooking, jazz

Empfehlungsschreiben des Professors

Prof. Dr. M. Mustermann
Professor für Staats- und Verwaltungsrecht
Voelkerrecht und Europarecht
Universitaet Musterhausen

Recommendation

I first met Mr. Max Muster during the summer term of 2011. Having just started his studies in law, he attended my course on "Constitutional Law I: State Organisation". During the winter term 2012/13, he was in my class on "Constitutional Law II: Fundamental Rights". In the following term, he took part in a seminar in Constitutional Law.

Mr. Muster attracted my attention very soon in both courses. He was amongst the five students out of 275 whom I noticed because their questions clearly showed deep thoughts and a great understanding of the issues covered in class. Because of his fast growing knowledge, he was always able to answer my questions in a precise and comprehensive manner.

Since I had received an excellent impression of him in the course, it was no surprise to find out that he also obtained very good results in the exercise. His papers were marked "very good" and "good" and thus put Mr. Muster into the leading position of all participants.

It was not only in my courses that Mr. Muster obtained excellent results. His name is also well known with many of my colleagues. In all other exercises he was graded clearly above average. In some exercises he was even top of the class. I also have to point out that he successfully made himself familiar with the foundations of law. He has written papers in History of Law, in Sociology of the Law and Philosophy of the Law, receiving high marks. This very positive image is completed by a seminar certificate in Law of the Media where he obtained the highest mark possible "very good – 18 points".

Mr. Muster is without doubt amongst the most willing and capable students, ranking in the top 5 percent. This is also confirmed by the fact that he worked 40 hours a month for the Law Faculty of the University Musterhausen as a student tutor with teaching capacity from 1 October 2015 to 31 August 2017. It is especially remarkable that he applied for the First State Exam after only 7 terms. In addition to obtaining excellent results, Mr. Muster also dedicated himself to a number of extracurricular activities, such as his responsibility for the public relation of "Charity 1", an institution dedicated to mitigate the consequences of injuries committed by Germany under the Nazi regime, and editing and laying out the protestant Newspaper Gemeinde-Zeitung. This shows that he is not only a highly talented person but also a particularly committed one. Despite his many gifts, he is a reserved, polite and amiable person.

It is understandable that Mr. Muster wants to pursue postgraduate studies in the United Kingdom to obtain an LL.M. degree. He had already chosen Antitrust Law, Competition Law and Trademark Law as optional subjects. Studying at your law school would help him to meet the requirements of a lawyer specialised in Business Law. A comprehensive and deep knowledge of Commercial Law, the importance of which increases in Private Law as well as in Constitutional and Administrative Law, can only be attained by someone who knows exactly about the business facts which Commercial Law refers to. This aspect makes the LL.M. program even more important to Mr. Muster as your university is well known for its practical relevance and international focus. Moreover, the "open-learning" method practiced in the United Kingdom will enable Mr. Muster to benefit from this additional training later in his practical training, when he returns to Germany ("Referendariat").

I am very certain that Mr. Muster will complete his LL.M. studies with great success. His excellent English skills will further support his ambitions. A brilliant student who also dedicates himself to many extra-curricular activities, Mr. Muster is of great value to any student body.

I therefore strongly recommend the admission of Mr. Muster to the LL.M. program at XYZ university.

Musterhausen, 11 November 2019.

Empfehlungsschreiben des Arbeitgebers

To Whom It May Concern:

11 January 2020

Letter of Recommendation

I am writing this letter at the request of Ms. Manuela Musterfrau. She is applying to the Master of Taxation program at your university.

Ms. Musterfrau started working for Kanzlei, Auditors and Tax Consultants as an intern under my supervision in 2014. Since then I have come to know her as a reliable and hard-working colleague. Ms. Musterfrau is an efficient, swift and dedicated employee. After completing her internship and postgraduate judicial service training in 2014 with our firm, it was obvious that we wanted Ms. Musterfrau to work for us as a lawyer. From the beginning of her employment she was able to make herself familiar with new issues and integrate herself into the workflows of the firm. The focus of her work involves Contract, Corporate and Tax Law, including Inheritance Tax. She is occupied with drafting contracts, company agreements, and wills. Moreover, she deals with M&A issues and gives legal opinions.

Because of her good English skills Ms. Musterfrau supports our American in-house lawyer in answering inquiries from foreign members of Kanzlei-Network, a worldwide association of independent accounting and consulting firms. She also participates in IFRS training.

Due to her friendly and cooperative personality, Ms. Musterfrau quickly integrated into our team. Her kind manner and considerate behavior made her an appreciated and much-liked co-worker. Her advice is always backed up by strong arguments, so that her suggestions most often turn out to be without alternative.

To name the weaknesses of people is difficult. Ms. Musterfrau's weaknesses follow from her strength. She who works quickly often tends to be impatient if things do not move quickly enough. She who wants to push developments with her ideas tends to consider that which has proven itself to be less relevant. But Ms. Musterfrau accepts these weaknesses with self-irony and mitigates them thereby. Her impatience is thus never expressed in negative reactions towards others and she has always rolled up her sleeves and lent a hand when matters have become urgent.

During her time at our firm, Ms. Musterfrau has been focussing on Cross Border Taxation. It is clear that she now wants to follow up on her interest at an academic level. To link this with her previous internship with one of the Big Four accounting firms seems to be especially appropriate. In addition, she will greatly benefit from the combination of academic training and experience within the German legal profession since knowledge of the American taxation system is highly important in structuring deals back in Germany.

Without any reservation, I am very confident that Ms. Musterfrau will successfully complete her Master of Taxation studies. I therefore expressly recommend that she be admitted to the program.

Yours sincerely

Steuerberater

Einfache Übersetzung des Abiturzeugnisses (Seite 1)

Translation

WALTHER-RATHENAU-OBERSCHULE
(PUBLIC SECONDARY SCHOOL/COLLEGE)
BERLIN-WILMERSDORF

A-LEVEL EXAMINATIONS

Mr. *Max Muster*
born on 26 February 1991 in Berlin, Germany

went in for the A-Level Examinations after having attended the upper classes of the public secondary school/college.

The certificate bases on:

- The "Agreement on the Secondary School Senior Level II Reorganisation" in the version as of 11 April 1993 (Resolution by the Conference of the Ministers of Culture as of 11 April 1993);
- The "Agreement on the A-Level-Examinations of the Reorganised Secondary School Senior Level II" (Resolution by the Conference of the Ministers of Culture as of 13 December 1978) in the edition valid in each case;
- The Decree on the Secondary School Senior Level as of 26 April 1989 in the version valid in each case;
- The Execution Regulations on the A-Level-Examinations in the version valid in each case.

Einfache Übersetzung des Abiturzeugnisses (Seite 2)

2nd page of the A-Level Examinations Certificate
for Mr. Max Muster

I. PERFORMANCES IN THE COURSE PHASE:

CS = Subjects on which the student concentrated

		1st half year	2nd half year	3rd half year	4th half year
		(points of courses multiplied by one)			
Ling.-Lit.-Art. Field					
German		15	14	13	12
Music		12	(10)	12	--
Latin		13	12	14	14
Sociological Field					
Political World Science (History, Geography, Sociology)		--	--	14	15
History	CS	13	13	13	14
Philosophy		13	15	14	(13)
Math.-Scientific-Technical Field					
Mathematics		14	14	(12)	--
Chemistry	CS	12	14	13	13
Biology		14	13	11	12
Additional Subjects					
Sports		--	15	15	15

Einfache Übersetzung des Abiturzeugnisses (Seite 3)

3rd page of A-Level Examinations Certificate
for Mr. Max Muster

II. PERFORMANCES IN THE A-LEVEL EXAMINATIONS:

Examination Subject	Examination Result (multiplied by one)	
	in writing	orally
1. Chemistry/Subject on which the student concentrated	12	--
2. History/Subject on which the student concentrated	13	--
3. German (Basic Course)	14	--
4. Biology (Basic Course)	--	08

III. CALCULATION OF THE OVERALL QUALIFICATION AND AVERAGE GRADE:

Total points from 22 basic courses multiplied by one:	301	110 points minimum, 330 points maximum
Total points from the six courses, on which the student concentrated, of the 1st to 3rd semester (multiplied by two) and the two courses on which the student concentrated of the 4th semester (multiplied by one):	183	70 points minimum, 210 points maximum
Point total from the examinations (multiplied by four) and the courses of the examination subjects in the fourth semester (multiplied by one):	239	100 points minimum, 300 points maximum
TOTAL POINTS:	723	280 points minimum, 840 points maximum
AVERAGE GRADE:		**1.3 (one point three)**

1) The following applies to the conversion of grades into points:

15/14/13 points	equal grade	+ 1 – (very good)
12/11/10 points	equal grade	+ 2 – (good)
09/08/07 points	equal grade	+ 3 – (satisfactory)
06/05/04 points	equal grade	+ 4 – (fair)
03/02/01 point(s)	equal grade	+ 5 – (poor)
00 points	equal grade	6 (failed)

Subjects on which the student concentrated are graded "CS".
Points of courses not included in the overall qualification are put in parentheses.

Einfache Übersetzung des Abiturzeugnisses (Seite 4)

4th page of A-Level-Examinations Certificate
for Mr. Max Muster

IV. FOREIGN LANGUAGES

1st foreign language	English	from class 5 to class 11.2
2nd foreign language	Latin	from class 7 to class 13.2
3rd foreign language	French	from class 9 to class 12.2

This certificate includes the Latin in accordance with the Resolution by the Conference of the Ministers of Culture as of 26 October 1984.

Remarks: None

Mr. Max Muster has passed the A-Level Examinations qualifying for admission to a university in the Federal Republic of Germany.

The average note (N) is computed in accordance with enclosure 3 of the regulation covering the execution of the State Contract on the award of study places in accordance with the formula:

$N = 5\ ^{2}/_{3}$ – Total Points: 168

The average note is carried to one decimal place, it is not rounded. With an overall qualification of 768 and more points an average grade of 1.0 results.

Berlin, 30 May 2010

SEAL OF THE SCHOOL

The Head of the School/College
signed by: / (illegible)

Chairman
signed by: / (illegible)

SEAL OF THE SCHOOL

Übersicht über die universitären Leistungen

Freie Universität Berlin

Scheinübersicht (List of Courses)
Name des Studenten (Name of Student): **Max Muster**

Bürgerliches Recht *(Civil Law)*

Semester/Jahr ***(Term/Year)***	**Art der Veranstaltung** ***(Type of Course)***	**Titel der Veranstaltung** ***(Title of Course)***	**Leitung *(Name/Position of Academic Instructor)***	**Anforderungen** ***(Course Requirements)***	**Note** ***(Grade)***
2. Semester/ WS 2012/13	Übung *(exercise)*	Übung im Bürgerlichen Recht für Anfänger *(Civil Law for beginners)*	Prof. Dr. Prölss	1. Hausarbeit *(term paper)* 2. Klausur *(written examination)*	7 Pkt/*pts satisfactory* 10 Pkt/*pts fully satisfactory*
4. Semester/ WS 2013/14	Übung *(exercise)*	Übung im Bürgerlichen Recht für Fortgeschrittene *(Civil Law advanced level)*	Prof. Dr. Schirmer	1. Hausarbeit *(term paper)* 2. Klausur *(written examination)*	8 Pkt/*pts satisfactory* 12 Pkt/*pts fully satisfactory*

Strafrecht *(Criminal Law)*

Semester/Jahr ***(Term/Year)***	**Art der Veranstaltung** ***(Type of Course)***	**Titel der Veranstaltung** ***(Title of Course)***	**Leitung *(Name/Position of Academic Instructor)***	**Anforderungen** ***(Course Requirements)***	**Note** ***(Grade)***
3. Semester/ SS 2013	Übung *(exercise)*	Übung im Strafrecht für Anfänger *(Criminal Law for beginners)*	Prof. Dr. Bohnert	1. Hausarbeit *(term paper)* 2. Klausur *(written examination)*	10 Pkt/*pts fully satisfactory* 10 Pkt/*pts fully satisfactory*
4. Semester/ WS 2013/14	Übung *(exercise)*	Übung im Strafrecht für Fortgeschrittene *(Criminal Law advanced level)*	Prof. Dr. Montenbruck	1. Hausarbeit *(term paper)* 2. Klausur *(written examination)*	9 Pkt/*pts satisfactory* 13 Pkt/*pts good*
7. Semester/ SS 2015	Projektgruppe *(project group)*	Ermittlungsverfahren in Strafsachen *(Investigation in Criminal Cases)*	OStA Dr. Wulff *(state attorney Dr. Wulff)*		unbenotet *certificate of attendance*

Öffentliches Recht *(Public Law)*

Semester/Jahr ***(Term/Year)***	**Art der Veranstaltung** ***(Type of Course)***	**Titel der Veranstaltung** ***(Title of Course)***	**Leitung *(Name/Position of Academic Instructor)***	**Anforderungen** ***(Course Requirements)***	**Note** ***(Grade)***
3. Semester/ SS 2013	Übung *(exercise)*	Übung im Öffentlichen Recht für Anfänger *(Public Law for beginners)*	Prof. Dr. Randelzhofer	1. Hausarbeit *(term paper)* 2. Klausur *(written examination)*	16 Pkt/*pts very good* 13 Pkt/*pts good*
5. Semester/ SS 2014	Übung *(exercise)*	Übung im Öffentlichen Recht für Fortgeschrittene *(Public Law advanced level)*	Prof. Dr. Kunig	1. Hausarbeit *(term paper)* 2. Klausur *(written examination)*	15 Pkt/*pts good* 11 Pkt/*pts fully satisfactory*
5. Semester/ SS 2014	Arbeitsgruppe *(study group)*	Baurecht *(Construction Law)*	Wiss. Ass. Dr. Mager		unbenotet *certificate of attendance*

Bürgerliches Recht ***(Civil Law)***

Semester/Jahr ***(Term/Year)***	**Art der Veranstaltung** ***(Type of Course)***	**Titel der Veranstaltung** ***(Title of Course)***	**Leitung** ***(Name/Position of Academic Instructor)***	**Anforderungen** ***(Course Requirements)***	**Note** ***(Grade)***
5. Semester/ SS 2014	Seminar *(seminar)*	Medienrecht *(Media Law)*	Prof. Dr. Lecheler	1. Seminararbeit *(seminar paper)* 2. Vortrag *(lecture)*	18 Pkt/*pts very good*
7. Semester/ SS 2015	Vorlesung *(lecture)*	Energierecht *(Energy Law)*	Prof. Dr. Dr. Dr. Säcker	Abschlussklausur *(final examination)*	unbenotet *without grade/pass*

Strafrecht ***(Criminal Law)***

Semester/Jahr ***(Term/Year)***	**Art der Veranstaltung** ***(Type of Course)***	**Titel der Veranstaltung** ***(Title of Course)***	**Leitung** ***(Name/Position of Academic Instructor)***	**Anforderungen** ***(Course Requirements)***	**Note** ***(Grade)***
1. Semester/ SS 2012	Vorlesung *(lecture)*	Grundzüge der Rechtsphilosophie *(Philosophy of Law)*	Prof. Dr. Adomeit	Abschlussklausur *(final examination)*	8 Pkt/*pts satisfactory*
2. Semester/ WS 2012/13	Vorlesung *(lecture)*	Grundzüge der Rechts- und Verfassungsgeschichte *(History of Law)*	Prof. Dr. Wesel	Abschlussklausur *(final examination)*	12 Pkt/*pts fully satisfactory*
2. Semester/ WS 2012/13	Vorlesung *(lecture)*	Grundzüge der Rechtssoziologie *(Sociology of Law)*	Prof. Dr. Rottleuthner	Abschlussklausur *(final examination)*	9 Pkt/*pts satisfactory*

Notenübersicht ***(view of grades)***

Punkte ***(Points)***	**Note** ***(Grade)***	**Prozentuale Notenverteilung** ***(Proportional distribution of grades)***
16–18	sehr gut *(very good)*	0,10 %
13–15	gut *(good)*	2,45 %
10–12	vollbefriedigend *(fully satisfactory)*	11,99 %
7–9	befriedigend *(satisfactory)*	26,32 %
4–6	ausreichend *(sufficient)*	29,26 %
0–5	mangelhaft *(unsatisfactory)*	29,14 %

Übersetzung des Zeugnisses der universitären Schwerpunktbereichsprüfung

WESTFÄLISCHE WILHELMS-UNIVERSITÄT MÜNSTER

Certificate

of the

Examination in the main area of study

Ms Clara Deuchert

born 2 October 1993 in Stuttgart, Germany

has passed the examination in the main subject of study

Subject 4:
International Law, European Law, International Private Law

on 12 October, 2016

at the Westfälische Wilhelms-Universität Münster

with the grade "fully satisfactory" (10.80).

EMBOSSED SEAL

Übersetzung des Zeugnisses der Ersten Juristischen Prüfung

Certificate
Ms Clara Deuchert

born 2 October 1993 in Stuttgart, Germany

passed the
state examination in the compulsory subjects
with the grade
"fully satisfactory" (9.8)

before the Judical Examination Office at the Higher Regional Court Hamm
on 11 June 2017

and the examination in the main area of study
with the grade
"fully satisfactory" (10.8)

at the University of Münster
on 12 October 2016

Thereby, the First Legal State Exam is passed with the grade
"fully satisfactory" (10.1)

Hamm, 12 June 2017

Perspektiven für Juristen

Jeden Oktober erscheint die neue Ausgabe unseres Karriereratgebers *Perspektiven für Juristen*.

Perspektiven für Juristen ist das Expertenbuch zum Einstieg in juristische Berufe im Öffentlichen Dienst, in Kanzleien und in Unternehmen. In zahlreichen Berufsbildern und Erfahrungsberichten stellen Autoren aus der Praxis interessante Tätigkeiten für leistungsstarke Juristen vor. Auch die wichtigsten Fragen rund um Studienplanung, Bewerbung und Karriere werden beantwortet.

e-fellows.net-Stipendiaten können die Printausgabe des Buchs kostenlos bestellen. e-fellows.net-Mitglieder ohne Stipendium erhalten das Buch kostenlos als E-Book.

www.e-fellows.net/perspektiven-fuer-juristen

5. Finanzierung des LL.M.-Studiums

von Steffi Balzerkiewicz

110 Die Finanzierung eines LL.M. meistern
111 Finanzierung aus eigenen Mitteln
112 Finanzierung aus Drittmitteln
112 Finanzierung durch Stipendien
114 Finanzierung durch den Arbeitgeber
115 Finanzierung durch Kredite
118 Finanzierung durch (Auslands-)BAföG?
119 (Teil-)Erlass von Studiengebühren
120 Steuerliche Absetzbarkeit
120 Nach der Ersten Juristischen Prüfung
125 Vor der Ersten Juristischen Prüfung
126 Geltendmachung der entstandenen Kosten
126 Weitere steuerliche Gestaltungsmöglichkeiten

Die Finanzierung eines LL.M. meistern

Wer sich für ein LL.M.-Studium an einer bestimmten Universität entschieden hat, sollte möglichst parallel zur Bewerbung um den Studienplatz die Finanzierung sicherstellen. Ein LL.M.-Studium, beispielsweise in den USA, kann leicht mit jährlichen Kosten von rund 50.000 Euro zu Buche schlagen. In aller Regel scheitert ein Studienvorhaben aber nicht an der Finanzierung – vorausgesetzt, dass diese solide geplant und sorgfältig vorbereitet wird. Am Anfang der Überlegungen zur Finanzierung des Studiums sollte eine detaillierte Auflistung der zu erwartenden Kosten stehen. Hierbei müssen neben den Studiengebühren und allgemeinen Lebenshaltungskosten (Miete, Lebensmittel, öffentliche Verkehrsmittel etc.) im Zielland auch Kosten für die Reise zum Studienort, Versicherungen, eventuell die Altersvorsorge oder die Wohnung im Heimatland berücksichtigt werden. Hinzu kommen Kosten, die beim Kennenlernen von Land und Leuten anfallen.

TIPP: Beim Ermitteln des Finanzierungsbedarfs sollte man sorgfältig vorgehen. Wenn bereits im Vorfeld geklärt ist, welche Kosten anfallen und wie diese gegebenenfalls später steuerlich geltend gemacht werden können, lässt sich zum einen viel Geld sparen und zum anderen eine unnötige Nachfinanzierung während des Studiums vermeiden. Eine solche Nachfinanzierung ist meist sehr aufwändig und führt während des Studiums zu zusätzlichem Stress.

1. Welche Kosten entstehen durch das Studium?

Kosten vor Studienbeginn
- Kosten für die Bewerbung(en) um Studienplatz und Stipendien (Bearbeitungsgebühren, Porto, Beglaubigungen, Übersetzungen, Sprachtest, ggf. Englischkurse)
- ggf. Kosten für den Visumsantrag und die damit verbundenen Aufwendungen wie ärztliche Untersuchungen
- Reisekosten zum Studienort
- Kosten zur Sicherung der Finanzierung

Kosten während des Studiums
- Studiengebühren
- Aufwendungen für Arbeitsmittel wie Lehrbücher
- laufende Studienkosten wie Beiträge zu Studentenvereinigungen, Druck- und Kopierkosten
- Aufwendungen für Unterkunft, Lebenshaltung und Transport
- „Taschengeld“ für Freizeitaktivitäten
- laufende Kosten im Heimatland wie Versicherungen, Mitgliedsbeiträge, ggf. Miete

Kosten nach Studienabschluss
- Zinsen für ein Ausbildungs-/Studiendarlehen

2. Welche Einnahmen ohne Rückzahlungsverpflichtung habe ich während des Studiums?

- berufliche Tätigkeit oder Nebenjob
- Kapitaleinkünfte
- Stipendien
- Unterstützung durch die Familie

3. Können Kosten, die nicht aus laufenden Einnahmen getragen werden, durch Ersparnisse abgedeckt werden?
4. Gibt es eine Finanzierungslücke, die durch Fremdmittel geschlossen werden soll?
• Wie groß ist der Bedarf an Fremdmitteln? • In welchem Umfang werden Darlehen/Finanzierungen vergeben? • Zu welchen Bedingungen werden die Fremdmittel vergeben? • Welche Konditionen sind für mich relevant (Zinshöhe, Rückzahlungsmodalitäten, vorzeitige/verspätete Rückzahlung, Antrags- und Auszahlungszeitpunkt, Sicherheiten)?

Checkliste: Finanzierung eines LL.M.-Studiums

Um das LL.M.-Studium zu finanzieren, stehen einem viele Möglichkeiten offen. Neben Eigenmitteln setzen viele Kandidaten auf Stipendien. Aber auch eine Finanzierung durch Dritte, zum Beispiel über Darlehen, ist möglich. Zudem kann man einen Teil der Studienkosten später von der Steuer absetzen und so die Kosten des LL.M.-Studiums durch eine niedrigere Steuerlast verringern. Eine vorausschauende Gestaltung der Finanzierung kann zu einer erheblichen Kostenreduzierung führen. Gerade wegen der häufig unterschätzten steuerlichen Gestaltungsmöglichkeiten sollte man alle Finanzierungsalternativen in seine Überlegungen einbeziehen. Selbst auf den ersten Blick eher fernliegende oder ungewohnte Finanzierungsformen können interessant und vom Risiko her überschaubar sein.

Finanzierung aus eigenen Mitteln

Ausgangspunkt jeder Finanzierungsüberlegung ist die Frage, ob man die Kosten des LL.M.-Studiums aus eigenen Mitteln decken kann. Diese Art der Finanzierung ist sicherlich die einfachste und erfordert am wenigsten Aufwand. Umfangreiche Bemühungen um Stipendien oder andere Drittmittel entfallen, und man kann sich voll auf seine Bewerbungen an den Universitäten konzentrieren.

TIPP: Selbst wenn eine Finanzierung aus eigenen Mitteln möglich ist, kann man sich zusätzlich um Stipendien bewerben. Die Aufnahme in ein Stipendienprogramm bedeutet nicht nur eine finanzielle, sondern auch eine ideelle Unterstützung bzw. die Einbindung in ein Netzwerk.

Für die überwiegende Zahl der LL.M.-Interessenten wird eine Finanzierung aus Eigenmitteln gar nicht oder nur begrenzt möglich sein. Vor allem im direkten Anschluss an das Studium ist es schwierig, aus eigener Kraft und ohne fremde Unterstützung eine entsprechende Summe aufzubringen. Doch auch für finanziell schlechtergestellte Studieninteressenten gibt es zwei Möglichkeiten, ein LL.M.-Studium weitgehend selbst zu finanzieren: Die erste ist, nach Abschluss des Studiums für ein bis zwei Jahre in einem Anstellungsverhältnis zu arbeiten und die für das Studium nötigen Beträge anzusparen. Diese Möglichkeit bietet sich allerdings eher für Personen an, die bereits die Zweite Juristische Staatsprüfung absolviert haben. Sie sammeln dabei relevante Berufserfahrung und erzielen Gehälter, die das Ansparen größerer Beträge ermöglichen. Auch Absolventen mit der Ersten Juristischen Prüfung können selbstverständlich durch eine Tätigkeit in Kanzleien oder bei anderen Arbeitgebern Geld verdienen; allerdings verdient man dabei meist nicht genug, um die für ein LL.M.-Studium erforderlichen Rücklagen zu bilden. Die zweite Alternative der (Eigen-)Finanzierung ist die finanzielle Unterstützung durch Eltern und Verwandte, also streng genommen eine Finanzierung über Dritte. Man muss für sich entscheiden, ob diese Variante für die Familie finanziell möglich ist. Nach einer langjährigen Ausbildung möchten viele Absolventen finanziell von ihrer Familie unabhängig sein. Dies mag umgekehrt auch für die Familie gelten.

TIPP: Verwandte sind möglicherweise auch bereit, ein Darlehen zu gewähren. Der Vorteil: Meist werden sie dafür keine Zinsen nehmen und individuelle Bedingungen für die Rückzahlung akzeptieren. Werden für das Darlehen Zinsen vereinbart, kann man in bestimmten Fällen Steuervorteile geltend machen. Einzelheiten hierzu finden sich einige Seiten weiter.

Eine Finanzierungshilfe durch Verwandte schließt nicht aus, dass man sich anderweitig um Unterstützung bemüht, zum Beispiel wenn die Verwandten nur einen Teil des benötigten Betrags zur Verfügung stellen können.

Finanzierung aus Drittmitteln

Wer das Studium nicht aus Eigenmitteln bestreiten kann oder will, hat die Möglichkeit, es über Drittmittel zu finanzieren. Eine solche Finanzierung ist mit einem größeren Aufwand verbunden als die Finanzierung mit Eigenmitteln, da man hierfür einem Dritten gegenüber das Studienvorhaben rechtfertigen und bestimmte Dokumente vorlegen muss. Eine Finanzierung über Dritte ist für viele Interessenten eher ungewohnt, sie begegnen dieser Finanzierungsform daher häufig mit Zurückhaltung. Dennoch sollte man die Möglichkeit der Drittfinanzierung prüfen, da sie einige Vorteile, zum Beispiel steuerlicher Art, bietet. Bei einer Drittfinanzierung stehen einem verschiedene Möglichkeiten offen.

Finanzierung durch Stipendien

Eine attraktive Möglichkeit der Studienfinanzierung ist ein Stipendium. Stipendien werden von einer Vielzahl von Organisationen vergeben – allen voran vom Deutschen Akademischen Austauschdienst (DAAD). Um diese Form der Finanzierung sollte man sich frühzeitig bemühen, da man sich für viele Stipendien mehr als ein Jahr vor Beginn des Auslandsaufenthalts bewerben muss.

TIPP: Der DAAD bietet auf seiner Website eine Datenbank zu den eigenen Fördermöglichkeiten sowie zu denen von weiteren Organisationen zur Unterstützung von Studium, Forschung oder Lehre im Ausland. Ein Überblick über einige Stipendienmöglichkeiten findet sich in Kapitel 6 dieses Buchs.

In der Regel findet bei der Vergabe von Stipendien ein Auswahlverfahren statt, in dem bisherige Studienleistungen, die Begründung der Studienabsicht oder des wissenschaftlichen Vorhabens sowie Sprachkenntnisse berücksichtigt werden. Meist übersteigt die Zahl der Bewerber die Zahl der zur Verfügung stehenden Stipendien um ein Vielfaches, sodass es nicht einfach ist, ein Stipendium zu erhalten. Zudem müssen Stipendienbewerber mit einer erheblichen zeitlichen und organisatorischen Belastung rechnen. Es ist aufwändig, überzeugende Bewerbungsunterlagen inklusive einer ausführlichen Darstellung des Studienvorhabens zusammenzustellen. Dennoch lohnt sich diese Mühe in der Regel, da sich die erforderlichen Dokumente häufig auch für Bewerbungen an Universitäten nutzen lassen. Man muss sich zudem bei der Bewerbung nicht auf ein einziges Stipendium beschränken. Es steht jedem offen, sich bei mehreren Begabtenförderwerken zu bewerben. Trotz der hohen Hürden ist es keinesfalls unmöglich, ein Stipendium zu erlangen. Die Bewerbungen müssen allerdings besonders sorgfältig vorbereitet werden. Dem hohen Bewerbungsaufwand stehen jedoch einige materielle und ideelle Vorteile gegenüber. Der größte Vorteil ist sicherlich, dass man Stipendien als Zuschuss erhält und sie nicht zurückzahlen muss. Außerdem gehört man als Stipendiat bei vielen Begabtenförderwerken zu einem Stipendiaten- und Alumni-Netzwerk und kann manchmal auch an speziellen Seminaren teilnehmen.

Der finanzielle Umfang eines Stipendiums hängt von der Art des Stipendiums und vom Stipendiengeber ab. Vollstipendien decken in der Regel den Großteil der Reise- und allgemeinen Lebenshaltungskosten sowie die Studiengebühren ab. Daneben werden aber auch Teilstipendien oder Reisestipendien vergeben.

Für Absolventen, die ein Aufbaustudium in Deutschland absolvieren wollen, besteht seit einigen Jahren die Möglichkeit, sich um ein Deutschlandstipendium zu bewerben. Studierende, deren Werdegang herausragende Leistungen in Studium und Beruf erwarten lässt, werden monatlich mit 300 Euro gefördert. Das Deutschlandstipendium wird einkommensunabhängig vergeben und nicht auf das BAföG angerechnet. Die Förderung wird durch die (teilnehmenden) Hochschulen eigenverantwortlich organisiert. Die Bewerbung erfolgt daher auch direkt bei der Hochschule, an der das Studium absolviert wird. Nähere Informationen gibt es unter www.deutschlandstipendium.de.

Fazit: Stipendien sind eine interessante Finanzierungsoption. Sie zu erlangen ist allerdings schwierig, und selbst im Erfolgsfall deckt ein Stipendium die Kosten oft nicht vollständig. Deswegen sollte man je nach Umfang des Stipendiums weitere Finanzierungsquellen erschließen.

Finanzierung durch den Arbeitgeber

Eine weitere Finanzierungsalternative – vor allem für berufstätige LL.M.-Interessenten – ist die Finanzierung des LL.M.-Studiums durch den Arbeitgeber. Viele Arbeitgeber stehen einer Unterstützung von Fortbildungsmaßnahmen grundsätzlich offen gegenüber. Die Beteiligung des Arbeitgebers an den Kosten für das Steuerberaterexamen ist bei großen Wirtschaftsprüfungsgesellschaften und Kanzleien nicht unüblich. Gleiches gilt für Fachanwaltslehrgänge. Für ein LL.M.-Studium ist die Übernahme von Studienkosten durch den Arbeitgeber derzeit allerdings eher die Ausnahme. Dies ergibt sich einerseits aus den zum Teil hohen Kosten, zum anderen absolvieren viele LL.M.-Studenten ihr Studium im Ausland und müssten somit freigestellt werden, während die Vorbereitung auf das Steuerberaterexamen und Fachanwaltslehrgänge meist parallel zur beruflichen Tätigkeit absolviert werden können.

Insbesondere international ausgerichtete Top-Kanzleien dürften zumindest der Unterstützung von Teilzeitstudiengängen, die ähnlich wie die Vorbereitung auf das Steuerberaterexamen berufsbegleitend durchgeführt werden, offen gegenüberstehen. Wenn man sich Unterstützung erhofft, empfiehlt es sich, das Gespräch mit dem Arbeitgeber rechtzeitig zu suchen.

Wenn der Arbeitgeber in die Finanzierung eingebunden wird und die Kosten des Aufbaustudiums (anteilig) übernimmt, erwartet er, dass er nach Abschluss des Studiums von den gewonnenen Erkenntnissen profitieren kann und der Absolvent das Arbeitsverhältnis bei ihm fortsetzt. Der Arbeitgeber wird die Finanzierung des Studiums daher in der Regel von einer vorab getroffenen Rückzahlungsvereinbarung abhängig machen. In einer solchen Vereinbarung verpflichtet sich der Arbeitnehmer dazu, die Ausbildungskosten ganz oder teilweise zu erstatten, falls das Arbeitsverhältnis vor Ablauf einer bestimmten Bindungsfrist endet.

Nach ständiger Rechtsprechung des Bundesarbeitsgerichts[1] sind Verträge über die Rückzahlung der Ausbildungs- oder Fortbildungskosten im Falle einer vorzeitigen Beendigung des Arbeitsverhältnisses aufgrund eines aus der Sphäre des Arbeitnehmers stammenden Umstandes grundsätzlich zulässig. Nur ausnahmsweise können derartige Zahlungsverpflichtungen gegen den Grundsatz von Treu und Glauben verstoßen, wenn sie den Arbeitnehmer unverhältnismäßig in seiner arbeitsplatzbezogenen Berufswahlfreiheit beeinträchtigen. Hierbei sind die Dauer der Fortbildungsmaßnahme, die vom Arbeitgeber aufgewandten Kosten sowie die längerfristigen Vorteile des Arbeitnehmers auf dem Arbeitsmarkt zu berücksichtigen. Wie lange die Bindung konkret sein darf, ist im Einzelfall zu entscheiden. Im Regelfall kommt eine Bindung von mehr als drei Jahren (bis zu maximal fünf Jahren) nur bei Erwerb einer besonders hohen Qualifikation mit überdurchschnittlichen Vorteilen für den Arbeitnehmer in Betracht. Dies dürfte auf den Erwerb des LL.M.-Titels zutreffen. Der Rückzahlungsbetrag darf nur die tatsächlich angefallenen Fortbildungskosten und bei einer Freistellung von der Arbeit die eventuell fortgezahlte Vergütung umfassen. Nach Rechtsprechung des BAG ist der Rückzahlungsbetrag zeitanteilig im Verhältnis zur Bindungsdauer zu staffeln.

1 BAG, Urteil v. 18.03.2014, Az. 9 AZR 545/12, m.w.N.

TIPP: Bevor man das Gespräch mit dem Arbeitgeber sucht, sollte man sich darüber im Klaren sein, in welchem Umfang man ihn in die Finanzierung seines Studiums einbinden will. Sofern der Arbeitgeber nur einen Teil des Studiums finanziert, ist zu überlegen, welche Kosten (Studiengebühren, Lebensunterhalt etc.) er übernehmen soll.

Auch wenn der Arbeitgeber keine finanzielle Unterstützung leisten möchte, ist er möglicherweise bereit, den Arbeitsplatz weiterhin zu garantieren. Man muss in diesem Fall sein bestehendes Arbeitsverhältnis nicht kündigen, sondern einigt sich mit dem Arbeitgeber auf das Ruhen der Rechte und Pflichten für die Zeit des Studiums. Vorteil dieses Vorgehens ist, dass sich der Absolvent nach Abschluss des Studiums nicht um einen neuen Arbeitsplatz bemühen muss, sondern in sein gewohntes Arbeitsumfeld zurückkehren kann. Nach dem kostenintensiven Studium kann er somit ohne unsichere Neubewerbungsphase wieder Geld verdienen. Da der Arbeitgeber in diesem Fall keine finanziellen Verpflichtungen eingeht, besteht auch keine Bindungsfrist für den Arbeitnehmer. Es steht ihm offen, sich jederzeit nach einem neuen Arbeitsplatz umzusehen. Der Nachteil des ruhenden Arbeitsverhältnisses liegt darin, dass zugelassene Rechtsanwälte entweder ihre Zulassung für die Zeit des Studiums zurückgeben oder Kosten wie Rechtsanwaltskammerbeiträge und Beiträge zum Versorgungswerk der Rechtsanwälte (Altersvorsorge) weiterhin bestreiten müssen. Dies sind erhebliche zusätzliche finanzielle Belastungen, die in die Finanzierungsüberlegungen einbezogen werden müssen.

Fazit: Die Finanzierung eines LL.M.-Studiums durch den Arbeitgeber will gut überlegt und verhandelt sein. Man sollte sich über die Konsequenzen einer langfristigen Bindung und die konkrete Ausgestaltung der Auszeit eingehend Gedanken machen.

Finanzierung durch Kredite

Staatlicher Bildungskredit

Eine weitere Möglichkeit der Fremdfinanzierung ist der sogenannte Bildungskredit. Erst seit einigen Jahren gibt es diese Möglichkeit der staatlichen Finanzierung von Aufbaustudiengängen. Ein Bildungskredit ist ein zinsgünstiges Darlehen, das nach den Förderbestimmungen des Bundesministeriums für Bildung und Forschung vergeben wird. Die Förderung erfolgt im Gegensatz zum BAföG unabhängig vom Vermögen und Einkommen der Studierenden und ihrer Eltern. Man muss keine Sicherheiten stellen, um das Darlehen zu erhalten. Studierende sind unter anderem berechtigt, den Kredit zu beziehen, wenn sie ein Zusatz-, Ergänzungs- oder Aufbaustudium wie zum Beispiel ein LL.M.-Studium durchführen und bereits über einen Abschluss in einem grundständigen Studiengang verfügen. Die Ausbildungsstätte muss im Bundesausbildungsförderungsgesetz anerkannt sein, eine ausländische Universität muss also einer deutschen Hochschule gleichwertig sein. Der Kredit wird maximal bis zur Vollendung des 36. Lebensjahrs (das heißt bis zum 36. Geburtstag) und grundsätzlich nur bis zum Ende des zwölften Studiensemesters/Hochschulsemesters gewährt. Zu beachten ist, dass ausschließlich Vollzeitstudiengänge gefördert werden. Für ein Teilzeit- oder Fernstudium scheidet diese Finanzierungsalternative also von vornherein aus.

Auch wenn die genannten Vorgaben erfüllt sind, besteht kein Rechtsanspruch auf den Bildungskredit, da es sich – anders als beim BAföG – um ein Programm mit festem Budget handelt. Der zur Verfügung stehende Finanzrahmen wird jährlich vom Bundesministerium für Bildung und Forschung vorgegeben. Das Kreditvolumen beträgt zwischen 1.000 und 7.200 Euro und wird grundsätzlich in bis zu 24 Monatsraten von 100, 200 oder 300 Euro durch die KfW-Bankengruppe ausgezahlt und kann somit nur einen Teil der Studien- und Lebenshaltungskosten abdecken. Zur Finanzierung eines außergewöhnlichen Aufwands (z. B. Studiengebühren) kann ein Betrag von bis zu 3.600 Euro im Voraus gezahlt werden.

Auf die ausgezahlten Beträge fallen Zinsen an. Im Gegensatz zu banküblichen Krediten sind die Zinsen hier aber sehr niedrig und werden zusätzlich bis zum Beginn der Rückzahlung gestundet. Die Rückzahlung des Kredits beginnt in der Regel vier Jahre nach der Auszahlung der ersten Darlehensrate in monatlichen Raten von 120 Euro. Man kann den geliehenen Betrag aber auch vorab teilweise oder ganz – ohne zusätzliche Kosten – zurückzahlen.

Den Antrag sollte man frühestens sechs Wochen vor Studienbeginn online beim Bundesverwaltungsamt stellen. Die Bearbeitung dauert je nach Anzahl der Antragsteller mehrere Wochen. Das Bundesverwaltungsamt erteilt bei Vorliegen der Förderungsvoraussetzungen einen Bewilligungsbescheid, der dazu berechtigt, einen Kreditvertrag mit der Kreditanstalt für Wiederaufbau (KfW) abzuschließen. Eine Bewilligung erfolgt erst, wenn man nachweisen kann, dass man das Studium tatsächlich angetreten hat. Ein Vertragsangebot der KfW erhält der Interessent direkt mit dem Bewilligungsbescheid. Damit der Förderungsbescheid wirksam bleibt, muss man das Vertragsangebot innerhalb eines Monats annehmen. Die Auszahlung erfolgt dann direkt durch die KfW.

Als ergänzende Finanzierungsmöglichkeit ist der Bildungskredit als Drittmittelquelle also insofern recht attraktiv, weil die Verzinsung sehr niedrig ist und die Rückzahlungsmodalitäten auf die Lebensverhältnisse abgestimmt sind. Zudem steht diese Finanzierungsmöglichkeit allen Interessenten offen, da sie unabhängig vom eigenen Einkommen/Vermögen und dem der Eltern erfolgt. Da jedoch kein Rechtsanspruch auf den Kredit besteht und man den Antrag erst verhältnismäßig kurz vor Studienbeginn stellen kann, bleiben erhebliche Unsicherheiten. Man kann das Geld nicht sicher in seine Planung einbeziehen. Sofern man den Bildungskredit als Finanzierungsquelle in Betracht zieht, sollte man diese Nachteile im Auge behalten.

TIPP: Da es sich bei dem Bildungskredit um ein verzinsliches Darlehen handelt, kann man im Hinblick auf die Zinszahlungen Steuervorteile geltend machen. Einzelheiten hierzu folgen an späterer Stelle.

Fazit: Das Konzept des Bildungskredits ist derzeit nicht auf ein LL.M.-Studium zugeschnitten. Der Bildungskredit eignet sich vor allem als Ergänzungsfinanzierung.

Studienkredit

Neben dem staatlichen Bildungskredit kann man auch auf private Studienkredite zurückgreifen. In erster Linie ist hier der Studienkredit der KfW zu nennen, der über Studentenwerke sowie ausgewählte Banken und Sparkassen ausgereicht wird. Mit dem KfW-Studienkredit können zwar auch Zweit-, Zusatz-, Ergänzungs- und Aufbaustudiengänge finanziert werden, allerdings aber nur, wenn diese in Deutschland absolviert werden. Vollständig im Ausland absolvierte Studiengänge kommen für die Förderung nicht infrage. Im Übrigen bieten nur noch wenige private Banken, Sparkassen und und andere Finanzdienstleister Darlehen für Aufbaustudiengänge an. Ein Vorteil eines privaten Studienkredits gegenüber dem staatlichen Bildungskredit liegt in der Planungssicherheit. Einen Bankkredit kann man deutlich vor Beginn des Studiums aushandeln. Ist der Kreditvertrag einmal abgeschlossen, besteht ein Rechtsanspruch auf Auszahlung des Geldes. Bevor ein Darlehen bewilligt wird, muss man in der Regel einen Studienplan vorlegen, in dem man einen zeitlichen Überblick über die geplanten Studienziele gibt. Der Studienplan ist mit dem Businessplan bei Krediten für Existenzgründer vergleichbar.

Nachteil dieser Finanzierungsform ist, dass – anders als beispielsweise beim Bildungskredit der Bundesregierung – höhere Zinsen und gegebenenfalls Bearbeitungsgebühren anfallen. Zudem beginnt die Rückzahlungspflicht meist früher als beim Bildungskredit. Nur wenn keine anderen Möglichkeiten zur Finanzierung zur Verfügung stehen, sollte man an einen solchen Studienkredit denken. Die Rückzahlung der Schulden ist in der Zeit nach dem Aufbaustudium eine große finanzielle Belastung. Absolviert man das LL.M.-Studium nach der Zweiten Juristischen Staatsprüfung, kann ein durch den LL.M.-Titel eventuell höheres Gehalt diese Belastung leichter kompensieren. Wird das LL.M.-Studium jedoch vor der Referendarszeit absolviert, zögert sich die Rückzahlung bis zum Abschluss der Zweiten Juristischen Staatsprüfung bzw. bis zum Berufseinstieg hinaus, da das Referendarsgehalt eine Tilgung des Kredits meist nicht erlaubt.

TIPP: Man sollte möglichst verschiedene Angebote von mehreren Darlehensanbietern einholen und die mit der Darlehensaufnahme verbundenen Kosten vergleichen. Es lohnt sich, nicht nur die Zinsen, sondern auch die anderen Konditionen der Kreditvergabe zu vergleichen, zum Beispiel den Umfang der geforderten Sicherheiten oder die Rückzahlungsmodalitäten. Auch hier können erhebliche Unterschiede bestehen. Einen guten Überblick bietet der CHE-Studienkredit-Test 2019 von Ulrich Müller; das Arbeitspapier (Nr. 224, Stand Juli 2019) steht im Internet kostenlos zum Download bereit.[2]

Studien- und Bildungsfonds

Eine verhältnismäßig neue Form der Studienförderung sind Studien- und Bildungsfonds. Die Fonds finanzieren sich über private Geldgeber bzw. institutionelle Anleger. Die Aufnahme in die Förderung erfolgt über einen Bewerbungsprozess. Es können Studiengebühren und Lebenshaltungskosten für das Studium im In- oder Ausland finanziert werden. Die Förderung beträgt in der Regel maximal 1.000 Euro pro Monat, insgesamt zwischen 30.000 und 40.000 Euro.

---

2 https://www.che.de/downloads/CHE_AP_224_Studienkredit_Test_2019.pdf, abgerufen am 17.12.2019.

Im Gegensatz zu einem Studienkredit erfolgt die Rückzahlung der Studienförderung einkommensabhängig nach dem Berufseinstieg. Innerhalb einer vorab festgelegten Zeitspanne zahlen die geförderten Studierenden einen individuell berechneten, festen Prozentsatz ihres Bruttoeinkommens an den Fonds zurück. Es gibt keinen festen Zinssatz oder Tilgungsraten wie bei einem Darlehen. Vorteil dieser Art der Finanzierung ist, dass einerseits die Rückzahlung nach oben hin begrenzt ist und andererseits im Falle von andauernder Arbeitslosigkeit sich diese reduziert oder gegebenenfalls entfällt. Nachteil ist jedoch, dass ein Auswahlverfahren durchlaufen werden muss. Da die Fondsinitiatoren darauf hoffen, dass die geförderten Studierenden sich nach Studienabschluss einträgliche Arbeitsplätze suchen, werden vornehmlich überdurchschnittlich leistungsorientierte, engagierte und motivierte Studierende gefördert.

Die Förderung über einen Fonds ist mit anderen Finanzierungsmöglichkeiten (z. B. BAföG, Bildungskredit, Stipendium) kombinierbar. Einen guten Überblick bietet auch hier der CHE-Studienkredit-Test 2019 von Ulrich Müller.

Finanzierung durch (Auslands-)BAföG?

Viele LL.M.-Interessenten kennen die Studienförderung nach dem Bundesausbildungsförderungsgesetz (BAföG). Eine solche Förderung ist grundsätzlich auch für Auslandsstudien möglich, aber nach § 7 Abs. 2 Nr. 2 BAföG für ein Aufbaustudium nur dann, wenn die Ausbildung für die Aufnahme des angestrebten Berufes rechtlich erforderlich ist. Die VwV BAföG, Ziff. 7.2.11, führt hierzu aus: „Erforderlich ist die weitere Ausbildung, wenn der Auszubildende nach dem von ihm erreichten Ausbildungsstand den Zugang zu dem Beruf nur durch sie erreichen kann." Ziff. 7.2.12: „Die Zugangsbedingung zu dem angestrebten Beruf muss in einer Rechtsvorschrift (z. B. Gesetz, Rechtsverordnung) geregelt sein; Verwaltungsvorschriften oder eine Einstellungspraxis der Wirtschaft oder von Behörden begründen die rechtliche Erforderlichkeit nicht."

Der LL.M.-Titel ist jedoch in der Regel für Juristen keine rechtliche Voraussetzung für die Berufszulassung. Nötig zur Berufszulassung sind in Deutschland zwei Staatsexamina, im Ausland besondere Prüfungen wie zum Beispiel das bereits erwähnte Bar Exam. Auch eine Förderung nach § 7 Abs. 2 Nr. 3 des BAföG ist nicht möglich. Deshalb ist ein LL.M.-Studium grundsätzlich nicht förderungswürdig im Sinne des BAföG. Anders ist die Situation, wenn man das LL.M.-Studium vor Abschluss der Ersten Juristischen Prüfung absolviert. Wenn die im LL.M.-Studium erbrachten Studienleistungen auf das Studium in Deutschland anrechenbar sind, kann das sogenannte Auslands-BAföG gewährt werden. Darüber hinaus ist es von der finanziellen Situation des Antragstellers und der seiner Familie abhängig, ob er BAföG erhält.

TIPP: Einzelheiten zur Förderungsfähigkeit des konkret ausgewählten LL.M.-Programms erfragen Interessenten am besten direkt beim Amt für Ausbildungsförderung beziehungsweise beim Studentenwerk ihrer Universität.

Allgemeine Informationen zum BAföG gibt es unter www.bafög.de. Für Fragen steht auch die gebührenfreie Hotline bereit, die das Bundesministerium für Bildung und Forschung gemeinsam mit dem Deutschen Studentenwerk unter der Nummer 0800 2236341 oder 0800 BAFOEG1 anbietet.

Fazit: Eine Förderung des LL.M.-Studiums über BAföG ist im Regelfall nicht möglich. Nur bei einem LL.M.-Studium vor der Ersten Juristischen Prüfung kann man eventuell eine Förderung in Anspruch nehmen.

(Teil-)Erlass von Studiengebühren

Ein weiterer Aspekt der Finanzierung eines Auslandsstudiums ist die Reduzierung der Kosten. Vor allem bei Universitäten in Nordamerika besteht die Möglichkeit, die Kosten für das Studium durch einen (Teil-)Erlass der Studiengebühren zu verringern.

Eine Möglichkeit, einen solchen (Teil-)Erlass zu erhalten, bietet die Teilnahme an einem Austauschprogramm der eigenen Universität in Deutschland. Alle deutschen Universitäten unterhalten Kooperationsprogramme oder Partnerschaften mit ausländischen Hochschulen. Im Rahmen solcher Kooperationsvereinbarungen sagen ausländische Universitäten (ehemaligen) Studierenden der deutschen Partneruniversität LL.M.-Studienplätze zu. Hinzu kommen nicht selten Zusagen für die Ermäßigung oder den Erlass von Studiengebühren. Die Voraussetzungen für die Teilnahme an einem solchen Austauschprogramm werden von den jeweiligen Universitäten individuell festgelegt. Nähere Informationen hierzu geben die Akademischen Auslandsämter der Hochschulen. Einen ersten Überblick über internationale Hochschulkooperationen bietet der Hochschulkompass unter www.hochschulkompass.de.

Besteht zwischen der Heimatuniversität und der ausländischen Wunschuniversität keine Kooperation, kann es sich insbesondere bei den Universitäten in Nordamerika lohnen, eine Ermäßigung oder einen Erlass der Studiengebühren anzustreben. Viele Universitäten verfügen über einen finanziellen Spielraum, der es ihnen erlaubt, die Studiengebühren anzupassen. Die Bezeichnungen für den (Teil-)Erlass variieren; neben dem selbsterklärenden „tuition waiver" wird er teilweise auch „scholarship" genannt. Seit Kurzem werden im Rahmen des e-fellows.net LL.M. Day beispielsweise von einigen Universitäten speziell an Teilnehmer gerichtete Stipendien vergeben.

Um einen Erlass der Gebühren zu erwirken, können sich Studierende, sobald sie die Zahlungsaufforderung für die Studiengebühren erhalten haben, an die „Financial Aid"-Büros der jeweiligen Universität wenden. Diese sind für Gebührenermäßigungen und -erlasse an den Hochschulen eingerichtet worden. Eine Anfrage bei der ausländischen Universität, ob es „scholarships" gibt, hilft häufig weiter.

Steuerliche Absetzbarkeit[3]

Neben den finanziellen Mitteln sollte man die steuerlichen Auswirkungen des Studiums bedenken. Die Kosten für das Studium können als Sonderausgaben, Betriebsausgaben oder Werbungskosten das zu versteuernde Einkommen und damit die Einkommensteuer verringern. Der Absolvent kann dadurch einen Teil seiner Ausgaben durch verminderte Steuerzahlungen in den Folgejahren kompensieren. Faktisch ist die Investition in ein Aufbaustudium also eine Steuervorauszahlung. Auch wenn einem das Thema Steuern eher fernliegt, lohnt sich die Berücksichtigung steuerlicher Aspekte bei der Planung der Finanzen auf jeden Fall. Die steuerlichen Auswirkungen hängen im Einzelnen davon ab, ob das LL.M.-Studium vor oder nach einer Erstausbildung bzw. dem Ende des Erststudiums abgeschlossen wird. Da die steuerliche Geltendmachung ein sehr komplexes Thema ist, kann im Folgenden nur ein grober Überblick gegeben werden. Im Einzelfall ist es besser, Rat bei einem Steuerberater oder Steuerjuristen einzuholen.

Nach der Ersten Juristischen Prüfung

Aufwendungen für ein LL.M.-Studium können steuermindernd geltend gemacht werden, wenn sie beruflich veranlasst sind und dem Studium eine abgeschlossene Berufsausbildung oder ein abgeschlossenes Erststudium vorausgegangen ist. Zudem muss es sich bei dem Zweitstudium um ein Zusatzstudium handeln, durch das die im Rahmen des Erststudiums erworbenen Kenntnisse ergänzt und vertieft werden und das nicht den Wechsel zu einem andersgearteten Beruf ermöglicht. Diese Voraussetzungen sind in der Regel bei einem LL.M.-Studium, das nach erfolgreichem Abschluss der Ersten Juristischen Prüfung absolviert wird, erfüllt.

Demnach können die Kosten für ein LL.M.-Studium nach Abschluss der Ersten Juristischen Prüfung unabhängig von der konkreten Art der (späteren) juristischen Tätigkeit steuermindernd geltend gemacht werden. Arbeitet man in einem Anstellungsverhältnis, setzt man die Kosten als sogenannte Werbungskosten bei den Einkünften aus nicht selbstständiger Tätigkeit ab. Wird man selbstständig tätig, zum Beispiel als niedergelassener Anwalt, macht man sie als Betriebsausgaben bei den Einkünften aus selbstständiger Tätigkeit geltend. Werbungskosten und Betriebsausgaben haben den gleichen steuerlichen Effekt. Im Folgenden werden aus Vereinfachungsgründen nur die Werbungskosten ausdrücklich genannt.

TIPP: Um die entstandenen Kosten steuermindernd geltend machen zu können, muss man alle Rechnungen und Belege aufbewahren, um sie auf Anfrage beim Finanzamt vorlegen zu können. Spätestens beim Erhalt des Steuerbescheids (und der Einkommensteuererstattung) sieht man, dass sich die Mühe auszahlt.

---

3 Stand der Informationen: August 2019.

Die für das LL.M.-Studium getätigten Aufwendungen können sich aber auch dann steuermindernd auswirken, wenn sie in einem Zeitraum anfallen, in dem man keine Einnahmen erzielt und damit keine Einkommensteuer gezahlt hat.

Die Aufwendungen werden in diesem Fall als sogenannte vorweggenommene Werbungskosten berücksichtigt und als Verlust vorgetragen. Dieser Verlust wird dann mit Einkünften in künftigen Jahren verrechnet. Voraussetzung hierfür ist, dass es einen konkreten Zusammenhang zwischen Studium und künftig beabsichtigter Tätigkeit gibt. Es spielt keine Rolle, dass zur Zeit des Studiums noch kein konkretes Arbeitsverhältnis besteht. Der Bundesfinanzhof hat in einem Urteil[4] zum Werbungskostenabzug für ein LL.M.-Studium ausgeführt, dass das Auslandsstudium der Vertiefung und Ergänzung des juristischen Wissens im internationalen Recht dient. Kenntnisse fremder Rechtsordnungen werden vielfach nicht nur in der Privatwirtschaft, sondern auch bei Tätigkeiten in Organisationen oder der Verwaltung verlangt. Nach dem erfolgreichen Abschluss verbessern sich die Chancen erheblich, den erstrebten Arbeitsplatz zu erhalten.[5] Für den Zeitraum seines LL.M.-Studiums sollte man daher auch dann eine Steuererklärung abgeben, wenn keine Einnahmen erzielt wurden.

TIPP: Wichtig für eine steuerliche Berücksichtigung ist, dass nach Abschluss des Studiums Einnahmen in Deutschland anfallen. Werden steuerpflichtige Einnahmen im Ausland erzielt, findet das deutsche Steuerrecht nicht zwangsläufig Anwendung. Unter Umständen können die Kosten jedoch auch im Ausland geltend gemacht werden. In derartigen Fällen sollte man unbedingt professionellen Rat einholen!

Abzugsfähige Kosten

Werbungskosten sind alle Aufwendungen zur Erwerbung, Sicherung und Erhaltung von Einnahmen. Werbungskosten eines Arbeitnehmers sind Ausgaben, die beruflich veranlasst sind, also in einem unmittelbaren Zusammenhang mit der beruflichen Tätigkeit stehen. Die in einem LL.M.-Studium erworbenen Kenntnisse werden von dem Absolventen nach erfolgreichem Studienabschluss im Berufsleben angewendet und stehen somit in unmittelbarem Zusammenhang mit der Erzielung von Einkünften entweder in einem Angestelltenverhältnis oder in selbstständiger Tätigkeit.

4 BFH, Urteil v. 22.07.2003, VI R 4/02, BFH/NV 2004, 32.

5 Dies gilt auch für ein MBA-Studium, BFH, Urteil v. 19.04.1996, Az. VI R 24/95; BFHE 180, S. 360.

Konsequenz dieser Rechtsprechung ist: Als Werbungskosten abziehbar sind sämtliche Erwerbsaufwendungen, die im Zusammenhang mit dem Studium stehen. Es sind im Einzelnen:

1. Kosten im Vorfeld

- Reisekosten zum Studienort und zurück
- Bewerbungskosten für die Bewerbung bei der Universität, wie Bearbeitungsgebühren, Kopier- und Druckkosten, Kosten für Bewerbungsmappen, Porto, Beglaubigungen, Übersetzungen, Sprachtest, ggf. Englischkurse zur Vorbereitung des Tests
- Bewerbungskosten für Stipendien, Kosten für die Beschaffung des Visums und damit verbundene Aufwendungen wie ärztliche Untersuchungen

2. Eigentliche Studienkosten

- Studiengebühren
- Aufwendungen für Arbeitsmittel wie Lehrbücher und Zeitschriften, Computer
- laufende Studienkosten wie Beiträge zu Studentenvereinigungen, Druck- und Kopierkosten
- Fahrtkosten für die Wege zwischen Uni und Wohnung (bis einschließlich 2013 tatsächliche Kosten in voller Höhe, ab 2014 in Höhe von 30 Cent pro Entfernungskilometer)

3. Kosten nach Studienabschluss

- Zinsen für ein Ausbildungs-/Studiendarlehen, auch wenn sie nach Abschluss der Berufsausbildung/des Studiums gezahlt werden; Aufwendungen zur Tilgung sind hingegen nicht abziehbar.

Auch die Kosten, die durch die Planung und Vorbereitung der Studienfinanzierung anfallen, kann man später steuerlich geltend machen.

Doppelte Haushaltsführung

Wer sein LL.M.-Studium im Ausland absolviert und seine Wohnung in Deutschland nicht aufgeben will, kann neben den oben genannten Kosten unter bestimmten Voraussetzungen auch Kosten für die Unterkunft am Studienort und die Lebenshaltungskosten steuermindernd geltend machen. Diese Aufwendungen werden im Steuerrecht unter dem Begriff „doppelte Haushaltsführung" zusammengefasst.

Bei einer doppelten Haushaltsführung unterhält man neben seiner Wohnung, in der man seinen Hausstand führt beziehungsweise in der die Familie lebt, aus beruflichen Gründen eine zweite Wohnung am Studienort. Auch Singles können Kosten für die doppelte Haushaltsführung geltend machen. Voraussetzung ist, dass man einen eigenen Hausstand sowohl am Studienort als auch am eigentlichen Wohnort unterhält. Unterhalten bedeutet die Führung eines Haushalts mitzubestimmen.[6] Ein gewichtiges Indiz dafür ist die Kostentragung.[7] Sie ist jedoch keine zwingende Voraussetzung für die Anerkennung der doppelten Haushaltsführung. Bei unentgeltlicher Nutzung ist es wichtig, dass die Wohnung (auch) als eigene und nicht als die des Überlassenden, z. B. der Eltern oder des Lebenspartners, anzusehen ist.[8]

---

6 BFH, Beschluss v. 01.03.2017, Az. VI B 74/16, BFH/NV 2017, 903.

7 BFH, Urteil v. 14.06.2007, Az. VI R 60/05, BFH/NV 2007, 1996.

8 BFH, Urteil v. 21.04.2010, Az. VI R 26/09, DStR 2010, 1667.

TIPP: Sofern man also seine Wohnung am Heimatort behält, gibt es die Möglichkeit, die Kosten für Unterkunft und Verpflegung am Studienort steuerlich geltend zu machen. Diese Möglichkeit der Steuerminderung sollte jedoch nicht allein Anlass sein, die Wohnung im Heimatland beizubehalten. Denn trotz des Steuersparpotenzials ist die finanzielle Belastung bei zwei Wohnsitzen erheblich.

Um die Kosten steuerlich geltend machen zu können, muss am Hauptwohnort eine abgeschlossene Wohnung zur Verfügung stehen. Hierbei können die Wohnverhältnisse am Lebensmittelpunkt vergleichsweise einfach und beengt sein.[9] Auch wer an seinem Hauptwohnort beim Lebenspartner unterkommt und sich dort an der gemeinsamen Haushaltsführung finanziell (mindestens zehn Prozent der monatlich anfallenden Kosten) beteiligt, kann die Ausgaben für den doppelten Haushalt am Studienort steuerlich geltend machen. Das „Kinderzimmer“ bei den Eltern gilt jedoch in der Regel auch dann nicht als eigener Hausstand, wenn es entgeltlich überlassen wird. Als Zweitwohnung am Studienort gilt jede zur Übernachtung geeignete Unterkunft, zum Beispiel eine gemietete Wohnung oder ein möbliertes Zimmer. Absetzbar sind die tatsächlichen Ausgaben für eine angemessene Ein- bis Zweizimmerwohnung, dazu gehören Miete, Maklergebühr, Betriebskosten, Umzugskosten, Zweitwohnungssteuer und Kosten für die Wohnungseinrichtung. Angemessen ist für eine Einzelperson eine Wohnung mit einer Wohnfläche von bis zu 60 Quadratmetern unter Ansatz einer ortsüblichen Miete.[10]

Bis einschließlich 2007 konnten Studierende anstelle der tatsächlich angefallenen Kosten im Ausland auch (aus steuerlicher Sicht wesentlich günstigere) pauschale Auslandsübernachtungsgelder zugrunde legen. Diese Möglichkeit besteht seit 2008 nicht mehr. Es werden nur noch die tatsächlichen Kosten anerkannt.[11] Aber zumindest werden pauschale Verpflegungskosten für die ersten drei Monate nach Bezug der Zweitwohnung als Werbungskosten akzeptiert. Die Pauschalbeträge sind länderspezifisch, das heißt, sie variieren von Land zu Land. Die länderspezifischen Einzelheiten finden sich in dem BMF-Schreiben vom 28.11.2018 - IV C 5 - S 2353/08/10006:009 - 2018/0944018, BStBl. I 2018, 1231.

Arbeitszimmer

Die Aufwendungen für ein häusliches Arbeitszimmer können seit dem 1. Januar 2007 nur noch dann vollumfassend steuermindernd berücksichtigt werden, wenn das Arbeitszimmer den Mittelpunkt der gesamten beruflichen Betätigung bildet.

Wird das LL.M.-Studium berufsbegleitend und -ergänzend betrieben, steht in der Regel ein (Haupt-)Arbeitsplatz beim Arbeitgeber zur Verfügung. Wer demnach seinem Studium neben einer Vollzeitbeschäftigung im Betrieb des Arbeitgebers nachgeht, kann keine Kosten für sein Arbeitszimmer zum Abzug bringen.

---

9 BFH, Urteil v. 14.10.2004, Az. VI R 82/02, BStBl. 2005 II, S. 98.

10 BFH, Urteil v. 09.08.2007, Az. VI R 10/06, BFH/NV 2007, 1996; BFH, Urteil v. 09.08.2007, Az. VI R 23/05, BFH/NV 2007, 1994.

11 R9.11 Abs. 8 LStR 2015.

Kandidaten, die neben dem Studium keiner beruflichen Tätigkeit nachgehen, deren einziger Betätigungsmittelpunkt das häusliche Arbeitszimmer ist und die keine doppelte Haushaltsführung geltend machen, sollten die anteilig auf das Arbeitszimmer entfallenden Kosten (z. B. anteilige Betriebsausgaben und Miete, Reinigungskosten, Renovierungskosten, Tapete, Teppich, Gardinen etc.) bis zu einer Höhe von 1.250 Euro pro Jahr geltend machen. Bei unterjähriger Nutzung des Arbeitszimmers können nur die zeitanteiligen Aufwendungen berücksichtigt werden.

Hierfür müssen die folgenden Voraussetzungen erfüllt sein:

- Das Arbeitszimmer muss ausschließlich oder nahezu ausschließlich (private Nutzung < zehn Prozent) zu beruflichen Zwecken (also zum Studium) genutzt werden und auch dementsprechend eingerichtet sein.[12]
- Wohnung und Arbeitszimmer sind räumlich voneinander getrennt. Es ist ein separater Raum, der von der übrigen Wohnung durch eine Tür oder Wand abgetrennt ist, erforderlich. Ein Raumteiler, eine Arbeitsecke oder ein Durchgangszimmer genügen nicht.[13]
- Dem Kandidaten und seiner Familie verbleibt ein ausreichendes Raumangebot für die privaten Wohnbedürfnisse.

Fazit: Ein Arbeitszimmer steuerlich geltend zu machen, mindert die Kosten, allerdings nur bei einem Vollzeitstudium ohne gleichzeitige Berufstätigkeit.

Steuerliche Behandlung von Stipendien

Studenten, die ein Stipendium erhalten, können Kosten im Zusammenhang mit dem Studium gar nicht oder nur begrenzt steuermindernd geltend machen – das ist abhängig vom Umfang des Stipendiums. Der Hintergrund: Stipendien sind in der Regel einkommensteuerfrei, wenn sie aus öffentlichen Mitteln oder von einer öffentlichen Stiftung gezahlt werden und zum Zweck der Förderung der Erziehung, Ausbildung oder Wissenschaft gewährt werden.[14] Diese Voraussetzungen dürften bei Stipendien des DAAD und den meisten anderen deutschen Stiftungen vorliegen.[15] Werbungskosten können jedoch nur von steuerpflichtigem Einkommen abgezogen werden und auch nur dann, wenn derjenige, der sie geltend macht, tatsächlich finanziell belastet ist. Wenn Werbungskosten in unmittelbarem wirtschaftlichem Zusammenhang mit den Einnahmen aus dem steuerfreien Stipendium stehen, können diese nicht steuermindernd geltend gemacht werden.[16] Sofern die Aufwendungen durch die Zahlung des Stipendiums erstattet werden, entfällt der Werbungskostenabzug.

---

12 BFH, Beschluss vom 27.07.2015, Az: GrS 1/14, DStR 2016, 210.

13 BFH, Beschluss vom 27.07.2015, Az: GrS 1/14, DStR 2016, 210.

14 § 3 Nr. 11 EStG.

15 Das gleiche gilt für Beihilfen, die aufgrund des Fulbright-Abkommens gezahlt werden, § 3 Nr. 42 EStG.

16 § 3c Abs. 1 EStG.

Ein Beispiel: Studiengebühren sind bei einer Übernahme durch den Stipendiengeber nicht absetzbar. Die vom Stipendiengeber gewährten Mittel sind dabei nach ihrem Zweck zu beurteilen. Es ist zwischen Büchergeld, Reisezuschüssen, Studiengebühren und Lebenshaltungskosten zu unterscheiden.

TIPP: Kosten, die über das gewährte Stipendium hinaus anfallen, kann man weiterhin als Werbungskosten absetzen. Auch wer ein Stipendium erhält, sollte steuerliche Aspekte weiter im Blick behalten, um die finanzielle Belastung zu senken.

Vor der Ersten Juristischen Prüfung

Wird das LL.M.-Studium im Ausland absolviert und vor der Ersten Juristischen Prüfung abgeschlossen, und ist dem Studium keine andere abgeschlossene Ausbildung (nichtakademische Berufsausbildung, berufsqualifizierendes Studium) vorausgegangen, handelt es sich um ein im Ausland abgeschlossenes Erststudium.[17] Die hierfür entstandenen Kosten sind nach der Gesetzeslage gem. § 4 Abs. 9 EStG bzw. § 9 Abs. 6 EStG nicht als Betriebsausgaben bzw. Werbungskosten abziehbar. Die Kosten für ein Erststudium werden von der Finanzverwaltung daher derzeit nur als Ausbildungskosten i.S.d. § 10 Abs. 1 Nr. 7 S. 1 EStG anerkannt und sind damit nur begrenzt als Sonderausgaben abziehbar (maximal 6.000 Euro jährlich einschließlich auswärtiger Unterbringung). Als Sonderausgaben können die bereits oben als Werbungskosten aufgezählten, direkt im Zusammenhang mit dem Studium anfallenden Aufwendungen berücksichtigt werden. Eine weitere Beschränkung der steuerlichen Geltendmachung liegt darin, dass die Ausbildungskosten nur dann als Sonderausgaben angerechnet werden können, wenn der Absolvent im gleichen Jahr eigene Einkünfte erzielt. Ohne eigene Einkünfte ist eine steuerliche Berücksichtigung nicht möglich. Da die meisten Studierenden vor Abschluss der Ersten Juristischen Prüfung über keine oder nur geringe Einkünfte verfügen, sind in diesem Fall nur sehr geringe oder gar keine steuerlichen Vorteile zu erzielen.

Der Bundesfinanzhof hat jedoch Zweifel an der Verfassungsmäßigkeit der vorgenannten gesetzlichen Regelung und hat daher das Bundesverfassungsgericht angerufen (BVerfG 2 BvL 22/14, 2 BvL 23/14, 2 BvL 24/14, 2 BvL 25/14, 2 BvL 26/14, 2 BvL 27/14). Sollte das Bundesverfassungsgericht der Auffassung des Bundesfinanzhofs folgen, können Kosten, die für ein Erststudium entstanden sind, rückwirkend ab dem Jahr 2011 steuermindernd als Werbungskosten bzw. Betriebsausgaben geltend gemacht werden.

Fazit: Die Kosten für ein LL.M.-Studium vor der Ersten Juristischen Prüfung und ohne vorhergehende abgeschlossene Ausbildung können aktuell nur in sehr begrenztem Umfang steuerlich geltend gemacht werden.

---

17 BFH, Urteil v. 18.06.2009, Az. VI R 14/07, BFHE 225,393; BMF-Schreiben vom 22.09.2010, IV C 4 - S 2227/07/10002.

Geltendmachung der entstandenen Kosten

Wer Steuervergünstigungen in Anspruch nehmen will, muss seine Steuererklärungen sehr sorgfältig ausfüllen. Die entstandenen Werbungskosten werden in der Anlage N der Einkommensteuererklärung für das Jahr eingetragen, in dem die Kosten tatsächlich angefallen sind. Zusätzlich muss man die Belege aufbewahren und ggf. nach Aufforderung dem Finanzamt vorlegen. Abhängig davon, ob bereits Einkünfte erzielt wurden, wird die Einkommensteuer im gleichen Jahr gemindert oder die entstandenen Kosten werden als Verlust festgestellt, der mit den Einkünften in einem künftigen Jahr verrechnet wird.

Sofern man im Jahr des Studienantritts Einkünfte erzielt hat, mindern die Werbungskosten diese Einkünfte und damit die Einkommensteuer. Bereits gezahlte Lohnsteuer (bei Angestellten) oder Einkommensteuervorauszahlungen (bei Selbstständigen) werden erstattet. Übersteigen die Werbungskosten die gesamten Einkünfte des entsprechenden Jahres, wird zusätzlich ein Verlust in Höhe des übersteigenden Betrags festgestellt. Dieser Verlust wird mit Einkünften des dem Verlustjahr vorangegangenen Jahres verrechnet, und die in jenem Jahr gezahlten Steuern werden erstattet. Wurden im Jahr des Studienantritts und davor keine Einkünfte erzielt, werden die entstandenen Kosten als Verlust festgestellt und in darauffolgenden Jahren mit Einkünften verrechnet, bis der Verlust aufgebraucht ist.

Die Steuererklärung muss spätestens vier Jahre nach Ablauf des jeweiligen Kalenderjahres abgegeben werden. Die Einkommensteuererklärung für das Jahr 2015 beispielsweise muss also bis spätestens 31. Dezember 2019 beim Finanzamt eingegangen sein.

TIPP: Diese Frist kann nicht verlängert werden.[18] Dennoch besteht bei unverschuldeter Fristversäumnis ausnahmsweise die Möglichkeit, einen Antrag auf „Wiedereinsetzung in den vorigen Stand“ nach § 110 AO zu stellen, beispielsweise wegen überlanger Postlaufzeiten.

Weitere steuerliche Gestaltungsmöglichkeiten

Verlustvortrag auf der elektronischen Lohnsteuerkarte

Eine erste Möglichkeit bietet die Berücksichtigung bei den elektronischen Lohnsteuerabzugsmerkmalen (ELStAM). Hat man vor dem Studienantritt keine Einkünfte erzielt und wird ein verbleibender Verlustvortrag festgestellt, kann der Verlust bei der ELStAM des darauffolgenden Jahres beantragt werden. Bei der Berechnung der monatlichen Lohnsteuerabzüge berücksichtigt der Arbeitgeber dann den Verlust aus dem Vorjahr und behält entsprechend geringere Abzugsbeträge ein. Durch die Eintragung entsteht ein Liquiditäts- bzw. Zinsvorteil. Den Antrag auf Lohnsteuerermäßigung stellt man bei dem Finanzamt, in dessen Bezirk man zum Zeitpunkt der Antragstellung wohnt. Den nötigen Vordruck gibt es im Internet oder direkt beim Finanzamt.

---

18 BFH, Urteil v. 03.06.1986, Az. IX R 121/83, BStBl II 1987, S. 421.

Die Antragsstellung kann vom 1. Oktober des Verlustjahres bis zum 30. November des Folgejahres gestellt werden. Der Freibetrag wird grundsätzlich mit Wirkung vom Beginn des auf die Antragstellung folgenden Monats bei ELStAM berücksichtigt. Wird der Antrag jedoch im Januar gestellt, so erfolgt die Eintragung mit Wirkung ab 1. Januar des jeweiligen Jahres. Wird kein Eintrag bei ELStAM vorgenommen, wird die Einkommensteuer nach Einreichen der Einkommensteuererklärung erstattet.

Verrechnung mit vorherigen Einkünften

Eine zweite Möglichkeit der steuerlichen Gestaltung ist die Verteilung der Studienkosten auf zwei Kalenderjahre. Hat man bereits vor der Aufnahme des Studiums steuerpflichtige Einkünfte erzielt, während des Studiums dagegen keine, lassen sich durch die Verteilung der Kosten auf zwei Kalenderjahre die besten steuerlichen Effekte erzielen, wenn das Studium Mitte des Jahres eins aufgenommen und Mitte des Jahres zwei abgeschlossen wird.

Werden also beispielsweise die Studiengebühren pro Semester bezahlt (also ein Teil im Jahr eins und ein Teil im Jahr zwei), lassen sich die Werbungskosten auf zwei Jahre verteilen. So fällt eine Hälfte der Werbungskosten im Jahr eins und die andere im Jahr zwei an. Der Vorteil dieser Kostenverteilung liegt in der besseren Nutzung des Grundfreibetrags. Dies hat folgenden Hintergrund: Jeder Steuerpflichtige hat einen sogenannten Grundfreibetrag, der der Absicherung des Existenzminimums dient. Das zu versteuernde Einkommen ist bis zum Grundfreibetrag (für Ledige 2019: 9.168 Euro) einkommensteuerfrei. Überschreitet das zu versteuernde Einkommen den Grundfreibetrag, zahlt man Einkommensteuer auf den Betrag, der über dem Freibetrag liegt. Mindern die Werbungskosten das zu versteuernde Einkommen auf einen Betrag, der unter dem Grundfreibetrag liegt, bleibt das Einkommen des entsprechenden Jahres steuerfrei. Hierbei ist es steuerlich unwesentlich, ob der Grundfreibetrag nur um wenige Euro oder um einen großen Betrag unterschritten wird. Die geltend gemachten Werbungskosten sind „verloren“. Dies soll an folgendem vereinfachten Beispiel verdeutlicht werden:

Kandidat eins und Kandidat zwei arbeiten als angestellte Rechtsanwälte mit einem Jahreseinkommen von jeweils 40.000 Euro. Beide entschließen sich dazu, ein LL.M.-Studium zu absolvieren, das Gesamtkosten von jeweils 26.000 Euro mit sich bringt. Kandidat eins beginnt sein Studium am 1. Juli des Jahres eins und schließt es am 30. Juni des Jahres zwei ab. Vom 1. Januar bis zum 30. Juni des Jahres eins und anschließend wieder ab dem 1. Juli des Jahres zwei erzielt er Einkünfte als angestellter Anwalt. Kandidat zwei nimmt sein Studium bereits am 1. Januar des Jahres eins auf und schließt es am 31. Dezember des gleichen Jahres ab. Ist man beim Studienbeginn flexibel, so kann man mit der Verteilung der Werbungskosten auf zwei Jahre zusätzlich Steuern sparen, wie die folgende vereinfachte Beispielrechnung zeigt.

Kandidat eins

Jahr eins	Einkünfte	20.000 Euro
	Werbungskosten	13.000 Euro
	zu versteuerndes Einkommen (< 9.168 Euro, Grundfreibetrag)	7.000 Euro
	zu zahlende Einkommensteuer	0 Euro
Jahr zwei	Einkünfte	20.000 Euro
	Werbungskosten	13.000 Euro
	zu versteuerndes Einkommen (< 9.168 Euro, Grundfreibetrag)	7.000 Euro
	zu zahlende Einkommensteuer	0 Euro
	Einkommensteuer in den Jahren eins und zwei	**0 Euro**

Kandidat zwei

Jahr eins	Einkünfte	0 Euro
	Werbungskosten	26.000 Euro
	zu versteuerndes Einkommen (< 9.168 Euro, Grundfreibetrag)	0 Euro
	zu zahlende Einkommensteuer	0 Euro
	Verlustvortrag im Jahr eins	**26.000 Euro**
Jahr zwei	Einkünfte	40.000 Euro
	Verlustvortrag	26.000 Euro
	zu versteuerndes Einkommen (> 9.168 Euro, Grundfreibetrag)	14.000 Euro
	zu zahlende Einkommensteuer	1.600 Euro
	Einkommensteuer in den Jahren eins und zwei	**1.600 Euro**

Beispiele zur steuerlichen Geltendmachung von Werbungskosten im Studium

Darlehensverträge mit Angehörigen

Studenten, die ihr Studium mit einem Darlehen (teil-)finanzieren, können die Zinszahlungen als Werbungskosten steuermindernd geltend machen. Das trifft auch auf verzinsliche Darlehen zu, die man von Verwandten erhält. Allerdings muss man zwei Punkte beachten: Zum einen sollte man zu Dokumentationszwecken stets einen schriftlichen Darlehensvertrag abschließen. Zum anderen müssen die vertragliche Gestaltung und die tatsächliche Durchführung einem Fremdvergleich standhalten. Wichtig ist vor allem, dass der Darlehensvertrag zu Beginn des Vertragsverhältnisses geschlossen wird und übliche Vereinbarungen, vor allem über die Höhe der Darlehenssumme, die Laufzeit des Darlehens mit Rückzahlungsmodalitäten und die Verzinsung des geliehenen Kapitals, dessen Rückzahlung und Besicherung sowie die Kündigungsmöglichkeiten beider Parteien enthält. Ob im Einzelfall ein Vertrag zwischen Angehörigen anzuerkennen ist, richtet sich nach Auffassung des BFH[19] nach der Gesamtheit der objektiven Gegebenheiten und ist aufgrund einer Gesamtwürdigung aller Umstände des Einzelfalls zu entscheiden.

19 BFH, Beschluss v. 18.11.1998, Az. VIII B 27/98, BFH/NV 1999, S. 613.

Insbesondere schließt nicht jede geringfügige Abweichung vom Üblichen die steuerliche Anerkennung des Vertragsverhältnisses aus. Je mehr die Umstände auf eine private Veranlassung hindeuten, desto strengere Anforderungen sind jedoch an den Fremdvergleich zu stellen. Ist das Darlehen verzinslich ausgestaltet, unterliegen die von dem Angehörigen eingenommenen Zinsen der Einkommensteuer. Hinsichtlich der tatsächlichen Durchführung ist zu beachten, dass die Zinsen zu den Fälligkeitszeitpunkten entrichtet werden.

Achtung: Wurde ein Darlehensvertrag mit einem Drittanbieter abgeschlossen und werden die dadurch entstehenden Kosten nicht vom Studenten selbst, sondern von den Eltern (als Geschenk) getragen, ist ein Werbungskostenabzug weder für den Studenten noch für die Eltern möglich: Dem Studenten sind die Aufwendungen nicht entstanden, und sie belasten ihn daher nicht; für die Angehörigen sind die Aufwendungen nicht im Rahmen ihrer eigenen Einkunftserzielung entstanden und daher ebenfalls nicht berücksichtigungsfähig.

6. Stipendienmöglichkeiten für LL.M.-Studenten

132 Stipendienangebote für das LL.M.-Studium
132 Informationen im Internet
133 Stipendienprogramme von Staat und Stiftungen
133 Förderprogramme der Fulbright-Kommission
134 Förderprogramm des DAAD
135 Stipendienprogramme der Studienstiftung des deutschen Volkes
136 Baden-Württemberg-STIPENDIUM
136 Studienstipendien des Kölner Gymnasial- und Stiftungsfonds
137 Stipendien der Ranke-Heinemann Studienstiftung
138 British Chamber of Commerce in Germany Foundation
139 Stipendien von Kanzleien
139 Latham & Watkins LL.M. Fellowship
139 LL.M.-Reisestipendium von Clifford Chance
140 One Step AHEAD – Das LL.M.-Stipendium von Gleiss Lutz
140 Theo-Waigel-Stipendium der Kanzlei GSK Stockmann
141 Walter Oberreit Scholarship von Cleary, Gottlieb, Steen & Hamilton
141 Walter-Oppenhoff-Stipendium von Oppenhoff & Partner

142 e-fellows.net – das Karrierenetzwerk
143 e-fellows.net – das Online-Stipendium

Stipendienangebote für das LL.M.-Studium

Die folgenden Seiten informieren über Stipendienangebote von staatlichen Institutionen, Stiftungen und Kanzleien. Hinweise zu Stipendien finden sich darüber hinaus meist auch auf den Websites der Law Schools selbst.

Informationen im Internet

Begabtenförderung	www.bmbf.de/de/ die-begabtenfoerderungswerke-884.html
British Council	www.britishcouncil.de www.britishcouncil.org
Bundesverband Deutscher Stiftungen	www.stiftungen.org
DAAD	www.daad.de
Deutscher Bildungsserver	www.bildungsserver.de
e-fellows.net-Stipendien-Datenbank	www.stipendiendatenbank.de
ELFI Servicestelle für ELektronische ForschungsförderInformationen	www.elfi.ruhr-uni-bochum.de Die Recherche in der ELFI-Datenbank ist kostenpflichtig; ein Überblick über Fördermöglichkeiten für Studierende ist kostenfrei.
Stifterverband für die Deutsche Wissenschaft	www.stifterverband.org
Stipendienübersicht	www.studieren.de
Studienstiftung des deutschen Volkes	www.studienstiftung.de

Stipendienprogramme von Staat und Stiftungen

Förderprogramme der Fulbright-Kommission

Stipendien zu Studien- und Forschungszwecken

- **Förderung:** Die Fulbright-Kommission vergibt Studienstipendien zur Vertiefung und Ergänzung des Studiums an einer amerikanischen Hochschule und zur Begegnung mit den USA. Die Stipendien sind bestimmt für deutsche Studierende/Graduierte, die als Jahresstipendiaten ein neunmonatiges bzw. als Semesterstipendiaten ein mindestens viermonatiges Vollzeit-Studium im Bereich der „Graduate Studies" an der amerikanischen Gasthochschule absolvieren. Zusätzlich können Stipendien für deutsche Doktoranden bereitgestellt werden, wenn diese als „Visiting Student Researchers" ein vier- bis sechsmonatiges Forschungsvorhaben im direkten Zusammenhang mit einer in der Anfangsphase stehenden Promotion an einer U.S.-Gasthochschule durchführen.
- **Förderhöhe/Leistungen:** 1. Die Förderung für die Studienstipendien bezieht sich auf die (anteilige) Finanzierung der Lebenshaltungskosten und Studiengebühren an der Gasthochschule. Dafür werden bis zu 3.833 US-Dollar pro Studienmonat bereitgestellt. Gegebenenfalls ist eine zusätzliche finanzielle Eigenleistung der Stipendiaten erforderlich. Die Stipendienleistungen schließen außerdem ein: transatlantische Reisekosten, Nebenkostenpauschale, Kranken-/Unfallversicherung, Teilnahme an einer Vorbereitungstagung, Teilnahme an Fulbright Cultural Enrichment Seminars in den USA.
  2. Die Stipendien für Doktoranden tragen für die Dauer des Forschungsaufenthalts mit der Zahlung einer monatlichen Pauschale von 1.600 Euro zur Finanzierung der Unterhaltskosten vor Ort bei. Außerdem beinhaltet das Stipendium: Kranken-/Unfallversicherung, in Einzelfällen die Teilnahme an Fulbright Cultural Enrichment Seminars in den USA. Eine Einschreibung der Stipendiaten in Studienkurse an der Gasthochschule ist im Stipendienprogramm für Doktoranden ausdrücklich nicht vorgesehen.
- **Bewerbungsvoraussetzungen:** Kernvoraussetzung in allen Programmen ist die deutsche Staatsangehörigkeit. Bewerber, die die deutsch-amerikanische Doppelstaatsangehörigkeit besitzen, können wegen der visatechnischen Voraussetzungen zur Programmteilnahme nicht für die Förderung berücksichtigt werden. Außerdem: eine gute bis sehr gute fachliche Qualifikation, nachzuweisen durch entsprechende Studienleistungen, Abschlusszeugnisse, zwei Gutachten, sowie gute englische Sprachkenntnisse, nachzuweisen durch den TOEFL.
  1. Für die Studienstipendien ist zum Zeitpunkt des Stipendienantritts ein abgeschlossenes Bachelor-Studium (bzw. ein sechssemestriges Fachstudium in den traditionellen Studiengängen) erforderlich. Hochschulabsolventen können sich für die Studienstipendien bewerben, wenn zum Zeitpunkt der Stipendienbewerbung der Hochschulabschluss (Bachelor-Examen bzw. in den Rechtswissenschaften das Erste Juristische Staatsexamen) nicht vor dem 1. April des Vorjahres erlangt wurde. Bewerber aus den Rechtswissenschaften: Das Erste Staatsexamen muss zum Zeitpunkt der Bewerbungsfrist bereits vorliegen (mit mindestens „vollbefriedigend").
  2. Bewerber für Doktorandenstipendien weisen zusätzlich die Einschreibung im Promotionsstudium sowie die Einladung der U.S.-Gasthochschule und Aufnahme als „Visiting Student Researcher" nach.

- **Bewerbung:** 1. Die Ausschreibung der Jahres- und Semesterstipendien erfolgt jährlich in der Zeit von Anfang April bis Anfang August über das Akademische Auslandsamt der Hochschulen.
  2. Die Stipendien für Doktoranden werden ganzjährig ausgeschrieben und bieten zwei Bewerbungszyklen mit Bewerbungsfristen jeweils am 1. April und 1. Oktober. Die Bewerbung erfolgt direkt bei der Fulbright-Kommission.

Reisestipendium für USA-Aufenthalte

- **Förderung:** Gefördert werden deutsche Studierende, die ihren Aufenthalt in den USA über Austauschvereinbarungen ihrer deutschen Hochschule (teil-)finanzieren.
- **Förderhöhe/Leistungen:** Übernommen werden transatlantische Reisekosten, Kranken-/Unfallversicherung, Vorbereitungstagung.
- **Bewerbungsvoraussetzungen:** deutsche Staatsangehörigkeit. Bewerber, die die deutsch-amerikanische Doppelstaatsangehörigkeit besitzen, können wegen der visatechnischen Voraussetzungen zur Programmteilnahme nicht für die Förderung berücksichtigt werden. Außerdem: gute bis sehr gute fachliche Qualifikation, nachzuweisen durch entsprechende Studienleistungen, Abschlusszeugnisse und zwei Gutachten; gute englische Sprachkenntnisse. Bachelor-Studierende müssen zum Zeitpunkt der Studienaufnahme in den USA mindestens vier abgeschlossene Fachsemester vorweisen; Master-Studierende schließen ihr Studium in Deutschland nach Ende des USA-Aufenthalts ab. Auch Studierende, die das Juristische Staatsexamen anstreben, können sich um die Förderung bewerben.
- **Bewerbung:** Die Ausschreibung der Reisestipendien erfolgt jährlich von November bis Mitte Januar. Während der Stipendienausschreibung sind aktuelle Bewerbungsrichtlinien und -formulare auf der Fulbright-Website hinterlegt.

Weitere Informationen zu den Fulbright-Förderprogrammen

- **Kontakt:** germanprograms@fulbright.de
- **Website:** www.fulbright.de

Förderprogramm des DAAD

Stipendien für ein LL.M. (Master of Laws) Aufbaustudium

- **Förderung:** Förderung von graduierten Juristen an einer ausländischen Hochschule (weltweit) zum Erwerb des akademischen Grads LL.M. (Master of Laws)
- **Förderhöhe:** Die Stipendienhöhe richtet sich nach den Richtlinien des DAAD.
- **Bewerbungsvoraussetzungen:** Es gelten die Bewerbungsvoraussetzungen des DAAD für Graduierte. Zusätzlich gelten folgende Bedingungen: Zum Bewerbungstermin sollte bereits die Zulassung der Gasthochschule nachgewiesen werden; diese muss dem DAAD spätestens zum Antritt des Stipendiums vorgelegt werden. Für Bewerber mit Erster Juristischer Prüfung: Zum Bewerbungstermin muss die Erste Juristische Prüfung mit mindestens „vollbefriedigend" nachgewiesen werden. Für Absolventen eines rechtswissenschaftlichen Bachelor- oder Master-Studiengangs: Zum Bewerbungstermin muss dem DAAD das Bachelor-Abschlusszeugnis vorliegen. Ebenso muss dem DAAD zum Bewerbungstermin eine schriftliche Bestätigung des Prüfungsamts der Hochschule über die Notenverteilung in den juristischen Bachelor- und Masterstudiengängen der Hochschule sowie die Bestätigung, dass der Bewerber zu den 20 Prozent der besten Absolventen des rechtswissenschaft-

lichen Studiengangs zählt, vorliegen. Der Hochschulabschluss bzw. das Examen sollte zum Zeitpunkt der Bewerbung nicht länger als fünf Jahre zurückliegen. Liegen bereits Bachelor- und Masterabschluss vor, ist auf den Zeitpunkt des Erwerbs des Masterabschlusses abzustellen. Liegt bereits das Zweite Juristische Staatsexamen vor, ist auf den Zeitpunkt des Erwerbs der Ersten Juristischen Staatsprüfung abzustellen.
- **Bewerbungsverfahren:** Online-Bewerbung über das DAAD-Portal
- **Bewerbungstermin:** In der Programmausschreibung sind die Bewerbungstermine aufgeführt.

Weitere Informationen zu den DAAD-Förderprogrammen
- **Detaillierte Informationen zu den einzelnen Förderungsmöglichkeiten:** www.auslands-stipendien.de
- **Kontakt:** Deutscher Akademischer Austauschdienst (DAAD), +49 228 882-0, postmaster@daad.de
- **Website:** www.daad.de

Stipendienprogramme der Studienstiftung des deutschen Volkes

ERP-Stipendienprogramm
- **Förderung:** Das Programm fördert Postgraduierte für ein- bis zweijährige Studien- oder Forschungsaufenthalte an amerikanischen Spitzenuniversitäten (ein- oder zweijähriger Master, erstes oder erstes und zweites Ph.D.-Kursjahr, Forschungsjahr). Bei zweijährigen Studienaufenthalten zum Erwerb eines Masterabschlusses wird erwartet, dass zwischen dem ersten und zweiten Studienjahr ein Praktikum im öffentlichen Sektor von zwei- bis dreimonatiger Dauer absolviert wird. Bei einjährigen Vorhaben gilt, dass das Praktikum im Anschluss an den Studien- oder Forschungsaufenthalt im öffentlichen Sektor absolviert werden sollte.
- **Förderhöhe/Leistungen:** Aufnahme in die Studienstiftung, monatliches Vollstipendium (1.900 US-Dollar), Zuschuss zu den Studiengebühren (maximal 25.000 US-Dollar pro Studienjahr), einmalige Reisekostenpauschale (1.000 US-Dollar), einmaliges Startgeld (500 US-Dollar)
- **Bewerbungsvoraussetzungen:** exzellenter Studienabschluss, bei Juristen mindestens „vollbefriedigend"; mindestens Bachelor-Abschluss zum Bewerbungsschluss; letzter Hochschulabschluss darf nicht länger als fünf Jahre zurückliegen.
- Bewerbungsschluss: 1. Oktober

Haniel-Stipendienprogramm
- **Förderung:** Das Programm fördert mit bis zu sechs Stipendien jährlich einen mindestens zweisemestrigen Studienaufenthalt mit einem mehrmonatigen Praktikum in einem Wirtschaftsunternehmen im europäischen oder außereuropäischen Ausland.
- **Förderhöhe/Leistungen:** Aufnahme in die Studienstiftung, monatliches Vollstipendium (in europäischen Ländern 1.200 Euro, in Großbritannien, den USA und den meisten außereuropäischen Ländern 1.500 Euro), Übernahme der Studiengebühren für max. 2 Jahre (in den USA bis zu 14.000 Euro pro Jahr, in Großbritannien bis zu 12.000 Euro pro Jahr und in allen übrigen Ländern bis zu 10.000 Euro pro Jahr), einmalige Reisekostenpauschale (1.000 Euro), einmaliges Startgeld (500 Euro)

- **Bewerbungsvoraussetzungen:** abgeschlossenes Hochschul- oder Fachhochschulstudium (mindestens Bachelor) spätestens bei Programmbeginn; exzellenter Studienabschluss, bei Juristen mindestens „vollbefriedigend“; offen für Studierende aller Fachrichtungen; letzter Hochschulabschluss darf nicht länger als fünf Jahre zurückliegen
- **Bewerbungsschluss:** 15. Oktober

Weitere Informationen zu den Förderprogrammen der Studienstiftung

- **Informationen zum Bewerbungsverfahren:** www.studienstiftung.de/stipendienprogramme
- **Kontakt:** Studienstiftung des deutschen Volkes, Ahrstraße 41, 53175 Bonn

Baden-Württemberg-STIPENDIUM

- **Förderung:** Das *Baden-Württemberg-STIPENDIUM für Studierende* der Baden-Württemberg Stiftung gGmbH unterstützt in Baden-Württemberg immatrikulierte Studierende und Postgraduierte aller Fachrichtungen, die für ein bis zwei Semester einen Studien-/Forschungsaufenthalt im Ausland absolvieren möchten. Im Gegenzug kommen Stipendiaten von Partnerhochschulen im Ausland nach Baden-Württemberg.
- **Anzahl der Stipendien:** insgesamt etwa 1.500 pro Jahr
- **Förderhöhe/Leistungen:** u. a. abhängig vom Studienfortschritt, mindestens 600 Euro pro Monat bis maximal 1.400 Euro pro Monat für Studierende an Hochschulen für die Dauer von drei bis elf Monaten
- **Bewerbungsverfahren:** beim International Office der jeweiligen Hochschule in Baden-Württemberg zu erfragen
- **Kontakt:** studierende@bw-stipendium.de
- **Website:** www.bw-stipendium.de

Studienstipendien des Kölner Gymnasial- und Stiftungsfonds

- **Förderung:** Die Studienstipendien richten sich an junge Menschen mit wissenschaftlicher Begabung, sozialem und gesellschaftlichem Engagement und nachweisbarem finanziellen Förderbedarf. Es werden Stipendien vergeben für: Studien an Hochschulen mit staatlich anerkannten Abschlüssen; ein zeitweiliges, fachspezifisch begründetes Studium im Ausland; Aufbaustudien, die für den angestrebten Beruf von Bedeutung sind; Promotionen.
- **Förderhöhe/Leistungen:** Über die Höhe der Zuschussstipendien wird unter Berücksichtigung der finanziellen und sozialen Situation des Bewerbers entschieden. Ergänzt wird die finanzielle Förderung durch Bildungs- und Mentoringangebote.
- **Bewerbungsvoraussetzungen:** Durchschnittsnote des Reifezeugnisses (Abitur, Feststellungsprüfung) mind. 2,0; Immatrikulationsnachweis (Förderung frühestens ab dem dritten Hochschulsemester); Durchschnittsnoten der Studienleistungen (Scheine, Examenszeugnis) mind. 2,5; Studienabschluss innerhalb der Regelstudienzeit (Überschreitung der Regelstudienzeit in begründeten Fällen bis maximal 30 Prozent der Regelstudienzeit); Studienabschluss bis zum vollendeten 30. Lebensjahr

- **Bewerbungszeiträume:** 1. Februar bis 1. März und 1. August bis 1. September
- **Kontakt:** Andreas Buschmann, +49 221 406331-5, andreas.buschmann@stiftungsfonds.org
- **Website:** www.stiftungsfonds.org/stipendien/fuer-studenten/

Stipendien der Ranke-Heinemann Studienstiftung

IRH Studienbeihilfe

- **Förderung:** Studierende, die sich in das Institut Ranke-Heinemann Förderprogramm aufnehmen lassen, um sich bei einer australischen, neuseeländischen oder kanadischen Hochschule zu bewerben, können die garantierte IRH Studienbeihilfe beantragen, die die Studienkosten für ein Semester erheblich reduziert.
- **Förderhöhe/Leistungen:** Die IRH Studienbeihilfe beträgt zehn Prozent der Studiengebühren für ein Semester für alle Studienprogramme in Australien und Neuseeland, bei denen internationale Studiengebühren erhoben werden, und fünf Prozent für Studienprogramme in Kanada.
- **Bewerbungsvoraussetzungen:** Jeder, der sich in das IRH Förderprogramm aufnehmen lässt, hat automatisch Zugang zur garantierten Beihilfe. Die Förderung wird nach dem ersten Semester nach Einreichung eines Erfahrungsberichts ausgezahlt.
- **Bewerbungsschluss:** Die Bewerbung für die Studienbeihilfe erfolgt automatisch mit der Studienplatzbewerbung.

Vollstipendium

- **Förderung:** Das Institut vergibt ein Vollstipendium und Reisestipendien. Sowohl Undergraduate- als auch Postgraduate-Studiengänge werden gefördert.
- **Förderhöhe/Leistungen:** Das Vollstipendium ist leistungsabhängig und umfasst die kompletten Studiengebühren für ein Semester.
- **Bewerbungsvoraussetzungen:** Aufnahme in das Förderprogramm, Alter nicht über 30 Jahre; Wohnsitz in Deutschland, Österreich oder der Schweiz; Nachweis über ein Studienplatzangebot durch das Institut Ranke-Heinemann und ein Motivationsschreiben. Das Auslandssemester in Australien, Neuseeland oder Kanada soll auf einen deutschen, österreichischen bzw. Schweizer Studiengang aufbauen oder ihn ergänzen.
- **Bewerbungsschluss:** 31. Januar für das erste Semester im Jahr, 30. Juni für das zweite Semester im Jahr. Kanada: 31. Juli für das Herbstsemester, 1. Dezember für das Wintersemester.

Weitere Informationen zu den Förderprogrammen

- **Kontakt:** Informationszentrum Essen, Sabine Ranke-Heinemann, +49 201 252552, info@ranke-heinemann.de
- **Website:** https://www.ranke-heinemann.de/stipendien-foerderprogramm/

British Chamber of Commerce in Germany Foundation

- **Förderung:** Das Programm fördert deutsche Postgraduierte für einen Master-Studiengang in Großbritannien (Mindestdauer: ein Semester). Umgekehrt werden auch britische Studenten gefördert, die in Deutschland studieren möchten.
- **Förderhöhe/Leistungen:** pauschal ca. 1.000 Euro (ggf. auch mehr) für einen Studienaufenthalt; die Förderhöhe richtet sich nach dem jeweiligen Spendenaufkommen.
- **Bewerbungsvoraussetzungen:** deutsche Staatsbürger mit Wohnsitz in Deutschland bis 26 Jahre; abgeschlossenes Bachelor-Studium mit besonders herausragenden Leistungen und persönlichem Engagement in anderen (z. B. sozialen) Bereichen. Seit 2016 werden nur noch Bewerber aus den Studienbereichen Rechtswissenschaften, Wirtschaftswissenschaften und Ingenieurwesen gefördert. Bevorzugt werden Bewerber, die noch kein Auslandsstudium absolviert haben.
- **Bewerbungsschluss:** Bewerbungen sind ausschließlich jährlich zwischen dem 1. Mai und dem 30. Juni für das anstehende akademische Jahr möglich.
- **Kontakt:** Christine Hoyer, foundation@bccg.de (nur per E-Mail)
- **Website:** www.bccg.de/foundation

Stipendien von Kanzleien

Latham & Watkins LL.M. Fellowship

- **Förderung:** Das Stipendium richtet sich an Juristinnen und Juristen, die ein LL.M.-Studium im englischsprachigen Ausland absolvieren.
- **Anzahl der Stipendien:** zehn pro Jahr
- **Förderhöhe/Leistungen:** 2.500 Euro pro Stipendium
- **Bewerbungsverfahren:** schriftliche Bewerbung per E-Mail (Lebenslauf, Examenszeugnis, Motivationsschreiben, Zusage der Law School/Universität); im nächsten Schritt gegebenenfalls Einladung zum persönlichen Kennenlernen
- **Bewerbungsvoraussetzungen:** vollbefriedigendes Erstes Staatsexamen und, falls bereits absolviert, Zweites Staatsexamen; Aufnahme in ein LL.M.-Programm im englischsprachigen Ausland
- **Bewerbungsschluss:** 15. April für das üblicherweise im Herbst beginnende akademische Jahr
- **Kontakt:** Latham & Watkins Recruiting-Team, recruiting.germany@lw.com
- **Website:** www.lwcareers.com/de/offices/germany/how-to-apply.html

LL.M.-Reisestipendium von Clifford Chance

- **Förderung:** Jedes Jahr unterstützt Clifford Chance hervorragende Bewerber bei dem Wunsch, ihren LL.M. oder ein vergleichbares postgraduales Studium im englischsprachigen Ausland zu absolvieren.
- **Förderhöhe/Leistungen:** Reisestipendium in Höhe von 3.000 Euro
- **Bewerbungsverfahren:** schriftliche Bewerbung per E-Mail mit Lebenslauf, Anschreiben, relevanten Zeugnissen und einer Bestätigung über ein Studienplatzangebot der entsprechenden Hochschule (kann nachgereicht werden)
- **Bewerbungsschluss:** 30. April
- **Kontakt:** Fabienne Daum, +49 69 7199-4401, fabienne.daum@cliffordchance.com
- **Website:** www.YourCareerStartsWithC.com

One Step AHEAD – Das LL.M.-Stipendium von Gleiss Lutz

- **Förderung:** Die Sozietät Gleiss Lutz vergibt fünf Teilstipendien à 10.000 Euro für ein englischsprachiges Master-Programm im Ausland. Ziel der Kanzlei ist die Förderung von Auslandsstudien ihrer Nachwuchsjuristen, um so einen wichtigen Beitrag zum Verständnis ausländischer Rechtsordnungen und zum internationalen Austausch zu leisten.
- **Anzahl der Stipendien:** fünf Stipendien pro Jahr
- **Förderhöhe/Leistungen:** Teilstipendium in Höhe von je 10.000 Euro
- **Bewerbungsverfahren:** Bewerben können sich alle (ehemaligen) Praktikanten, Referendare und wissenschaftlichen Mitarbeiter von Gleiss Lutz. Es müssen aussagekräftige Bewerbungsunterlagen und ein ausführliches Motivationsschreiben eingereicht werden. Am Bewerbertag können die eingeladenen zukünftigen LL.M.-Studenten dann in Gesprächen und einer Präsentation zeigen, dass sie die Richtigen für die Stipendien sind.
- **Bewerbungsschluss:** 31. Januar für ein Programm ab April desselben bis einschließlich März des darauffolgenden Jahres
- **Kontakt:** Sarah Roth, HR Legal, +49 69 95514 634, sarah.roth@gleisslutz.com

Theo-Waigel-Stipendium der Kanzlei GSK Stockmann

- **Förderung:** GSK Stockmann möchte mit der Vergabe des Stipendiums einen Beitrag zur internationalen Ausbildung der kommenden Anwaltsgeneration und zur persönlichen Entwicklung junger Menschen in einem weltoffenen Geiste leisten, wie ihn der Namensgeber und ehemalige Of Counsel der Kanzlei, Dr. Theo Waigel, als einer der Väter der Europäischen Währungsunion verkörpert. Das Stipendium unterstützt junge Juristen bei der Aufnahme eines LL.M.-Studiums im englischsprachigen Ausland.
- **Anzahl der Stipendien:** zwei
- **Förderhöhe/Leistungen:** Das Stipendium wird im Wert von 5.000 Euro vergeben.
- **Bewerbungsverfahren:** Beide Stipendien werden an Bewerber verliehen, die in Deutschland Rechtswissenschaften studieren, ihren LL.M. im englischsprachigen Ausland anstreben und das Studium erst nach Stipendienvergabe im Sommer oder Herbst des jeweiligen Jahres aufnehmen. Im Rahmen der Nachwuchsförderung von GSK Stockmann wird eines der Stipendien einem aktuellen oder ehemaligen Mitarbeiter von GSK Stockmann versprochen. Mit dem zweiten Stipendium möchten wir auch außerhalb unserer Sozietät außergewöhnliche Juristen im LL.M.-Studium unterstützen. Nach Prüfung der Bewerbungsunterlagen wird eine erste Vorauswahl getroffen. Im Anschluss daran werden die ausgewählten Kandidaten zu einem persönlichen Vorstellungsgespräch eingeladen. Das Stipendium wird unter Berücksichtigung der fachlichen Qualifikation, juristischen Ausrichtung und Persönlichkeit der Bewerber vergeben. Die zwei ausgewählten Stipendiaten erhalten in einem exklusiven Rahmen im Büro der Kanzlei das Theo-Waigel-Stipendium verliehen – seit 2010 persönlich durch Herrn Dr. Theo Waigel.
- **Bewerbungsschluss:** Bewerbungen werden bis zum 30. April des laufenden Jahres entgegengenommen.
- **Kontakt:** GSK Stockmann, Human Resources Team, Mohrenstraße 42, 10117 Berlin, +49 30 203907-0, jobs@gsk.de
- **Website:** career.gsk.de

Walter Oberreit Scholarship von Cleary, Gottlieb, Steen & Hamilton

- **Förderung:** Das Stipendium für das LL.M.-Studium an der Yale Law School wurde von Cleary, Gottlieb, Steen & Hamilton in Erinnerung an den verstorbenen früheren Senior-Partner Walter Oberreit gestiftet.
- **Anzahl der Stipendien:** ein Stipendium pro Jahr
- **Bewerbungsverfahren:** Das Stipendium wird direkt durch die Yale Law School an einen nichtamerikanischen Juristen vergeben, der von der Schule zum Studium zugelassen wurde.
- **Kontakt:** Wolfgang Knapp, +32 2 28720-00, wknapp@cgsh.com
- **Website:** www.cgsh.com

Walter-Oppenhoff-Stipendium von Oppenhoff & Partner

- **Förderung:** Ziel der Walter-Oppenhoff-Stiftung ist die Förderung deutscher Juristen, die nach Abschluss ihres Ersten oder Zweiten Staatsexamens ein LL.M.-Studium an einer Hochschule in den Vereinigten Staaten aufnehmen wollen.
- **Anzahl der Stipendien:** jährlich bis zu drei Teilstipendien
- **Bewerbungsverfahren:** Bewerbung (gerne auch per E-Mail) mit aussagefähigen Bewerbungsunterlagen (Zeugnissen, Referenzen, Gutachten, Beschreibung des Studienvorhabens, ggf. Zusage der Law School)
- **Bewerbungsschluss:** 30. April für das im Herbst beginnende akademische Jahr
- **Kontakt:** Dr. Stephan König, +49 221 2091-487, stephan.koenig@oppenhoff.eu
- **Website:** www.oppenhoff.eu/de/stipendien.html

Wie Sie als Mitglied von e-fellows.net Ihre Karriere voranbringen

Einladung zu exklusiven Karriere-Events
Info-Veranstaltungen mit den besten Law Schools und Kanzleien:

- LL.M. Day für Studenten, Referendare und Volljuristen
- Perspektive Wirtschaftskanzlei für Absolventen
- Karrieretag Jura für Studenten

www.e-fellows.net/Events

Große LL.M.-Bewerbungsdatenbank

- Welche Noten braucht man für die besten Law Schools?
- Wann ist der richtige Zeitpunkt für die Bewerbung?
- Welche Law Schools kommen mit meinen Noten infrage?

www.e-fellows.net/ LLM-Bewerbungsdatenbank

Sie sind ein kluger Kopf?
Von noch mehr Leistungen profitieren Sie, wenn Sie sich erfolgreich für das e-fellows.net-Stipendium bewerben.

Karriereratgeber als E-Book
Kostenlose Karriereratgeber der Reihe e-fellows.net wissen zum Download:

- *Perspektiven für Juristen*
- *Der LL.M.*
- *Perspektive Unternehmensberatung*

Aktuelle Jobs und Praktika in Kanzleien und Unternehmen

- 3.000 Stellen für Studenten, Absolventen und Young Professionals
- passende Praktikums- und Jobangebote zu Ihrem Profil per E-Mail, z.B. von Freshfields oder BMW

Kostenlos als Mitglied anmelden: www.e-fellows.net/Mitglied-werden

7. Erfahrungsberichte von LL.M.-Absolventen

146 Ein Jahr im Village
148 Croeso i Gymru a Prifysgol Caerdydd
150 LL.M. in Kapstadt – Studieren Down South
152 I want to be a part of it, New York, New York
154 Zwischen Brexit und Multi-Kulti –
LL.M. an der London School of Economics and Political Science
156 Let the good times roll …
158 Europa studieren und leben – Der LLM am College of Europe
160 Jura in Südafrika
162 Wo Leuven draufsteht, ist Brüssel und Europa drin

Ein Jahr im Village

Malte Symann

Maître en Droit (Paris II)
LL.M. (NYU)

Doktorand an der Humboldt-Universität zu Berlin

In Studium und Referendariat war ich bereits im Ausland und hatte deshalb einen LL.M. für mich eigentlich immer ausgeschlossen. Während der Promotion hat es mich dann doch wieder in Ausland gezogen – und ich habe es nicht bereut!

Promotion und LL.M.

Meine Promotion ist im klassischen Europarecht, sodass ein LL.M. in den USA auf den ersten Blick nicht unbedingt naheliegt – zumindest, wenn man beides verbinden möchte. Ich habe aber auch in Amerika Universitäten gefunden, die sich mit Europarecht beschäftigen – vor allem NYU und Columbia. Gerade diesen Blick von außen auf Europa fand ich reizvoll, und mein Doktorvater hat das Vorhaben von Anfang an unterstützt.

Die Kombination von Promotion und LL.M. hat mir auch bei der Finanzierung sehr geholfen: Für die Stipendiumsbewerbung bei der NYU und beim DAAD habe ich deutlich gemacht, dass mir der LL.M. neue Chancen bietet und gleichzeitig für meine Promotion sehr wertvoll ist. Beim DAAD wurde ich im Auswahlgespräch danach auch sehr genau befragt. Da ich darlegen konnte, dass auch in den USA hervorragende Europarechtler sitzen, war die Verknüpfung von europarechtlicher Promotion und LL.M. in den USA kein Problem. Generell war auffällig, wie viele der Deutschen, die ein Stipendium erhalten hatten, entweder schon in der Promotion waren oder sie sich zumindest fest vorgenommen hatten.

Ich war auch während meiner Zeit in New York neben dem LL.M. weiter an meinem Heimatlehrstuhl mit einer kleinen Stelle beschäftigt. Meine Recherchearbeit im Rahmen eines Projekts konnte ich gut aus der Ferne erledigen – und das zusätzliche Einkommen war natürlich sehr willkommen. Diese ungewöhnliche Regelung hatte auch den Vorteil, dass ich in Deutschland weiter ganz normal versichert war. Andere LL.M.-Studierende haben nach Beginn des LL.M. Stellen bei Professoren an der NYU gefunden.

Vor Ort habe ich meine Fächerwahl dann doch noch einmal geändert: Die an der NYU angebotenen Kurse im Europarecht sind eher zur Einführung gedacht, was mir weniger gebracht hätte. Deshalb – und weil mich das Rechtsgebiet sowieso interessierte – entschied ich mich, viele Kurse im Wettbewerbs- und Kartellrecht zu belegen. Für meine Promotion habe ich dann neben den Vorlesungen einige Kolloquien und Diskussionsveranstaltungen von Ph.D.-Studenten und Gastwissenschaftlern besucht.

Der LL.M. hat meine Promotion sicherlich verzögert, da ich mich in den USA natürlich nicht im selben Maße damit beschäftigt habe wie in der Heimat. Trotzdem habe ich einige interessante Impulse bekommen – und etwas Abstand zur Promotion tut ja auch mal gut. Zudem machen die akademischen und sozialen Erfahrungen im LL.M. jede Verzögerung in der Promotion bei Weitem wett. Alles in allem hätte ich mich in meinem LL.M. ohne die Doktorarbeit im Hinterkopf aber wohl etwas freier gefühlt.

Der akademische LL.M. ...

Das Kurssystem in den USA unterscheidet sich schon deutlich vom deutschen: Die Kurse sind wesentlich interaktiver, und es wird auch eine Vorbereitung auf die Kurse erwartet. Das können schon mal deutlich über 100 Seiten Pflichtlektüre pro Woche sein – man findet aber schnell heraus, was mehr und was weniger wichtig ist. Auch wenn ich es nicht immer wertgeschätzt habe, montagmorgens im Kurs aufgerufen zu werden, fand ich die Diskussionen im Unterricht doch immer interessant. Schon in den Kursen an der juristischen Fakultät verfolgen viele Professoren einen interdisziplinäreren Ansatz, als wir es in Deutschland gewohnt sind. So haben wir uns im Wettbewerbsrecht auch viel mit ökonomischen Fragestellungen (inklusive diverser Berechnungen) beschäftigt. Daneben habe ich noch einen MBA-Kurs an der Business-School belegt, was ich als schöne Abwechslung empfand. Von diesen Kursen hätte ich auch gerne noch mehr gemacht – wegen meiner übrigen Kurswahl ging das aber leider nicht.

... und der soziale

Als ich nach New York kam, kannte ich dort niemanden. Das hat sich aber schon in den ersten zwei Wochen der Einführungskurse geändert: Ab dem ersten Tag war immer etwas los und in unseren WhatsApp-Gruppen hat ständig jemand Bars, Open-Air-Kinos oder Ausflüge vorgeschlagen. Für die Kontakte mit anderen LL.M.- und J.D.-Studierenden war es sicher auch hilfreich, dass ich im (leider nicht ganz billigen) Wohnheim der Uni gewohnt habe.

Insgesamt waren wir mehr als 400 „LL.M.s“ aus über 80 Ländern (und davon nur sieben Deutsche). Gerade dieses sehr Internationale hat mir gut gefallen. Auch mit den U.S.-amerikanischen J.D.-Studenten (im Kurs waren es im Durchschnitt zwei Drittel J.D.s und ein Drittel LL.M.s) kommt man mit der Zeit in Kontakt – es dauert aber in der Regel etwas länger. Neben den Vorlesungen und Seminaren war ich auch in Vereinen der NYU, u. a. in der Antitrust Society und im Ski-Team. Dort bekommt man durch interessante Veranstaltungen und Ausflüge noch einmal einen anderen Zugang zur Universität – und man kommt dort auch besser mit J.D.-Studenten in Kontakt. Über die Zeit habe ich so sehr enge Freunde aus ganz unterschiedlichen Ländern gewonnen, mit denen ich New York erkundet habe und auch herumgereist bin. Das hat natürlich den Abschied vom LL.M. umso schwerer gemacht.

Was hat es mir gebracht?

Neben Impulsen für die Promotion konnte ich im LL.M. noch einmal ein neues Rechtsgebiet lernen, mit dem ich vorher eher weniger zu tun hatte. Durch zahlreiche Recruiting-Events für deutsche LL.M.-Studenten kommt man in New York auch leicht mit Kanzleien in Kontakt. Selbst wenn man nicht konkret nach einem Job sucht, kann man sich dort ungezwungen über die Unterschiede der Kanzleien informieren und Kontakte knüpfen. Meist geht es dabei aber um Jobs in der Heimat; Jobs in den USA zu finden ist deutlich schwieriger.

Am wichtigsten sind für mich die Freundschaften und Erfahrungen, die ich an der NYU gemacht habe. Deshalb würde ich bei der Wahl der Universität (neben finanziellen Aspekten) immer fragen, worauf man am meisten Lust hat: Soll es eine große Stadt oder eher eine Universitätsstadt sein? Mir hat New York gut gefallen, weil man dort jeden Tag etwas Neues erleben kann – und die NYU liegt mittendrin im Greenwich Village. An der NYU sind die Studenten zwar ambitioniert, aber das soziale Leben neben der Uni haben wir nie aus den Augen verloren. Dementsprechend viel haben wir in New York erlebt.

Der Autor steht bei Fragen gerne zur Verfügung: malte.symann@outlook.com

Soraya Jasmine Rifaki

LL.M. (Cardiff)

Global Compliance Trainee

Croeso i Gymru a Prifysgol Caerdydd

Welcome to Wales and Cardiff University! Ich wollte schon immer im Vereinigten Königreich studieren und das dortige Studentenleben, geprägt von alten Traditionen und einer multikulturellen Umgebung, am eigenen Leib erfahren. Nach meinen LL.B. in Comparative and European Law war der richtige Zeitpunkt für mich gekommen, einen LL.M. zu machen. 2015 absolvierte ich ein Praktikum im Bereich Geldwäsche-Compliance und mir wurde bewusst, dass es beruflich für mich genau in diese Richtung gehen sollte.

Eine Anti-Money-Laundering-Spezialisierung im LL.M. wäre also ideal! Ich begab mich auf die Suche nach einem passenden LL.M. im UK und wurde schnell bei der Cardiff University fündig. Die Cardiff University oder (auf Walisisch) Prifysgol Caerdydd ist eine der wenigen Universitäten im UK, die tatsächlich ein „Anti-Money Laundering and Financial Crime"-Modul im LL.M. International Commercial Law anbieten.

Früh genug mit der Planung beginnen!

Die Kurswahl war nicht der einzige Faktor, der mich dazu bewogen hat, in Cardiff zu studieren. Nach einem Blick auf die Internetseite der Cardiff University Student Union, mit ihren unzähligen Studentenvereinigungen aus aller Welt, hat mich die Internationalität dieser Universität überzeugt. Nun hieß es: bewerben! Wie bei jedem LL.M. sollte man am besten ein Jahr vor dem geplanten Studienbeginn mit den Vorbereitungen anfangen, denn die Bewerbung ist sehr aufwendig. Neben einem Motivationsschreiben und einem Bericht über den bisherigen Werdegang muss man zwei Empfehlungsschreiben von Dozenten einreichen. Nach etwa zwei Monaten kam eine Zusage als „Conditional Offer", die zu einer „Unconditional Offer" umgewandelt wurde, nachdem ich mein LL.B.-Zeugnis und einen aktuellen Englischnachweis – in meinem Fall den IELTS-Test – eingereicht hatte.

Nach der erfolgreichen Annahme kann die Wohnungssuche beginnen. Die Universität selbst bietet unzählige Zimmer in Studentenwohnheimen an. Studierende können hier ohne allzu großen Aufwand relativ günstige Zimmer anmieten. Man muss sich zunächst auf der Internetseite der Universität die Studentenwohnheime anschauen und sich dann für die jeweiligen Wohnheime „bewerben". Für Master-Studenten gibt es eigene Wohnheime. Ich war ebenfalls in einem dieser Wohnheime untergebracht und kann es eigentlich nur empfehlen. Der Aufwand ist minimal und Non-UK-Studenten ist ein Platz garantiert. Zum Thema Finanzierung des LL.M. gibt es an der Cardiff University Unterstützung. Als EU-Student (Pre-Brexit) kann man sich für Teilstipendien bewerben. Dabei wird die Hälfte der Studiengebühren erlassen. Die Bewerbungsphase hierfür ist meist zwischen Januar und März. Allerdings ist für eine gültige Bewerbung ein „Conditional Offer" notwendig. Leider hatte ich zu diesem Zeitpunkt noch keine Zusage, weshalb ich mich nicht bewerben konnte, und habe somit das Studium selbst finanziert – was aber durch meinen Vollzeit-Sommerjob durchaus machbar war. Dennoch lautet mein Rat, früh genug mit der Planung beginnen, denn „early birds" haben viele Vorteile.

Studienverlauf an der Cardiff University
Das Studienjahr beginnt im September mit der „Freshersweek". In der darauffolgenden Woche stellen alle Dozenten ihre Module vor, und am Ende der Woche muss man dann seine Module für das Winter- bzw. Sommersemester wählen. Im Gegensatz zum deutschen System legt man die Prüfungsleistungen überwiegend in Form von Essays ab. Auch während des Semesters ist man gut mit Präsentationen und der Vor- und Nacharbeitung der Vorlesungen beschäftigt. Am Ende des Studienjahrs wird eine Dissertation verfasst, die zwischen 12.000 und 15.000 Wörter lang sein soll. Das Thema und der Dozent sind von den Studierenden selbst zu wählen.

Die Cardiff University bietet neben ihren regulären Vorlesungen und Veranstaltungen zu aktuellen politischen bzw. rechtlichen Themen auch die sogenannten „Pro Bono Schemes" an. Als Studierender kann man mit Anwälten, Wohltätigkeitsorganisationen und Freiwilligenorganisationen zusammenarbeiten und erhält so die Möglichkeit, seine Fähigkeiten durch eine Vielzahl von Pro-Bono-Programmen zu trainieren und zu erweitern. Allerdings muss man dazu sagen, dass nicht alle Programme für LL.M.-Studenten geeignet sind. Während des Jahres finden auch mehrere Karrieremessen statt, bei denen man die Möglichkeit hat, Kontakte zu potenziellen Arbeitgebern zu knüpfen (zum Beispiel für Praktika). Cardiff ist nicht sehr groß, weshalb die Auswahl an Praktika begrenzt ist. Allerdings kommen zu diesen Messen nicht nur Arbeitgeber aus der Region, sondern auch aus London.

Das hat mir der LL.M. gebracht
Ein LL.M. ist nicht nur ein Studienjahr mit einem akademischen Abschluss am Ende, er ist weitaus mehr. Die Begegnungen mit Studierenden aus aller Welt haben mir unglaublich viel gebracht. Interkulturelle Kommunikation und „multicultural diversity" kann man hautnah erleben! Das Wichtigste jedoch war für mich die Tatsache, dass ich mich in Anti-Money-Laundering spezialisieren und meine Abschlussarbeit ebenfalls zu diesem Thema verfassen konnte – ein Thema, das für mich auch in Zukunft relevant sein wird. Und bereits jetzt kann ich in meiner derzeitigen Position von meinem LL.M. profitieren. Auch mein Englisch hat sich durch das intensive Eintauchen in die walisische Kultur erheblich verbessert.

Die Cardiff University hat sehr spezielle Master-of-Laws-Programme – etwa einen LL.M. in Human Rights Law oder auch einen LL.M. in Shipping Law. Diese Master sind allerdings nicht für Studierende gedacht, die eher rechtsgebietsübergreifende Module wählen wollen, denn sie sind sehr spezifisch. Aber genau das wollte ich: mich spezialisieren, und das an einer Universität mit unglaublich viel Geschichte und multikulturellem Flair.

Die Autorin steht bei Fragen gerne zur Verfügung: soraya.i.m@hotmail.de

Vincent Schnell
LL.M. (Cape Town)
Rechtsreferendar

LL.M. in Kapstadt – Studieren Down South

Kapstadt ist eine Stadt der Superlative und Gegensätze. Längst ist die Stadt am Kap aus touristischen Gesichtspunkten kein Geheimtipp mehr. Der Tafelberg, die Surfstrände und auch die pittoresken Weinberge locken jedes Jahr tausende Besucherinnen und Besucher in den Süden. Auf der anderen Seite – wortwörtlich auf der anderen Seite des Tafelbergs in den Cape Flats – ist Kapstadt eine Metropole mit massiven Problemen. Neben der akademisch-juristischen Weiterbildung an der University of Cape Town (UCT) war mein Jahr maßgeblich auch von der Auseinandersetzung mit diesem Kontrast geprägt. Wer eine kostengünstigere Alternative zu den LL.M.-Programmen in den USA und UK sucht und zugleich an einem (juristischen) Perspektivwechsel mit Blick auf den globalen Süden interessiert ist, ist in Kapstadt genau richtig aufgehoben.

Kapstadt: reich an Geschichte, Kultur & Natur

Südafrika hat auf mich schon immer einen besonderen Reiz ausgeübt. Wahrscheinlich ist dies dem fast bilderbuchartigen Übergang vom Apartheidsregime hin zur Rainbow-Nation unter Führung des charismatischen Nelson Mandela geschuldet. Am 27. April 1994 fand das rassistische Unrechtsregime mit den ersten freien Wahlen des Landes sein Ende. Es folgte eine der modernsten Verfassungen der Welt und ein Versprechen, die rassistische Unterdrückung der Vergangenheit zu überwinden. Diese beispiellose Entwicklung und gerade die Neugier, wie das Land seitdem diese Vorsätze umgesetzt hat, hat mich bei der Suche nach einem geeigneten Land für ein LL.M.-Studium stark beeinflusst. Die Chance auf eine Auseinandersetzung mit einer Gesellschaft, die aufgrund ihrer Geschichte derart komplex ist, habe ich als großes Privileg empfunden. Außerdem gilt Südafrika, und gerade die UCT, die seit einigen Jahren als die „beste Universität des Kontinents" firmiert, als Magnetpunkt für viele Studierende aus ganz Afrika. Unter diesem Gesichtspunkt fand ich es auch spannend, die Begegnung mit Menschen außerhalb der eigenen eurozentrischen Prägung zu suchen. Zu guter Letzt entfaltet auch die wunderschöne Natur des Landes eine besondere Anziehungskraft – ganz zu schweigen von den idealen Reisemöglichkeiten …

Kapstadt selbst, als erste Siedlung der niederländischen Kolonialmacht gegründet, nimmt eine ganz besondere Stellung im südafrikanischen Gefüge ein. Der Aufenthalt dort hält unweigerlich dazu an, sich mit Sklaverei- und Kolonialgeschichte zu befassen. Nicht minder stößt Kapstadt dazu an, sich mit den Nachwirkungen der Apartheid auseinanderzusetzen. Ich habe die „Mother-City" als unbeschreiblich schöne und imposante Metropole kennengelernt, die zugleich noch immer von den deutlich sichtbaren Spuren des Apartheidsregimes geprägt ist. Die UCT ist sich dieser Ambivalenz ebenfalls bewusst und fördert freiwilliges Engagement der Studierenden in vielen Townships durch diverse Programme. Ich selbst habe mich das Jahr über ebenfalls in einem Township eingebracht. Diese Form der Begegnung war mir sehr wichtig und hat einen wesentlichen Teil meiner Auseinandersetzung mit Kapstadt und dessen Kultur ausgemacht.

Laws made in South Africa – Vorbild auch für das Deutsche Recht?

Mit seiner Lage, umschlossen von gleich zwei Ozeanen, war Kapstadt die perfekte Wahl für mein Master-Programm Marine & Environmental Law. Gerade auch aus juristischer Perspektive war es dabei äußerst spannend, sich mit dem südafrikanischen Rechtssystem auseinanderzusetzen. Der Republik Südafrika liegt eine Art Hybridform aus Common Law und Civil Law zugrunde. Die Verfassung des Landes von 1996 gilt als eine der progressivsten Verfassungen weltweit und nimmt mittlerweile eine Vorbildfunktion ein. Diese Modernität setzt sich in vielen Landes- und Provinzgesetzen fort, was insbesondere auch für die Umweltrechtsgesetzgebung gilt. Besonders faszinierend habe ich in diesem Zusammenhang beispielsweise die Beschäftigung mit dem Grundrecht auf eine gesunde Umwelt empfunden. Dieses Umwelt-Grundrecht ist mittlerweile fest im südafrikanischen Recht verwurzelt und durch diverse Fälle konkretisiert worden. Immer mehr Rechtsordnungen weltweit erkennen ein solches justiziables Grundrecht auf Umwelt an. Demgegenüber besteht für die deutsche womöglich noch Nachholbedarf...

Von besonderem Interesse war für mich auch zu lernen, dass das jetzige Rechtssystem als Abkehr und als juristische Antwort auf das vormalige Unrechtsregime fungiert. So findet sich in den allermeisten nationalen Gesetzen die Zielbestimmung, die Ungerechtigkeiten der Apartheid zu überwinden. Insoweit werden etwa die fortwährenden Missstände in umweltrechtliche Abwägungen explizit miteinbezogen.

Klimawandel aus Perspektive der Globalen Südens

Das wohl größte Highlight meines LL.M.-Studiums war die Auseinandersetzung mit den anderen Studierenden und Lehrenden aus den verschiedensten Ecken Südafrikas und des Kontinents. Dabei stand nicht nur der kulturelle Austausch im Fokus, sondern gerade auch das Diskutieren von (umweltrechtlichen) Fragestellungen mit globaler Relevanz aus Perspektive des globalen Südens. Dies betraf etwa das Problem des Klimawandels, das Auszehren von Ressourcen in vielen Gegenden des afrikanischen Kontinents oder etwa die Vermüllung der Ozeane. So sehr diese Themen mittlerweile Einzug in Medien und Nachrichten gefunden haben, so erscheint mir die Einbeziehung der Länder des globalen Südens häufig unzureichend. Dies gilt umso mehr vor dem Hintergrund, dass viele Staaten der südlichen Hemisphäre besonders empfindlich von den Folgen des Klimawandels betroffen sind und sein werden. Die Beiträge und teils eigenen Erfahrungswerte der Mitstudierenden haben mir in diesen Debatten einen Perspektivwechsel ermöglicht. Dies empfinde ich als großen Gewinn für meine eigene Weltsicht und Sensibilisierung.

Auch das Betreuungsverhältnis zwischen Studierenden und Professorinnen und Professoren habe ich als sehr angenehm wahrgenommen. Es wurde viel Wert darauf gelegt, dass alle Beteiligten aus den Kursen etwas lernen, auch etwa die Lehrenden selbst. Dies hat für eine angenehme und kollegiale Atmosphäre gesorgt.

Fazit

Das Jahr in Kapstadt hat mich nicht enttäuscht. Es war eine vielschichtige Erfahrung und in jeglicher Hinsicht spannend. Ich habe viele neue Blickwinkel kennenlernen dürfen, die sowohl mein juristisches als auch gesellschaftspolitisches Denken geprägt haben.

Stefanie Jahn

LL.M. (Columbia)

Doktorandin und Wissenschaftliche Mitarbeiterin an der Universität Regensburg

I want to be a part of it, New York, New York

Einmal eintauchen in das pulsierende Leben des Big Apple und in die akademische Welt der Ivy League. Aus diesem lange gehegten Traum wurde Realität. Facettenreich, aufregend und inspirierend. So habe ich mein LL.M.-Jahr an der Columbia Law School in New York erlebt.

Leben und studieren in New York – eine teure Angelegenheit

Bevor ich mich jedoch ins Flugzeug setzen konnte, waren noch einige Hürden zu meistern. Was mir im Vorfeld am meisten Bauchschmerzen bereitete, war die Frage, wie ich mir mein Vorhaben finanzieren könnte. Ich kam gerade frisch aus dem Examen und wollte auch noch promovieren. Vor diesem Hintergrund schien die finanzielle Last erdrückend, allen voran die Studiengebühren in Höhe von über 65.000 Dollar (die übrigens stetig steigen und aktuell bereits 70.000 Dollar erreicht haben). Hinzu kommen noch ca. 5.000 Dollar an weiteren Gebühren wie etwa die Pflichtversicherung in der studentischen Krankenversicherung. Daneben sind natürlich auch die Lebenshaltungskosten in New York extrem hoch. So habe ich für ein durchschnittliches WG-Zimmer in Campus-Nähe monatlich rund 1.400 Dollar gezahlt. In New York angekommen möchte man schließlich auch das soziale und kulturelle Leben genießen und nicht jeden Cent zweimal umdrehen müssen.

Auch wenn man die enormen Kosten nicht aus eigenen Mitteln stemmen kann, so sollte man sich davon nicht von vornherein entmutigen lassen. Die finanziellen Fördermöglichkeiten mögen zwar insgesamt relativ überschaubar sein. Meiner Erfahrung nach lohnt es sich hier jedoch, sich frühzeitig und sorgfältig über mögliche Stipendien zu informieren und hinreichend Zeit und Energie in den Bewerbungsprozess zu stecken. Gerade wenn man eine Zusage von einer renommierten Universität in den Händen hält, hat man auch aussichtsreiche Chancen auf ein Stipendium. Daneben haben die Universitäten regelmäßig erheblichen finanziellen Spielraum. Auf Basis eines Antrags auf Financial Aid – den man im Rahmen der Bewerbung ausfüllen kann – bewilligt die Columbia mitunter einen teilweisen Gebührenerlass (Tuition Waiver) und/oder einen Studienkredit. So konnte ich mein Vorhaben letztendlich dadurch realisieren, dass ich meine Finanzierung auf mehrere Standbeine stellte: eine Kombination aus DAAD-Stipendium, Tuition Waiver, Studienkredit und Unterstützung durch meine Eltern. Aufgrund der fehlenden Planungssicherheit bei Stipendienzusagen empfiehlt es sich allerdings, stets einen Plan B in der Hinterhand zu haben, z. B. einen alternativen, weniger kostenintensiven Studienplatz.

Eine Portion Mut und Neugier bei der Kurswahl zahlt sich aus

Das außerordentlich vielseitige Kursangebot an der Columbia hat mich von Anfang an begeistert. Ein großer Pluspunkt ist aus meiner Sicht, dass man sich die Kurse völlig frei zusammenstellen kann. Hier hat man buchstäblich die Qual der Wahl. Das einzige Manko ist, dass aufgrund von Kapazitätsgrenzen die Kursplätze in einer „Course Lottery" vergeben werden. Der Platz im jeweiligen Wunschkurs ist daher nicht in jedem Fall garantiert. Dies betrifft v. a. einzelne kleinere Seminare oder Workshops zu beliebten Themen. Angesichts der überwältigenden Auswahl findet man aber genügend Alternativen. Ich persönlich habe großen Wert darauf gelegt, mit meiner Kurswahl ein möglichst breites Spektrum abzudecken. Vor allem wollte ich die Chance nutzen, über den eigenen fachlichen Tellerrand zu blicken. So habe ich mich z. B. für die interdisziplinäre Corporate-Finance-Vorlesung, den interaktiven Negotiation-Workshop und verschiedene Seminare entschieden.

Eine ganz besondere Erfahrung durfte ich im Rahmen eines Externships (eine Art studienbegleitendes Praktikum) bei den Bronx Defenders machen. Die Bronx Defenders sind eine Non-Profit-Organisation von Pflichtverteidigern. Sie haben es sich zur Aufgabe gemacht, einkommensschwache Menschen aus der South Bronx zu vertreten, in erster Linie in Strafverfahren, darüber hinaus aber auch in damit zusammenhängenden Verfahren (v. a. Immigration, Housing und vor dem Family Court). Als Teil der Criminal Defense Practice Group habe ich das Justizsystem in New York über vier Monate hinweg hautnah miterlebt. Vieles, was ich dort gesehen und erfahren habe, hat mich erschüttert - und damit meine ich nicht die Kriminalität. Einen Tag pro Woche habe ich den mir zugeordneten Anwalt begleitet und meist bei Gericht verbracht. Oft habe ich aber auch alleine vorbereitende Gespräche mit Mandanten geführt und Verteidigerschriftsätze entworfen. Ergänzend zu dieser Field Work Experience fand ein wöchentliches Seminar mit verschiedenen Gastvorträgen und Trainings an der Columbia statt. Hier habe ich z. B. ein eigenes Opening Statement präsentiert. Rückblickend war das Externship eine einmalige Erfahrung, die mir wirklich unter die Haut ging. Durch den Perspektivenwechsel hat sich meine Sicht auf viele Dinge geändert - nicht nur in juristischer Hinsicht.

Momente vergehen, doch Erfahrungen und Freundschaften bleiben

Eines der unzähligen Highlights des LL.M.-Studiums war definitiv die Graduation Ceremony. Gerne erinnere ich mich daran zurück, wie wir alle zu Frank Sinatras berühmtem Song unsere Hüte in die Luft geworfen und anschließend gemeinsam mit unseren Familien und Freunden unseren Abschluss gefeiert haben. Dieser Tag war der glücklichste und traurigste zugleich. Einerseits überkommt einen das Gefühl von tiefer Dankbarkeit und Stolz, andererseits schwingt aber auch ein wenig Wehmut mit, weil das Kapitel LL.M. damit leider (offiziell) zu Ende geht. Doch die Erinnerungen an das Erlebte, die gesammelten Erfahrungen und nicht zuletzt die geschlossenen Freundschaften begleiten und bereichern einen ein Leben lang.

Unter dem Strich kann ich daher jedem nur ans Herz legen, das Abenteuer LL.M. zu wagen, sei es in New York oder irgendwo sonst auf der Welt.

Die Autorin steht bei Fragen gerne zur Verfügung: stefanie.jahn@columbia.edu

Markus Moßmann
LL.M. (LSE)
Rechtsreferendar

Zwischen Brexit und Multi-Kulti – LL.M. an der London School of Economics and Political Science

Früh im Studium hat sich bei mir der Wunsch manifestiert, eine längere Zeit im englischsprachigen Ausland zu verbringen. Insbesondere aufgrund der hohen finanziellen Hürden hätte dieser Traum jedoch nicht weiter weg erscheinen können. Nach dem Ersten Staatsexamen war dann schnell klar: Jetzt gilt's.

Fazit: Vielleicht die beste Entscheidung meines Lebens. Mein Jahr in einer der aufregendsten Städte der Welt war vor allem persönlich eine großartige Bereicherung. Die unendlichen Möglichkeiten der Freizeitgestaltung, Begegnungen mit Menschen von allen Kontinenten, Denkanstöße, andere Sichtweisen – es bleiben nicht nur drei Buchstaben mehr im Lebenslauf, sondern viele unvergessliche Erinnerungen und Erfahrungen, ein erweiterter Horizont und Freundschaften über den gesamten Globus verteilt.

Kein ob, kein wann – vor allem wie und wo

Mir war klar, dass ich mit dem LL.M.-Studium nicht bis nach dem Referendariat warten wollte. Die Gretchenfrage nach dem optimalen Zeitpunkt stellte sich mir demnach nicht. Insgesamt plädiere ich dafür, diese Erwägung nicht überzubewerten. Beide Varianten haben Vor- und Nachteile, und ich bin der Ansicht, dass sich die Entscheidung eher nach individuellen Präferenzen als nach allgemeingültigen Vorgaben richten sollte. Ich persönlich wollte nach dem Ersten Staatsexamen erst einmal neue Einblicke gewinnen. Die Tätigkeit als wissenschaftlicher Mitarbeiter in einer Wirtschaftskanzlei habe ich genutzt, um durch Gespräche und Internetrecherche herauszufinden, welches Programm für mich reizvoll und finanziell realisierbar wäre. Zwar musste ich den Traum vom Studium in den USA nach langem hin und her ad acta legen – das liebe Geld ... Die kurze Enttäuschung verflog jedoch rasch, nachdem ich mich intensiver mit den Hochschulen in London auseinandergesetzt hatte und, vom Programm der LSE überzeugt, Feuer und Flamme für das Projekt UK wurde. Die Finanzierung habe ich zu 100 Prozent über einen Generationenvertrag mit einem Bildungsfonds und ein Reisestipendium einer Kanzlei gesichert. Im September 2017 konnte es dann endlich losgehen.

Seminare, Weltpolitik und Großstadt-Flair – Studium an der LSE

Das LL.M.-Studium an der LSE war für mich persönlich die absolut richtige Entscheidung. Aus einem breit gefächerten Curriculum konnten sieben der acht zu belegenden Kurse frei gewählt werden. Meine Schwerpunkte habe ich dabei im Kartellrecht und im Völkerrecht gesetzt – zwei Fachrichtungen, die mich bereits während des Schwerpunktstudiums und einer vorherigen Kanzleitätigkeit begleitet hatten.

Der Studienalltag bestand in der Regel aus Seminaren in Kleingruppen von ca. 20 Teilnehmern. Darunter befanden sich Juristen aus allen Ecken der Welt, von frischen Bachelor-Absolventen aus den Niederlanden und Brasilien zur Richterin aus Indien und Rechtsanwältin aus Australien. Wöchentliche Pflichtlektüren dienten der inhaltlichen Vor- und Nachbereitung. Besonders die Möglichkeit, sich mündlich aktiv einbringen zu können, empfand ich als sehr bereichernd – nicht nur zur Verbesserung des Legal English. Professoren übernahmen häufig die Rollen von Moderatoren, während einzelne Problemstellungen diskutiert wurden. Mini-Moot Courts oder auch die Simulation einer Sitzung des UN-Sicherheitsrates waren eine gelungene Abrundung. Zur Wahrheit gehört indes auch, dass zwei meiner Kurse mit gut 40 Teilnehmern völlig überbelegt waren und sich der Kursalltag im Wesentlichen in Frontalunterricht erschöpfte.

Ein besonderes Highlight an der LSE ist die public speaker series. Hier referieren regelmäßig renommierte Persönlichkeiten aus Politik, Wissenschaft oder Wirtschaft zu aktuellen Fragen der Zeit. Im Studienjahr 2017/2018 spielte natürlich das Thema Brexit eine übergeordnete Rolle. In diesem Rahmen konnte ich zum Beispiel an Veranstaltungen mit dem ehemaligen britischen Premierminister Gordon Brown, dem ehemaligen UN-Generalsekretär Ban Ki-moon und dem Friedensnobelpreisträger Muhammad Yunus teilnehmen. Auch die German Society an der LSE ist sehr aktiv und veranstaltet jährlich das German Symposium.

Der LSE Campus in Holborn und die vielen sehr zentral gelegenen Wohnheime sind perfekte Ausgangsorte, um London zu entdecken. Egal, wie gut man London bereits durch touristische Aufenthalte zu kennen glaubt, die Stadt überrascht jeden Tag aufs Neue. Zwischen reicher Geschichte, Finanzmetropole, Kulturhauptstadt, Internationalität und Millionen-Moloch ist alles im Angebot. Neben dem Studium blieb glücklicherweise ausreichend Zeit, um neue Stadtteile zu entdecken, Restaurants (sehr international) zu testen, die vielen renommierten Museen zu erkunden (der Eintritt ist in der Regel frei) und hochkarätige Theaterstücke im Londoner West End (viele Oscar- und BAFTA-Preisträger on stage) zu besuchen. Ein besonderes Highlight war zudem der Besuch des Freundschaftsspiels Deutschland gegen England im Wembley Stadium.

Anregungen zum Abschluss

Wieviel Geld kann und möchte ich ausgeben? Gibt es Stipendien, die realistisch in Betracht kommen? Bin ich bereit, ein Darlehen aufzunehmen? Reizt mich eher eine pulsierende Weltmetropole oder ein kleineres Studentenstädtchen? Lege ich Wert auf eine namhafte Uni oder stehen andere Kriterien im Vordergrund? Motiviert mich eher die Möglichkeit fachlicher Weiterbildung oder ist der LL.M. Mittel zum Zweck für ein aufregendes Jahr im Ausland? Hier gibt es im Allgemeinen keine richtigen oder falschen Antworten und keinesfalls schließen sich die Alternativen stets aus. Aus meiner Sicht hilft die frühzeitige Auseinandersetzung mit diesen Fragen jedoch bei der Navigation durch den Dschungel der Möglichkeiten. Ich halte das Projekt „Mein LL.M." für etwas sehr Persönliches und Individuelles. Daher mein Rat: Studieninteressierte sollten vielfältige Informationsquellen nutzen und unvoreingenommen an die Auswahl der Law School herangehen. Die finanziellen und organisatorischen Hürden erkennen, ohne sich davon abschrecken zu lassen. Vielleicht sogar die Karriereplanung für einen Moment dahinstehen lassen – ja, das fällt uns Juristen zuweilen schwer – und auf persönliche Wünsche/Präferenzen/Bauchgefühle Rücksicht nehmen!

Egal wo, egal wie, Studieninteressierten wünsche ich ein fachlich und persönlich aufregendes, ereignisreiches und unvergessliches Jahr.

Der Autor steht bei Fragen gerne zur Verfügung: markusmossmann@gmail.com

Anna Perin
LL.M. (Tulane)
Rechtsreferendarin

Let the good times roll …

Wenn man mich vor Abschluss meines Jurastudiums nach meinem LL.M.-Wunschziel gefragt hätte, hätte ich sicher nicht „New Orleans“ geantwortet. Meine Entscheidung für „The Big Easy“ fiel relativ spontan und aus einer einmaligen Gelegenheit heraus. Ich studierte „Comparative and International Law“ im Süden der USA und habe diese Entscheidung nicht bereut.

Eine einmalige Chance

Seit dem Schwerpunktstudium war für mich klar, dass ich einen LL.M. im englischsprachigen Ausland machen wollte. Aufgrund der hohen Studiengebühren in den USA beschränkte sich meine Recherche lange auf Großbritannien und Irland. Im Januar vor Beginn des LL.M., als ich mich gerade bei einer Handvoll Unis bewerben wollte, schwärmte ein von mir geschätzter wissenschaftlicher Mitarbeiter meiner Münchner Uni von seinem kürzlichen Forschungssemester an der Tulane University in New Orleans. Er teilte mir mit, dass er in Kontakt zu einem Passauer Professor stehe, der gleichzeitig an der Tulane University lehre und deutschen Studierenden bei der LL.M.- und Stipendienbewerbung helfen würde. Uns würden regelmäßig 50 bis 75 Prozent der Studiengebühren erlassen.

Nachdem ich mich über die Universität und ihre LL.M.-Programme informiert hatte, reizte mich die Chance, relativ kostengünstig in den USA und in einer kulturell so spannenden Stadt wie New Orleans studieren zu können.

In den Rankings der U.S.-Universitäten reiht sich die Tulane Universität ungefähr bei Platz 50 ein, ist aber im Süden der USA als Privatuniversität angesehen. Die Law School ist insbesondere für ihre Maritime-Law- und Environmental-Law-Programme bekannt. Aufgrund meiner Wahl des Comparative and International Law LL.M. war ich verpflichtet, 55 Prozent meiner Kurse in diesen Fächern zu belegen – sonst hatte ich aber die freie Wahl. Im Nachhinein bin ich sehr froh, dass ich diese Freiheit hatte, da ich so auf meine persönlichen Interessen, aber auch auf Tipps anderer Studierender eingehen konnte. So belegte ich beispielsweise Kurse im amerikanischen Gleichbehandlungsrecht, Strafprozessrecht oder in Literatur und Recht.

So langsam wird es konkret

Nachdem mir im März der Studienplatz und ein Studiengebührenerlass über 75 Prozent angeboten wurde, startete ich mit den Vorbereitungen. Diese bestanden u. a. in Impfungen, Visabeantragung, Abschluss verschiedener Versicherungen und der Wohnungssuche. Ich hatte das Glück, schon relativ frühzeitig über eine Facebook-Seite der Uni eine WG für das erste Semester zu ergattern. Mich freute dabei, dass das Haus sehr schön eingerichtet war, dort drei amerikanische Undergraduate-Studentinnen wohnten und ich in zehn Minuten zu Fuß bei der Uni war. Das alles war nur möglich, weil eine Freundin von mir vor Ort war und die Wohnung für mich besichtigte. Doch auch alle anderen LL.M.-Studierenden haben nach der Anreise schnell Unterkünfte gefunden.

Zeitgleich mit den Vorbereitungen informierte ich mich über Finanzierungsmöglichkeiten. Am Ende lief es auf eine Mischung aus eigenen Mitteln, Unterstützung durch die Eltern und zwei Kredite hinaus. Da mir kein DAAD-Stipendium verliehen wurde und für alle anderen Stipendien die Bewerbungsfrist schon abgelaufen war, beantragte ich einen Studienkredit bei der KfW und – über meine Eltern – ein Bankdarlehen. Die Zinsen beider Kredite sind relativ niedrig, und bei der KfW ist die Rückzahlung recht lange gestundet.

Ein Jahr mit vielen Facetten

Wenn ich eines während meines LL.M.-Studiums gelernt habe, dann ist es, in meinen Plänen flexibel zu sein und einmalige Chancen wahrzunehmen. Manche Kurse, die auf der Website der Tulane University angepriesen wurden, wurden während meiner zwei Semester nicht angeboten oder entsprachen nicht meinen Vorstellungen. Dafür hat es sich gelohnt, mich von Empfehlungen erfahrener Studierender oder interessanten Kursbeschreibungen inspirieren zu lassen. Man sollte hier nicht zu sehr auf dem vor Anreise gefassten Kursplan beharren.

Mein persönliches Kurshighlight war ein einwöchiges „Oral Argument Training" im Strafprozessrecht. Täglich musste ein mündlicher Kurzvortrag in einem fiktiven Gerichtsprozess vorbereitet und vorgetragen werden. Dies war für mich als Nicht-Muttersprachlerin eine große Herausforderung. Die Fortschritte, die ich Tag für Tag erzielte, machen mich aber jetzt noch stolz.

Besonders hervorzuheben ist auch das freundschaftliche Miteinander zwischen den Law-School-Angestellten und den LL.M.-Studierenden. Dazu gehörten auch gemeinsame Thanksgiving- und Christmas-Dinner, regelmäßige Coffee Breaks und mehrere Ausflüge. So bildete sich ein netter Freundeskreis internationaler Studierender. Freundschaften mit amerikanischen Studierenden wurden aber auch vereinzelt geknüpft.

Lebenslanger Gewinn

Momentan ist noch nicht absehbar, inwiefern sich mein LL.M.-Studium auf meinen beruflichen Werdegang auswirken wird. Unabhängig davon profitiere ich aber schon heute von vielen neuen Social Skills. Ich gehe offener auf neue Leute zu, kann aus dem Stand einen Kurzvortrag halten, habe weniger Hemmungen, Englisch zu sprechen und weiß, dass ich so manche Herausforderung gut meistern kann.

Ich empfehle allen, die sich sowohl persönlich als auch fachlich weiterbilden wollen, einen allgemein gehaltenen LL.M. an einer kleinen Uni zu absolvieren. Man sollte verschiedene Kanäle (Internetseite, Mitarbeiter, Studierende, Social Media, …) nutzen, um sich über die Uni und Programme zu informieren. Schließlich ist es am Ende aber wie so oft eine Bauchentscheidung, die sich gut anfühlen muss.

Vincent Piegsa

LL.M.
(College of Europe)

Rechtsreferendar

Europa studieren und leben – Der LLM am College of Europe

Während vieler meiner Kommilitonen sich nach dem Examen vor allem für Master in Großbritannien oder in den USA interessierten, bewarb ich mich an einer kleinen belgischen Universität: dem College of Europe in Brügge. Das dortige zehnmonatige, bilinguale LLM-Programm sprach mich nicht nur wegen der exzellenten Ausbildung im Europarecht an, sondern auch wegen der einmaligen Studiensituation in Brügge.

Ob Puigdemont, Handelskonflikt mit den USA, Bußgelder für Google oder Justizreformen in Polen und Ungarn - die (rechtlichen) Hintergründe des aktuellen Tagesgeschehens finden sich am College of Europe auf dem Lehrplan. Die Studierenden der verschiedenen Fachrichtungen aus ca. 50 Ländern (neben Juristen auch Politik- und Wirtschaftswissenschaftler) wohnen dabei gemeinsam in Wohnheimen, die in Brügge verteilt sind. Das intensive Studium und das enge Zusammenleben machen aus jedem Jahrgang eine verschworene Gemeinschaft.

Studieren auf Europäisch

Was man in Brügge schnell merkt: In (fast) jedem EU-Mitgliedstaat wird Europarecht aus nationaler Perspektive unterrichtet und damit vor allem ein nationales Verständnis des EU-Rechts vermittelt. Am College of Europe dagegen ist das EU-Recht tatsächlich eine „autonome Rechtsordnung" mit eigener Logik und Dogmatik. Statt also zu versuchen, die deutsche Methodik auf das Europarecht zu übertragen, entwickeln die Studierenden in Brügge den europäischen Blick auf das EU-Recht, welcher in den EU-Institutionen und insbesondere am EuGH vorherrscht. Dazu kommen die Dozenten, Praktiker und Experten verschiedener Institutionen, extra nach Brügge.

Dementsprechend werden im ersten Semester vor allem gemeinsame Grundlagen in den „Pflichtfächern" des EU-Rechts gelegt. Das kann Fortgeschrittenen des Europarechts repetitiv vorkommen, ermöglicht aber auch ein Studium ohne Vorkenntnisse. Zudem gewinnen auch Fortgeschrittene ein neues Verständnis der Materie. Im zweiten Semester besteht dann die Möglichkeit, sich zu spezialisieren und sich vertieft mit bestimmten Rechtsbereichen auseinanderzusetzen. Hier kommen vor allem Kartellrechtler auf ihre Kosten. Es gibt eine Vielzahl an Kursen zum EU-Wettbewerbsrecht, aber auch die Möglichkeit, andere Themen des EU-Rechts zu erkunden, z. B. die DSGVO oder den europäischen Haftbefehl. Dabei setzt das College of Europe auf unterschiedliche Unterrichtsformen, von interaktiven Kursen in kleinen Gruppen bis hin zu frontalen Vorlesungen in größeren Einheiten. Wichtig bei der Wahl: Jeder Studierende muss sowohl Kurse auf Englisch als auch Französisch belegen. Kenntnisse im Französischen sind daher nötig.

Brügge sehen … und leben

Was das Studium am College of Europe besonders macht, ist nicht nur das Akademische, sondern der „Esprit du Collège": Die Studierenden wohnen gemeinsam in Wohnheimen und verbringen neben den Vorlesungen in der Regel auch die drei Mahlzeiten des Tages und oft auch ihre Freizeitaktivitäten miteinander. Die kleine Stadt und die hohe Intensität des Studiums tun ihr Übriges. So entsteht ein außergewöhnliches Zusammenhalts- und Gemeinschaftsgefühl unter den Studierenden. Da man ein Zimmer in einem Wohnheim zugewiesen bekommt, muss man sich um die Unterkunft keine Gedanken machen. Dieses internatsartige Leben ist natürlich nicht für jeden das Richtige. Mitunter entsteht durchaus das Gefühl, in einer Blase zu leben. Allerdings gibt es auch Gelegenheit, nach Brüssel zu entfliehen, wenn Brügge zu klein wird.

Die Aktivitäten jenseits der Kurse sind am College sehr wichtig: Regelmäßig kommen Verantwortliche aus Politik und Wirtschaft zu Vorträgen nach Brügge. Außerdem organisieren die Studierenden der verschiedenen Länder eine „National Week", um die Kultur ihres Landes vorzustellen. Vom irischen Hurling bis zum portugiesischen Fado habe ich durch diese Wochen einen neuen Blick auf vermeintlich bekannte Länder bekommen. Zudem können die Studierenden weitere außeruniversitäre Aktivitäten wählen. Im Law-Department sind hier besonders die internationalen Moot Court-Wettbewerbe zu nennen. Es war eine sehr beeindruckende Erfahrung für mich, nach Luxemburg zu reisen, um dort vor den Richtern des EuGH im European Law Moot Court zu plädieren.

Von Deutschland nach Brügge nach Brüssel

Das Auswahlverfahren ist vergleichsweise komplex und langwierig: Studieninteressierte mit deutscher Staatsbürgerschaft oder Studienabschluss einer deutschen Universität bewerben sich sowohl beim College of Europe selbst als auch bei der Europäischen Bewegung Deutschland, die die Studienplatz- und Stipendienvergabe für Deutschland organisiert. Einsendeschluss für die Bewerbungsunterlagen ist Ende Januar des Jahres, in dem das Studium beginnen soll. Dazu gehören auch zwei Empfehlungsschreiben von Professoren. Interessierte sollten sich frühzeitig mit den Zulassungs- und Bewerbungsbedingungen vertraut machen. Sind die Bewerbungsunterlagen in Ordnung, wird man zu einem 15-minütigen Auswahlgespräch mit der Auswahlkommission eingeladen. Hier gilt es vor allem, einen kühlen Kopf zu bewahren.

Erhält man einen Platz am College, stehen die Chancen auch sehr gut, ein Teilstipendium zu bekommen, welches ca. 16.525 Euro der 25.050 Euro Studien-, Wohn- und Verpflegungsgebühren deckt. Damit gehört das College of Europe wohl zu einem der günstigeren LL.M.-Programme. Es gibt auch einige Vollstipendien. Daneben können sich Interessierte parallel auf DAAD- oder sonstige Stipendien bewerben.

Da sich das LL.M.-Programm in Brügge ums Europarecht dreht, zieht es viele Absolventen im Anschluss nach Brüssel, um dort für Kanzleien, Lobbygruppen oder die EU-Institutionen zu arbeiten. In Brüssel ist das College of Europe eine echte Marke. Auf dem deutschen Arbeitsmarkt ist es weniger bekannt, aber auch hier wird das EU-Recht bekanntlich in allen Bereichen immer wichtiger. Wer sich vorstellen kann, im Europarecht zu arbeiten - ob in Brüssel oder Deutschland - der wird am College of Europe die nötigen Kenntnisse und Kontakte dafür erlangen.

Der Autor steht bei Fragen gerne zur Verfügung: vincent.piegsa@coleurope.eu

Laura Rizzi
LL.M. (Stellenbosch)
Rechtsreferendarin

Jura in Südafrika

Immer wieder schwelge ich gern in den Erinnerungen. Von Juli 2017 bis Juni 2018 habe ich den Master of Laws an der Stellenbosch University in Südafrika absolviert. Ex post eine Entscheidung, die ich nicht besser hätte treffen können. Ex ante eine Entscheidung, die mit viel Ungewissheit verbunden war und Überwindungskraft gekostet hat. Um Studieninteressierten den Schritt zum postgradualen Studium in Südafrika zu erleichtern, berichte ich hier von meinen Erfahrungen.

Nach elf Semestern Jura an der Heinrich-Heine-Universität in Düsseldorf sowie elf Monaten wissenschaftlicher Mitarbeit in einer internationalen Wirtschaftskanzlei war das Fernweh groß. Schon vor Abschluss des Ersten Staatsexamens war mir klar, dass ich nicht sofort ins Referendariat starten würde. Ich wünschte mir zwar eine Auszeit von dem gewohnten Lernstress und dem Arbeitsalltag, aber eine mit juristischem Bezug. Der einjährige Studienaufenthalt an der Stellenbosch University in Südafrika war die ideale Option.

Erst die Pflicht ...

Stellenbosch ist eine inmitten von Weinbergen gelegene Universitätsstadt im Westkap Südafrikas. Sie ist beliebtes Ziel vieler internationaler Studenten, die dort häufig ein Auslandssemester verbringen oder ihr komplettes Master-Studium absolvieren. Das einjährige LL.M.-Programm ist insbesondere unter deutschen Juristen die bevorzugte Wahl. Neben einer Reihe von fachspezifischen Programmen gibt es den fachübergreifenden General LL.M., für den auch ich mich entschieden habe. Insbesondere diejenigen Uni-Absolventen, die für die Zukunft noch kein konkretes Rechtsgebiet für sich entdeckt haben, werden meines Erachtens von diesem Programm profitieren. Aus einer Fülle völlig unterschiedlicher Kurse können pro Semester zwei Fächer gewählt werden. So habe ich noch vor dem Referendariat die wertvolle Gelegenheit erhalten, einen Einblick in mir bisher unbekannte Rechtsgebiete zu gewinnen und dadurch neue Interessen zu entwickeln.

Von dieser Motivation geleitet entschied ich mich für die Kurse Internationales Strafrecht und Gerichtsmedizin im ersten Semester sowie Öffentliches Vergaberecht und Internationales Handelsrecht im zweiten Semester. Die Prüfungsleistungen werden je nach Kurs durch eine Kombination von Klausuren, Präsentationen, Hausarbeiten und der mündlichen Mitarbeit erbracht. Dadurch, dass die Kurse auf eine Teilnehmerzahl von etwa zehn bis 25 Studenten beschränkt sind, kann man sich durch Wortmeldungen gut einbringen und den Professoren nach Belieben Fragen stellen. Nicht zuletzt trägt natürlich auch die innerhalb des Studienjahres anzufertigende Master-Arbeit zur Gesamtnote bei. Solange man einen Tutor für das Anfertigen seiner Arbeit findet, ist man in der Themenwahl vollkommen frei.

... dann das Vergnügen.

Alle Kurse finden auf Englisch statt. Das mag dem Studieninteressierten zunächst banal erscheinen - ist es aber nicht. In Südafrika werden elf offizielle Amtssprachen gesprochen. Neben Englisch sind die meistverbreiteten Sprachen in der Region Westkap Afrikaans und isiXhosa. Die Universität bietet für diejenigen, die über den juristischen Tellerrand hinausblicken wollen, entsprechende Sprachkurse an. Abgesehen davon gibt es eine breitgefächerte Auswahl an Freizeitaktivitäten, die von der Universität angeboten werden. So bin ich als Mitglied verschiedener „Societies" in den Genuss gekommen, ohne jeglichen Organisationsaufwand an Tagesausflügen oder sogar Wochenendtrips teilzunehmen. Unter uns Teilnehmern besonders beliebt waren die Surf-Society und natürlich die Wine-Society.

Aber auch wer lieber auf eigene Faust unterwegs ist, kommt in Südafrika nicht zu kurz. Häufig habe ich mir für einige Tage ein Auto gemietet, um die Küste entlangzufahren und die vielen faszinierenden Orte um Stellenbosch herum zu entdecken. Auch Kapstadt liegt nur eine 30-minütige Uber-Fahrt entfernt und ist dementsprechend regelmäßiges und sehr beliebtes Ziel meiner Ausflüge geworden. Während der achtwöchigen vorlesungsfreien Zeit habe ich außerdem die Gelegenheit ergriffen, zusammen mit ein paar Kommilitonen das restliche Südafrika zu erkunden. Unsere Reise entlang der Garden Route über Johannesburg bis zum Krüger Nationalpark bleibt eine einmalige Zeit. Kaum woanders wurde ich stets mit so viel Gastfreundschaft und Herzlichkeit in Empfang genommen.

Der Blick in die Zukunft

Wenn ich im Rahmen eines Bewerbungsgesprächs nach meinen Englischkenntnissen gefragt werde, kann ich guten Gewissens mit „verhandlungssicher" antworten. Durch das Anfertigen der diversen Prüfungsleistungen haben sich meine Sprachfähigkeiten erheblich verbessert. Außerdem eröffnet sich mir nach dem Referendariat die Möglichkeit, im Rahmen meiner geplanten Promotion an das Thema der Master-Arbeit anzuknüpfen. Aber das Master-Studium an der Stellenbosch University hat mich nicht nur in fachlicher Hinsicht bereichert. Das hautnahe Erleben der unterschiedlichen Kulturen und der einzigartigen Geschichte Südafrikas hat mich persönlich stark geprägt. Kein Lehrbuch dieser Welt hätte mir jemals die interkulturellen Fähigkeiten lehren können, die ich aus meinem Auslandsaufenthalt mitgenommen habe.

Die Studierenden der Stellenbosch University nennen sich Maties. Wer nach Abschluss des Studiums den Maties Alumni beitritt, erhält regelmäßig Einladungen zu Veranstaltungen - auch in Deutschland. Ich kann es kaum erwarten, nächsten Monat zum ersten Mal an einem Ehemaligentreffen teilzunehmen. Glücklicherweise steht auch mein nächster Aufenthalt in Südafrika schon bevor. Im Rahmen der Wahlstation werde ich als deutsche Referendarin in einer Kanzlei in Kapstadt arbeiten. Nicht treffender könnte das dreisprachige Motto der Stellenbosch University lauten: saam vorentoe - masiye phambili - forward together!

Die Autorin steht bei Fragen gerne zur Verfügung: laurarizzi91@gmail.com

Maximilian Kiemle

LL.M. (KU Leuven)

Rechtsanwalt bei Allen & Overy

Doktorand an der Universität Regensburg

Wo Leuven draufsteht, ist Brüssel und Europa drin

Für mich stand früh fest, dass ich ein LL.M.-Studium abseits der klassischen Destinationen wie Nordamerika und England finden wollte, welches möglichst divers und breit aufgestellt sein sollte und auch - im bewussten Gegensatz zu meiner ERASMUS-Erfahrung - fachlich von Nutzen sein würde. Nach ausgiebiger Recherche stieß ich auf die Katholieke Universiteit Leuven, die größte Universität der Benelux, mit ihrem LL.M.-Studiengang zum Recht des Geistigen Eigentums.

Nederlands, Français, oder English?

Die Lehrveranstaltungen haben mich in vielfacher Hinsicht überrascht. Ich hatte die Auswahl aus Vorlesungen auf Flämisch, Französisch und Englisch. Dabei werden allerdings nicht alle Vorlesungen in allen drei Sprachen angeboten, sodass sich auch thematisch Einschränkungen ergeben können. Das Angebot ist jedenfalls so groß, dass man sich sein Studium auch ganz ohne Flämisch- und Französischkenntnisse mit verschiedenen englischsprachigen Vorlesungen individuell zusammenstellen kann. In fast allen Vorlesungen wurden regelmäßig Gastdozenten, meist Professoren anderer Universitäten, Mitarbeiter der EU-Institutionen oder Partner von Kanzleien, eingeladen. Eine Vorlesung, die ich besuchte, wurde zudem gänzlich von einem Professor aus London unterrichtet. Ferner haben wir Exkursionen zum Europäischen Patentamt in Den Haag und auf Eigeninitiative zum Europäischen Markenamt in Alicante unternommen.

Inhaltlich greift das Studium mit seinen englischsprachigen Vorlesungen ausschließlich EU-Recht und darüber hinausgehende internationale Verträge auf, während sich die flämischen und französischen Vorlesungen zumindest auch mit dem belgischen nationalen Recht befassen. Ich musste Präsentationen halten, kleinere Moot Courts bestreiten und mündliche Prüfungen ablegen. Das Thema der Master-Arbeit wird gleich zu Beginn mit Hilfe der Professoren ausgewählt. Überrascht war ich von der Strenge des belgischen Notensystems, das dem deutschen sehr nahekommt (18, 19 oder 20 von 20 möglichen Punkten als Gesamtnote sind quasi unerreichbar). Auch war die Durchfallquote bei einigen Klausuren durchaus signifikant, sodass einige meiner Kommilitonen Kurse in einem zusätzlichen dritten Semester wiederholen mussten. Ich habe das aber vor allem auf die fehlende Einführung in die flämische Erwartungshaltung der Professoren bei der Klausurbewertung zurückgeführt. Erst im Nachhinein stellte sich das Anforderungsprofil vor allem in Sachen strukturiertem Klausuraufbau als dem deutschen durchaus verwandt heraus. Aus diesem Grund sollten deutsche Juristen deutlich weniger Problemen ausgesetzt sein. Im Erfolgsfall wird der LL.M. mit einer mündlichen Verteidigung der Master-Arbeit wahlweise im Juni oder September abgeschlossen.

Und neben dem Studium?

Das Studienjahr konnte ich mit einer Nebenbeschäftigung bei einer Kanzlei in Brüssel gleich doppelt nutzen, denn die Vorlesungen werden ausschließlich am Campus der KU Leuven in der Brüsseler Innenstadt zwischen 18 und 22 Uhr unter der Woche oder in Blockseminaren an Wochenenden abgehalten. Daher haben auch die meisten meiner Kommilitonen, wenn nicht ohnehin bereits berufstätig, den abendlichen Stundenplan genutzt und tagsüber noch berufliche Erfahrung gesammelt. An Angeboten für junge Juristen mangelt es in Brüssel nicht: Praktika oder Berufseinstieg sind bei

EU-Parlament oder -Kommission, bei Kanzleien, Interessenverbänden oder anderen internationalen Organisationen möglich. Dabei habe ich gemerkt, dass sich Brüssel gerade bei Südeuropäern großer Beliebtheit erfreut, aber aufgrund des Mangels an deutschen Juristen (so war auch ich von über einhundert Master-Studenten der einzige) deutsche Bewerber äußerst gefragt sind. Zudem habe ich das breite Angebot der Brüsseler Veranstaltungen genutzt. Täglich finden mehrere internationale Konferenzen zu allen erdenklichen europäischen (nicht nur juristischen) Themenkomplexen statt, die wir als LL.M.-Studenten über die Uni meist vergünstigt besuchen konnten.

Arbeit und Studium waren für mich gerade deswegen ein besonderes Erlebnis, da sich beides in das allgemeine Brüsseler Klima einfügte: Es ist immer geprägt von belgischen und internationalen Einflüssen. Neben die Expats der „EU bubble“ treten die einheimischen Flamen und Wallonen. Arbeitssprache ist daher meist Englisch, seltener wird auch mal (grüppchenweise) auf Französisch oder Niederländisch kommuniziert. Gut gefallen hat mir dabei, dass sich keine italienischen, griechischen und chinesischen „Enklaven“ gebildet haben, sondern durch Gruppenarbeiten und gemeinsame von der Uni organisierte Ausflüge die Studentenschaft gut durchgemischt wurde. Mir hat darüber hinaus auch das breite Angebot abseits von Studium und Arbeit durchaus zugesagt: Bars und Restaurants mögen zwar oftmals teurer als in Deutschland sein, bieten dafür aber auch eine weitaus größere qualitative Auswahl an internationaler Küche, leckerem (hier gehen die Meinungen allerdings auseinander) Abteibier und Wein. An den Wochenenden habe ich auch des Öfteren die Möglichkeit genutzt, schnell mit dem Zug die umliegenden Städte wie Antwerpen, Brügge, Gent und Lille zu erkunden.

Erst die Pflicht, dann die Kür? Ein persönliches Fazit.

Alles in allem würde ich den Master-Studiengang an der KU Leuven jedem uneingeschränkt empfehlen, der sich für IP- und IT-Recht begeistern kann. Ich empfand es als sehr praktisch, erst nach dem Zweiten Examen speziell diesen Master „draufgesattelt“ zu haben, da ich im Referendariat schon ein wenig Erfahrung im Recht des Geistigen Eigentums sammeln konnte und das Gefühl hatte, dass mich die Nebenbeschäftigung in Brüssel mit Zweitem Examen weitergebracht hat. Aufgrund dessen habe ich meine Beschäftigung und meinen Aufenthalt in Brüssel über den LL.M. hinaus auch um ein halbes Jahr verlängert.

Mir hat der Master aber auch darüber hinaus geholfen. So habe ich meine Fremdsprachenkenntnisse erweitern können, und das hohe Niveau und der praktische Bezug der LL.M.-Vorlesungen helfen mir auch heute noch in meinem Berufsalltag. Am wertvollsten war jedoch die Erfahrung, durch Arbeit, Uni und Veranstaltungen möglichst viele Menschen mit anderen Hintergründen kennenzulernen, die Zeit im manchmal etwas chaotischen, aber liebenswerten Brüssel zu genießen und neue Freunde zu finden.

8. Porträts von Hochschulen und Kanzleien

166 Northumbria University
168 Andrássy Universität
169 Columbia University
170 Drexel University
171 Emory University
172 Europa-Universität Viadrina
173 Fordham University
174 George Mason University
175 George Washington University
176 Golden Gate University
177 IE Law School
178 Institute for Law and Finance
179 Koç University
180 Pepperdine Law
181 Tulane University
182 Technische Universität Dresden
183 Universität Wien – Postgraduate Center
184 University of Vienna
185 University of California – Los Angeles (UCLA)
186 University of California Hastings Law San Francisco
187 University of Illinois
188 The University of Iowa
189 University of Miami
190 University of Minnesota
191 The University of Queensland
192 University of Southern California
193 University of Sydney
194 Clifford Chance
198 CMS Hasche Sigle
202 DLA Piper UK LLP
206 Freshfields Bruckhaus Deringer LLP
210 Gibson, Dunn & Crutcher LLP
214 Gleiss Lutz
218 Kirkland & Ellis International LLP
222 Linklaters LLP
226 Milbank LLP
230 Sidley Austin (CE) LLP
234 Sullivan & Cromwell LLP
238 SZA Schilling, Zutt & Anschütz Rechtsanwaltsgesellschaft mbH
242 Taylor Wessing Partnerschaftsgesellschaft mbB

Northumbria University

About Northumbria

Northumbria is a research-rich, business-focused, professional university with a global reputation for academic excellence. It is based in the heart of Newcastle upon Tyne, which is regularly voted the best place in the UK for students.

Give your career an edge

Northumbria University is ranked 7th in the UK for the total number of graduates in professional jobs, with a graduate employment rate of 95.5 per cent - Destination of Leavers in Higher Education (DLHE - 2016/17).

Academic excellence

Shortlisted for the UK's University of the Year in the Times Higher education Awards 2017, Northumbria has its origins in the Rutherford College which was founded in 1880. Today by putting students at the heart of an outstanding experience and with world-leading research and award-winning partnerships, Northumbria is a new kind of excellent University.

Northumbria Law School

Recently ranked within the top 25 law schools in the UK (Guardian University Guide 2018), Northumbria Law School is also one of the largest in the UK, with a national and international reputation for excellence in legal education.

We are a multi-award winning Law School, having received the highly prestigious Queen's anniversary prize for the outstanding work of the Student Law Office - the largest University Law Clinic in the UK. We have also won the prestigious "Best Law School" accolade at the Attorney General's Student Pro Bono Awards a record three times.

Full time LLM programmes

The LLM Law Programmes allow you to choose from a distinct and contemporary specialist area of law to further develop the ability to critically evaluate source material in your chosen area. You will have access to lectures and learning materials for each taught module and you will benefit from the academic expertise of staff throughout the programme. In addition all European and International students have an opportunity to study an insessional ESAP programme (English for Specific Academic Purposes), designed to help develop writing and research skills.

LLM Law (International Finance)

The UK has an unrivalled reputation as a financial centre. Drawing on the expertise of our experienced practitioners the programme focuses on the legal aspects of the international financial environment. It discusses the nature of international financial markets, the legal and international context within which modern companies operate and the treaty mechanisms which underpin financial markets will be analysed.

LLM Law (International Commercial Law)

An increasingly globalised economy requires international commercial law professionals to have a wide range of knowledge on issues relevant to international commerce, such as the World Trade Organisation and the law of international trade, and in areas such as international finance or intellectual property law.

The LLM Law (International Commercial Law) has been designed to meet the distinct, identified needs of international commercial law professionals and legal practitioners.

LLM Law (Cyber Law)
As law and information technology become increasingly intertwined, the need for specialist knowledge in this area has increased dramatically. The LLM Law (Cyber Law) will provide you with specialist knowledge on how the law has responded to challenges to the management of data, computer misuse and criminal liability.

On this programme you will study the global context of Cyber Law, the Law of Autonomous Systems and Digital Crime and Evidence.

LLM Law (Space Law)
The Law regulating Outer Space activity sits at the cutting edge of legal knowledge. The regulation of communications, Earth Observation and Global Positioning has never been more important given the revolution in the world space economy.

Taught by world leading space law experts, the LLM LAW (Space Law) will provide you with a critical understanding of the contemporary space environment, an introduction to international space law and a chance to explore the way in which the regulation of space intersects with a whole range of legal issues.

LLM Law (Criminal Justice)
Drawing on a world-recognised research and teaching team you will study financial crime, theories of comparative criminal evidence. You will also study the intersection of human rights and criminal justice as well as specialist modules in Transnational Crime.

Distance Learning programmes
Northumbria Law School also offers a range of Distance Learning programmes.

These include the Advanced Legal Practice LLM, PG Cert/Dip/LLM Information Rights Law and Practice and PG Cert Data Protection Law and Information Governance.

Northumbria University
NEWCASTLE

Law School

Special focus areas: International Finance, International Commercial Law, Cyber Law, Space Law, Criminal Justice

Start and length of programmes:
End September, 12 months

Closing date for applications: Mid-August

Number of LL.M. students per year:
40–50

IELTS score required: 6.5 overall with no element below 5.5

Tuition fees: GBP 8,190 for European (EU) students, GBP 15,500 for International Students

Contact details:
+44 191 227-3960
nu.postgraduate@northumbria.ac.uk
www.northumbria.ac.uk

Andrássy Universität

Das deutschsprachige LL.M.-Programm der Andrássy Universität bietet graduierten Juristen eine Zusatzqualifikation mit einem ausgeprägten europarechtlichen Profil. Es wird in Kooperation mit der Universität Heidelberg durchgeführt und durch das Land Baden-Württemberg gefördert.

Schwerpunktbereiche

Der Studiengang wird in zwei Spezialisierungsrichtungen angeboten: „Internationale und Europäische Verwaltung" und „Internationales Unternehmensrecht: Schwerpunkt Ostmitteleuropa". Doch kann das Studium auch ohne Spezialisierung absolviert werden. Zudem ist es möglich, das rechtswissenschaftliche Kernprogramm durch Veranstaltungen aus dem politik-, wirtschafts-, geschichts- und kulturwissenschaftlichen Lehrangebot zu ergänzen.

Vermittelte Qualifikationen

Das Studium will erstens vertiefte Kenntnisse auf dem Gebiet des Europarechts vermitteln – sowohl im privatrechtlichen als auch im öffentlich-rechtlichen Bereich.

Zweitens sollen die Studierenden über den Weg der Rechtsvergleichung an andere Rechtsordnungen herangeführt werden. Der Schwerpunkt liegt insoweit auf dem EU-Beitrittsraum und bei der Umsetzung unionsrechtlicher Vorgaben.

Drittens werden die Teilnehmer des Programms auf eine weitergehende wissenschaftliche Tätigkeit vorbereitet, insbesondere auf ein mögliches Doktoratsstudium und die Anfertigung einer Promotionsschrift.

Studienumfeld

Die Ausbildung im LL.M.-Programm erfolgt ganz überwiegend in Kleingruppen, sodass eine optimale Betreuung, auch bei der Anfertigung der Magisterarbeit, gewährleistet ist. Die Andrássy Universität bietet ein interkulturelles Umfeld, zu dem man – auch dank der überschaubaren Größe der Universität – schnell Zugang findet. All dies und der schöne Studienort Budapest sorgen für ein besonderes und dauerhaft prägendes Studienerlebnis.

ANDRÁSSY UNIVERSITÄT BUDAPEST

LL.M.-Programm: Vergleichende Staats- und Rechtswissenschaften

Programmbeginn und -dauer:
September und Februar, 10 Monate

Zahl der Studierenden pro Jahrgang:
max. 25

Bewerbungsschluss: Anfang Januar (für das SS) und Mitte August (für das WS)

Formale Voraussetzungen: juristischer Abschluss auf universitärem Niveau

Programmkosten:
ca. EUR 875 pro Semester

Ansprechpartner:
Leszek Dziuba, LL.M.
+36 1 815-8153, LLM@andrassyuni.hu
www.andrassyuni.eu

Columbia University

The key to a satisfying and enriching LL.M. experience is student choice. Columbia Law School offers a general LL.M. degree, giving students the freedom to select their courses from an incredibly vast curriculum. Beginning with a robust three-week long orientation program, which includes our required Introduction to American Law and LL.M. Legal Research and Writing courses for foreign-trained lawyers, our seasoned advisers in the Office of Graduate Legal Studies help you design an individual program of study to meet your academic and professional goals – whether to broaden your general preparation; to specialize in a particular field; or to deepen your knowledge of American, international, or other legal systems. LL.M. students sit alongside J.D. students in class, resulting in a mix that promotes an exchange of fresh ideas and perspectives.

From working on a law journal or with faculty on research, to participating in pro bono projects or student organizations – the possibilities for learning, networking, and growing professionally at Columbia Law School are extraordinary. We offer unparalleled opportunities for experiential learning through our clinics, externships, and skills-based courses, such as the ever-popular Deals and Negotiation workshops. In addition, our centers and programs enrich our students' education through daily lectures, roundtable discussions, and conferences, and also serve as catalysts for scholarly work and student involvement on issues and activities in the law.

As a Columbia LL.M. student, you become part of one of the world's preeminent universities, and are invited to take courses in other schools – such as Columbia Business School and the School of International and Public Affairs – making the LL.M. a truly interdisciplinary degree.

For an inside look into the Columbia LL.M. Program, visit the Graduate Legal Studies blog, "The Columbia LL.M. Experience" – law.columbia.edu/llmblog.

Columbia **Law School**

LL.M. programs: LL.M. Program, J.S.D. Program, Executive LL.M. in Global Business Law

Start and length of program: August, 10 months

Closing date for applications: early review: November 1; regular review: December 18

TOEFL score required: 105 overall (with at least 26 on Reading and Listening, and 24 on Speaking and Writing)

Tuition fees: approximately USD 72,360

Contact details:
The Office of Graduate Legal Studies
+1 212 854-2655, gls@law.columbia.edu
law.columbia.edu/llm
executive-llm.law.columbia.edu

Drexel University

The Drexel University Thomas R. Kline School of Law offers a variety of innovative LL.M. degrees that provide practicing attorneys with more sophisticated and specialized knowledge in fast-changing and high-demand areas of professional practice.

Law School in Philadelphia
A city steeped in American history and in legal history, Philadelphia is an especially great place to learn law.

As the second largest city on the East Coast, Philadelphia is the headquarters for some of the largest law firms in the U.S., as well as Fortune 500 companies, universities, hospitals and federal, state and municipal courts. It is consistently ranked one of the best cities in the country to practice law due to job demand, location, and cost of living.

LL.M. Programs
The LL.M. in American Legal Practice provides internationally trained law graduates with both a deep understanding of the U.S. legal system and an opportunity to see how the law is applied in professional practice. With small classes and faculty available to meet individually with students, Drexel's Kline School of Law is the perfect place to study American law.

The LL.M. in Cyber Law and Data Privacy enables experienced attorneys to advance their skills in legal regulatory analysis and policy in a critical arena. This LL.M. program is designed to train attorneys who manage the risks faced across diverse industries and sectors, providing a deep dive into the detailed regulations and strategies that business must navigate.

Year after year, laws and regulations pertaining to health care delivery change and grow more complex, creating tremendous demand for attorneys and compliance professionals with deep knowledge of the industry. The LL.M. in Health Care and Pharmaceutical Compliance provides an immersion in this legal sphere and the skills to create comprehensive compliance programs.

DREXEL UNIVERSITY
Thomas R. Kline
School of Law

LL.M. programs: LL.M. in American Legal Practice, LL.M. in Cyber Law & Data Privacy, LL.M. in Health Care & Pharmaceutical Compliance

Start and length of program: August or January, depending on program; one year (or longer)

Closing date for applications: March 1 (international) or July 22 (domestic), online: July 22 or December 6

Number of students per year: 10–20

TOEFL/IELTS score required: 88 (iBT)/6.5

Tuition fees: USD 1,234/credit (24 credits required to graduate)

Contact details:
Audrey Woods
+1 (215) 895-1529
lawadmissions@drexel.edu
drexel.edu/kline

Emory University

Emory Law offers a world-class faculty, a diverse student body, a sophisticated and dynamic urban setting, practical opportunities to apply legal theory and skills, and a global alumni network. Emory Law's academic rigor, combined with practical learning opportunities, affords both foreign- and U.S.-trained lawyers an unparalleled experience.

Emory's LL.M. is a highly customizable program designed for individuals who are seeking to build upon their legal background for professional and scholarly advancement. Students can structure a curriculum around their interests, either through a general course of study or by focusing on one of Emory Law's many areas of expertise including intellectual property law, law and religion, human rights law, international law, global health/health law, and transactional law. LL.M. students have full access to our Center for Professional Development and Career Strategy and are able to become involved in Emory Law's many student organizations and practice societies.

Emory University

Emory University is recognized as one of the world's leading institutions of learning, combining nine undergraduate, graduate, and professional schools with the largest health care system and sponsored research base of any university in Georgia. Emory maintains active partnerships with many of the city's preeminent institutions, such as The Carter Center, the Centers for Disease Control and Prevention, and Georgia Institute of Technology. The campus is also home to multiple cultural venues, including a state-of-the-art concert hall that features international artists and provides discounted tickets to students.

Emory's location in a safe, primarily residential neighborhood in Atlanta is one of many aspects that distinguish us among the United States' best law schools. We offer personalized attention in a thriving, friendly environment, so that students feel both at home and connected to the world at large.

EMORY | LAW

Special focus areas: Transactional Law, Public Law & Regulation, Child Law & Policy, Vulnerability & the Human Condition, Human Rights Law, Law & Religion

Start and length of program:
August and January, 10–12 months

Number of LL.M. students per year:
50–75

TOEFL/IELTS score required:
Goal of 100 (iBT)/7.0 (IELTS), but all applications considered

Closing date for applications:
June 30 for August admission;
November 15 for January admission

Tuition fees: Tuition: USD 56,500,
Fees: USD 848 (2018–19)

Contact details:
Artemis Aghdasi
+1 404 727-6802
llmadmission@emory.edu
law.emory.edu

Europa-Universität Viadrina

Verhandeln, Vermitteln, Entscheiden

Das postgraduale berufsbegleitende Master-Studium Mediation und Konfliktmanagement bietet Ihnen die Gelegenheit, sich auf wissenschaftlicher Grundlage in einem von Interdisziplinarität und Lernfreude geprägten Umfeld mit verschiedenen Ansätzen des konstruktiven Umgangs mit Konflikten fundiert auseinanderzusetzen. In einem Fernstudienprogramm mit intensiven Präsenzphasen lernen Sie strukturierte Verfahren kennen, die nicht nur in akuten Konfliktsituationen, sondern auch in Verhandlungen und Entscheidungsprozessen sehr gewinnbringend einsetzbar sind.

Zudem vermittelt das Studienprogramm Zusatzqualifikationen im Bereich der deeskalierenden Gesprächsführung, Verhandlungsstrukturierung und Interessenermittlung, die insbesondere für juristische Berufe eine sinnvolle Horizonterweiterung bedeuten.

Studienorganisation

Das Master-Studium schließt je nach gewählter Abschlussvariante mit dem Titel „Master of Arts" (M.A.) bzw. „Master of Laws" (LL.M.) ab und umfasst in drei Semestern ca. 36 Präsenztage in Frankfurt (Oder) und Berlin, die sich auf Dreitagesblöcke verteilen.

Neben übergreifenden methodischen Aspekten wie Mediationsethik, psychologischen Grundlagen und Verfahrensauswahl bzw. -gestaltungsfragen, die bereits im Pflichtteil des Studiums behandelt werden, wird im Vertiefungsteil eine große Auswahl an Spezialisierungsmöglichkeiten angeboten:

- Wirtschaft: Verhandeln, Systemdesign, Schiedsverfahren, innerbetriebliches Konfliktmanagement, B2B-Mediation
- Psychologie: Grundlagenvertiefung
- Familie, Schule und Jugend
- Öffentliche Planungsverfahren
- Internationale Friedensprozesse

Studiengebühren

Die Studiengebühren inklusive der praktischen Mediationsausbildung betragen insgesamt 9.900 Euro. Bei Anrechnung einer vorhandenen Ausbildung reduzieren sich die Gebühren auf 6.900 Euro. Eine Zahlung in drei Semesterraten ist möglich.

EUROPA-UNIVERSITÄT
VIADRINA
FRANKFURT (ODER)

Spezialisierung des Programms:
Mediation und Konfliktmanagement

Programmbeginn und -länge:
April 2021, 18 Monate

Bewerbungsschluss: Winter 2020/2021

Programmkosten: EUR 6.900/9.900

Ansprechpartner:
Romy Orthaus
+49 335 5534-2317
master-mediation@europa-uni.de
www.rewi.europa-uni.de/master-mediation

Fordham University

Fordham Law School's Master of Laws (LL.M.) program is among the most highly regarded in the United States. Lawyers from the U.S. and more than 40 countries seeking specialized knowledge, training, and career advancement turn to Fordham Law School's LL.M. program for its outstanding faculty members, its location in the heart of New York City, and its welcoming community of students, faculty, administrators, and alumni. Our LL.M. students are eligible to participate in the International Student Interview Program (ISIP), a job fair in New York City for foreign-trained LL.M. students attending select U.S. law schools attracting over 160 employers from top law firms each year.

The Curriculum

The eight LL.M. degree programs are designed to help students expand their knowledge of a particular area of law. A degree from Fordham Law will not simply prove that one succeeded in Fordham's rigorous program of academic study but, more importantly, that they are an advanced legal thinker prepared to succeed in a world of ever shrinking borders. Students have the option to stay on for a third semester to complete a second LL.M. concentration.

NY Bar Eligibility

Many international law school graduates are able to "cure" their foreign law degree by completing a qualifying LL.M. degree. All eight of our LL.M. specializations at Fordham Law meet this "cure provision". Applicants should have their first degree in law evaluated by the NY BOLE to confirm bar exam eligibly.

Scholarships

Our office administers two scholarship programs: (1) Freerick, Treanor, and Martin Scholarships (three scholarships coving 100 percent of tuition are awarded each fall) and (2) Graduate Student Scholarships (these partial, merit-based awards are available during the fall and spring admission cycles). Our office has also compiled a list of external scholarships and resources. For more information on merit scholarships at Fordham Law, visit: law.fordham.edu/llmscholarships

FORDHAM UNIVERSITY
THE SCHOOL OF LAW

Special focus areas: Banking, Corporate, and Finance Law, Corporate Compliance, Fashion Law, International Business and Trade Law, International Dispute Resolution, International Law and Justice, Intellectual Property and Information Technology Law, U.S. Law

Start and length of program:
August or January, 9 or12 months

Tuition fees: USD 61,770 (full time)

Closing date for applications:
March 1 (fall); October 1 (spring)

TOEFL/IELTS score required: 100/7

Contact details:
Martin Slavens
+1 212 636-6883, llm@law.fordham.edu
law.fordham.edu/llm

George Mason University

Located steps away from Washington D.C., George Mason University Antonin Scalia Law School ranks top 10 in the world in Competition Law LL.M. Programs (LLM Guide) and "Best LL.M. Law School Experience for Foreign Attorneys" (International Jurist). As a public university, we offer top ranked education for a fraction of the cost of private schools. e-fellows receive a $10,000 scholarship upon admission.

Four excellent LL.M. programs

Law & Economics LL.M.: Scalia Law is recognized for its excellence in the teaching of Law & Economics. Students learn from the best professors in the field at the only law school to have had two Nobel Laureates among its faculty.

U.S. Law LL.M.: Obtain a strong foundation in U.S. law and obtain credits to sit for a bar exam in the U.S.

Global Antitrust LL.M.: Scalia Law has the largest antitrust law faculty in the U.S., and one of the most prestigious and cited in the world. Students study in-depth antitrust law issues and have a chance to interact with top ranked practitioners in the field, including Judge Douglas Ginsburg and former FTC Commissioner Joshua Wright.

Intellectual Property LL.M.: Our professors and their research are often quoted in important decisions in the field of intellectual property law. Students have the option to specialize in Patents or Technology, Cybersecurity and Intelligence Law, one of the hottest areas of law practice in current times.

Prestigious research centers

Scalia Law is home to the Global Antitrust Institute, Law & Economics Center, the National Security Institute, and the Center for the Protection of Intellectual Property. Students enjoy free access to academic conferences and resources.

Fast admissions decision

Apply today and receive an answer within two weeks.

GEORGE MASON UNIVERSITY | ANTONIN SCALIA LAW SCHOOL

LL.M. programs: United States Law; Law & Economics; Global Antitrust Intellectual Property Law (option to specialize in Patents or Tech/Cyber Law)

Start and length of programs: fall or spring semester, 1 year

Tuition fees: USD 40,740; scholarships of USD 10,000 available for e-fellows

Closing date for applications: May 1 (for August); and November 1 (for January)

TOEFL/IELTS score required: 90 (iBT), 6.5 (IELTS)

Contact details:
Justin Aromas-Janosik
+1 (703) 993-8095
jaromasj@gmu.edu, llm.gmu.edu

George Washington University

As the oldest law school in Washington D.C., The George Washington University Law School has a stellar record of educating leaders in the field of law. The LL.M. programs at GW Law allow students to combine traditionally taught courses with in-depth seminars, internships, and skills training for a complete approach to legal education. Because of its location in Washington D.C., the law school offers unparalleled opportunities for the study and observation of law in action.

Faculty
Our faculty of well-respected scholars and practitioners engages students with a stimulating curriculum that teaches legal skills through extensive practice, academic coursework, and scholarly research. In addition, our adjunct faculty is drawn from legal practitioners in D.C.

Programs of Study
Students can choose from a general LL.M. degree or from one of eleven specialized degrees. With a broad curriculum featuring more than 275 elective courses, along with strong academic and personal support, the law school offers an exceptional academic environment.

Hands-on Experience
Students gain practical experience in externships at nearby institutions, including major international organizations, nonprofits, courts, federal government agencies, and international dispute settlement bodies.

Our Alumni
Our graduates become leaders around the world in business, international organizations, the judiciary, government, and private legal practice. Notable recent appointments for our LL.M. graduates include: Ambassador from Tanzania to the United States, Ambassador from Romania to the United Kingdom, High Court Judge of the Eastern Caribbean Supreme Court, Director of the Climate and Energy Program at the Center for International Environmental Law, President of the Andean Community Court of Justice, and Prime Minister of Mongolia.

GW | LAW

LL.M. programs: Business and Finance Law, Energy and Environmental Law, Environmental Law, General LL.M., Government Procurement Law, Government Procurement and Environmental Law, Intellectual Property Law, International and Comparative Law, International Environmental Law, Litigation and Dispute Resolution, National Security and Cybersecurity Law, National Security and U.S. Foreign Relations Law

Number of students per year: 178

Start and length of programs:
fall or spring semester, 1 year

Closing date for applications:
March 15 and November 1

TOEFL/IELTS score required: 100 (iBT), 600 (PBT)/7.0 (IELTS)

Contact details:
Shehernaz Joshi, +1 202 994 7242
llmadmissions@law.gwu.edu
www.law.gwu.edu

Golden Gate University

Golden Gate University School of Law is an award-winning, ABA-accredited law school with a prime location in the heart of San Francisco. GGU Law offers an innovative and personalized learning experience that produces a diverse group of graduates with the skill, judgment, and knowledge to become exceptional lawyers for today's truly global market.

Earning your graduate law degree from GGU Law is an invaluable investment in your education. Our program enables law graduates to continue their studies, to specialize, or – in the case of foreign-educated lawyers – to qualify to take a bar exam in the United States. Whether you are seeking an edge in the job market, are an experienced practitioner looking to increase your specialization, or are an international student wanting to learn about U.S. law, GGU Law can help you achieve your goals.

Our six award-winning Master of Laws (LLM) programs give you the chance to study in a variety of specialized areas like intellectual property and environmental law or the opportunity for international students to take a broad overview of U.S. law. Our location in the heart of downtown San Francisco provides students with unmatched access to courts, law firms, advocacy organizations and government agencies.

Flexibility
All our programs offer great flexibility by accepting entering students in the fall (August), spring (January), or summer (May) semester, and allowing students to complete the program on a full-time or part-time basis.

Diversity
GGU Law has a legacy of inclusion, expanding access, and breaking barriers. Recognized as one of the most diverse law schools in the nation, GGU Law knows that diversity is our strength. We believe that training future lawyers and leaders of diverse backgrounds and experiences creates a stronger, more inclusive justice system. GGU Law is proud to be a leader in expanding access to legal education, helping to promote equity within the profession, and diversifying the legal community.

GOLDEN GATE UNIVERSITY
SCHOOL OF LAW

LL.M. programs: Environmental Law, Estate Planning, Intellectual Property Law, International Legal Studies, Taxation Law, U.S. Legal Studies

Contact details:
Graduate Law Admission Office
536 Mission Street,
San Francisco, CA 94105
+1 800 4484-968
gradlaw@ggu.edu, law.ggu.edu

IE Law School

Executive LLM
A unique partnership between two of the world's leading institutions in law and business education gives participants the opportunity of earning an LLM from Northwestern Pritzker School of Law and a Certificate in Business Administration from IE Business School. The Executive LLM program focuses on Anglo-American common law, vital for international lawyers, as well as management fundamentals necessary in the practice of law for business or corporate clients.

LLM in International Business Law
International law firms increasingly demand lawyers with a global perspective, able to add value in complex international transactions. This includes combining top quality legal advice with an in-depth understanding of business issues and the highest standards of professional ethics. Students will graduate with both an LLM title from IE Law School and a Certificate in Business Administration from IE Business School.

Master in Global Corporate Compliance (LLM)
The Master in Global Corporate Compliance (LLM) is a practical and modern program that combines trends in compliance and the study of relevant industries. The program will explore compliance related technology with a teaching methodology based on the case method, roleplaying, class simulations and debates. This will shape professionals to the market needs and it will provide a 360º approach to compliance. The program is offered both full-time and part-time.

Master in Legal Tech
IE Law School has launched the Master in Legal Tech, a cutting-edge program designed to empower lawyers, entrepreneurs, and professionals from diverse backgrounds to think outside the box, explore and harness the power of technology in the sector. The program provides comprehensive academic and professional training in legal practice, as well as interdisciplinary analysis related to current developments in law and technology. Part-time (Madrid – Silicon Valley – Herzliya).

ie
LAW SCHOOL

Special focus areas: Business Law, Anglo-American Common Law, Corporate Compliance, Legal Tech and MBA Module

Start and length of programs:
March, September, or October, depending on program, 9 to 11 months

Closing date for applications:
no deadline, rolling admission

Number of students per year: 20–30

TOEFL/IELTS score required:
100 (iBT)/7.0 (IELTS)

Tuition fees: EUR 31,700 and 39,700, depending on program

Contact details:
+34 91 5689600, admissions.law@ie.edu
www.ie.edu/law-school

Institute for Law and Finance

The LL.M. Finance Program: International, Interdisciplinary and Practice-Oriented

The ILF offers a unique interdisciplinary Master of Laws in Finance (LL.M. Finance) program to well-qualified law, business, or economics graduates. Courses in this highly specialized program are conducted entirely in English. ILF students are fully-enrolled members of Goethe University in Frankfurt which confers the LL.M. Finance degree.

About 50 highly qualified international graduates from more than 20 countries are admitted to the program. The excellent faculty-student ratio of 65 to 50 ensures small classes and thus academic excellence and direct personal contact between students and the faculty. This program is aimed at those who have an interest in combining theoretical knowledge with practical training in law and international finance. The curriculum is interdisciplinary and overcomes the traditional separation of the academic disciplines of law and business/economics. The faculty consists of both prominent academics as well as experienced practitioners from Europe's financial world, e.g. leading international law firms, major banks, the European Central Bank, the German Bundesbank and BaFin (German Federal Financial Supervisory Authority).

The LL.M. Finance program also incorporates a special two-month internship with public and private institutions which support the ILF. The ILF has cooperation agreements for student exchanges with Boston University School of Law (one semester at BU and one semester at ILF) and FGV Direito Rio (Brazil). The ILF, located in Frankfurt am Main, Germany, the major financial center in Europe, provides the ideal location to train young professionals to deal with current and future legal and financial challenges.

INSTITUTE FOR LAW AND FINANCE
Goethe-Universität Frankfurt am Main

LL.M. program: Master of Laws in Finance

Special focus areas: Law and Finance

Start of program: October of every year; applications are dealt with on a rolling basis

Length of program: 1 year (full-time), 2 years (part-time)

Tuition fees: EUR 20,000 (full-time), EUR 24,000 (part-time)

Number of students per year: about 50

TOEFL score required: 100 (iBT)

Contact details:
Institute for Law and Finance
Goethe-Universität Frankfurt
Campus Westend, House of Finance
Theodor-W.-Adorno-Platz 3
60323 Frankfurt am Main
+49 69 798-33624
LLM@ilf.uni-frankfurt.de
www.ilf-frankfurt.de

Koç University

Koç University Law School in Istanbul has quickly become an internationally reputable institution in legal education and research. Koç University is a private non-profit, research-intensive and English medium university that is amongst the top ranked higher education institutions in the region today. We offer LLM and PhD programs in international public and private law in English and on a part-time format to a small and carefully selected cohort of international students every year. Diplomas obtained from Koç University are recognised worldwide.

Is this program for you?
We have students with many years of professional experience and also recent graduates with law bachelor degrees. We do not prefer one group over another.

Koç University has an ambition of training a new generation of lawyers by offering research and learning in different legal disciplines based on multidimensional perspectives. Therefore, international students will have the opportunity to experience a global academic atmosphere where they will also be able to adopt legal approaches to cope with local and global issues.

Is Istanbul for you?
Istanbul is an emerging global business hub hosting many international organizations and companies such as UN divisions and international law firms due to its strategic location. Considering this advantage, our students have a wide variety of career opportunities in the legal profession and many have had the opportunity to do internships during the LLM program at these institutions or firms.

International students will find Turkey more affordable in terms of living costs compared to traditional graduate destinations such as the United States or EU member states. Monthly living costs in Istanbul can vary between 400 and 600 Dollars (350–550 Euros) per month to cover accommodation on a shared basis (on-campus or off-campus), food, study materials and leisure activities.

KOÇ ÜNİVERSİTESİ
LAW SCHOOL

Special focus areas: Business Law, Commercial and Trade Law, Corporate and M&A Law, Comparative Law, Constitutional Law, Insurance Law, Intellectual Property Law, International Law, International Economic Law, Human Rights Law, Maritime Law, Public Law

Start and length of program:
September, 12 months

Tuition fees: EUR 11.700 approx.

Closing date for applications:
20 June 2020

TOEFL/IELTS score required: 80/6.5

Contact details:
Global Recruitment Team
+90 2123381178/1374
study@ku.edu.tr, international.ku.edu.tr

Pepperdine Law

The Straus Institute for Dispute Resolution at Pepperdine Caruso School of Law is one of the world's leading educational programs in the field of dispute resolution. Our LL.M programs bring together an unparalleled full-time teaching and research faculty alongside scholars and practitioners from Asia, Canada, Europe, Latin America, and the U.S. Each semester we welcome international students into our programs. Our alumni include graduates from over 65 different countries.

Academic Excellence

For more than 30 years, the Straus Institute has built a program that has been recognized for excellence throughout the world. In the annual U.S. News & World Report rankings, Pepperdine Law has been rated the Number 1 dispute resolution program for 13 out of the last 15 years.

Pepperdine Law allows the distinctive opportunity to work with law students, graduate students, and a number of working professionals in the fields of human resources, education, psychology, business, law, and ministry. Due to small class sizes many students are able to enjoy a network of friends and business relationships that they create here.

Career Development

Our accomplished faculty serve as academic mentors, and Straus offers dedicated staff to focus on the professional development of our students. Our network of alumni and employers in diverse industries helps to strategically connect students with opportunities to advance their professional goals.

Location

Our location in Malibu, California, just 30 miles from Downtown Los Angeles, provides access to the thriving Downtown legal and business communities, the area's diverse culture, and the heart of the entertainment industry while providing a calm and comfortable living environment. Known for its beautiful weather, stunning beaches, and vibrant community, Malibu features many unique recreational, dining, and sightseeing experiences.

PEPPERDINE | CARUSO
SCHOOL OF LAW

Special focus areas: Dispute Resolution; International Commercial Arbitration; International Commercial Law and Arbitration; International Commercial Law and Dispute Resolution; United States Law and Dispute Resolution; United States Law; Entertainment, Media and Sports Law

Start and length of programs:
August, January, or May; 9 months full-time or 2 years part-time

Closing date for applications:
rolling admission

TOEFL/IELTS score required: 100/7

Tuition fees: USD 54,990; all admitted applicants are considered for scholarships

Contact details:
Seth Hackett, +1 310 506-4655
dracademics@pepperdine.edu
straus.pepperdine.edu

Tulane University

For well over 75 years, Tulane has welcomed students and scholars from throughout the world to study at the Law School. Known world-wide for the excellence of its faculty and its legal education programs, Tulane offers a unique and valuable experience to law graduates wishing to pursue advanced study.

Location

The school's location in New Orleans places it in one of the most diverse and cosmopolitan cities in the United States, if not the world.

Programs Offered

Because Tulane considers graduate legal education to be a central part of its identity, the Law School offers programs designed to enable LL.M. students to thrive both academically and professionally.

In addition to five LL.M. programs, an SJD program, and a 14-credit add-on program for LL.M. graduates wishing to prepare for U.S. bar exams, Tulane offers a number of resources to enrich students' experiences and to help them to take full advantage of the graduate program. These include a 4-week introductory course for international LL.M. students, taught just before the start of the fall semester. This course and associated activities have the dual purposes of introducing students, in a relatively relaxed environment, to the methods and expectations of U.S. legal education and introducing them to areas of U.S. law with which all students should gain some familiarity.

Tulane also offers English-language instruction and support to those students who may benefit from it, with emphasis on the language of legal and business environments.

Finally, the Law School's Office of International Legal Programs plans both educational programs and social programs and ensures that all LL.M. students receive individual attention and advising. Our goal is to offer LL.M. students a complete and valuable experience.

Tulane University
LAW SCHOOL

LL.M. programs: General LL.M., LL.M. in Admiralty and Maritime Law, Energy & Environmental LL.M., International & Comparative LL.M., American Law LL.M.

Start and length of program: July, preceeded by a mandatory orientation for international students; 10 months

TOEFL/IELTS score required: 90 (iBT), 7

Closing date for applications: May 1

Tuition fees: USD 58,610. We offer very competitive scholarships and/or tuition waivers.

Contact details:
Maria Landry
+1 (504) 261-5421
mgusmaop@tulane.edu
law.tulane.edu/admissions/graduate/apply

Technische Universität Dresden

International Studies in Intellectual Property Law

Das Institut für Geistiges Eigentum, Technikrecht und Medienrecht (IGETeM) bietet seit 1999 den vielfach ausgezeichneten LL.M.-Studiengang „International Studies in Intellectual Property Law“ an. Das einjährige Programm ist in seiner inhaltlichen Spezialisierung in Kombination mit der internationalen Ausrichtung einmalig.

Ablauf des Studiums

Das Wintersemester verbringen die Studierenden an einer unserer internationalen Partneruniversitäten, der University of Exeter, dem Queen Mary Intellectual Property Research Institute in London, der Karlsuniversität in Prag, der Jagiellonen-Universität in Krakau, der University of Washington in Seattle, der Szegedi Tudományegyetem im ungarischen Szeged, dem Centre d'Études Internationales de la Propriété Intellectuelle in Straßburg und der Keio-Universität in Tokio. Das Sommersemester in Dresden wird sowohl auf Englisch als auch auf Deutsch angeboten und bietet neben Lehrveranstaltungen im geistigen Eigentum, Medien- und Wettbewerbsrecht die Möglichkeit, die Theorie durch Vorträge sowie Workshops mit Richtern und Rechtsanwälten praktisch zu vertiefen.

Vom LL.M. zum Fachanwalt

Im Rahmen des Programms besteht zudem die Möglichkeit, die Klausuren für die Erlangung des Fachanwaltstitels „Gewerblicher Rechtsschutz“ abzulegen (§§ 4, 14h FAO). Die Veranstaltungen des Master-Studiengangs bereiten Sie dabei optimal auf die Klausuren vor.

Kooperationen

Das IGETeM ist Partner des Pan-European Seal Programme und bietet auch hierdurch ideale Karrierevoraussetzungen für unsere Absolventen.

TECHNISCHE UNIVERSITÄT DRESDEN

DRESDEN IP LL.M.

LL.M.-Programm: International Studies in Intellectual Property Law

Spezialisierung des Programms: Recht des geistigen Eigentums, Wettbewerbs- und Medienrecht

Programmbeginn: April (Sommersemester) oder September/Oktober (Wintersemester)

Dauer des Programms: 12 Monate

Zahl der Studenten pro Jahrgang: max. 40

Bewerbungsschluss: 15. Januar (für Sommersemester), 15. Mai (für Wintersemester)

Programmkosten: EUR 2.500 zzgl. Semesterbeitrag der TU Dresden sowie Studiengebühren der ausländischen Partneruniversitäten

Ansprechpartner:
Institut für Geistiges Eigentum, Technikrecht und Medienrecht
+49 351 463 37393
ip-llm@mailbox.tu-dresden.de
www.llm-ip.de, Facebook: LL.M. IP

Universität Wien – Postgraduate Center

Mach deinen LL.M. an einer der ältesten und größten Universitäten Europas

Die Universität Wien wurde 1365 gegründet und stellt eine der größten Universitäten im deutschsprachigen Raum dar. Im Herzen Europas liegend, bietet sie über 60 postgraduale Master-Programme, Universitätslehrgänge und Zertifikatskurse an. Die Master-Programme sind großteils berufsbegleitend in geblockter Form aufgebaut und ermöglichen den Erwerb fachübergreifender, praxisbezogener Zusatzqualifikationen. Alle Studien unterliegen Qualitätssicherungskriterien, die internationalen universitären Standards entsprechen.

Spezialisierung nachgefragt

Nach Abschluss des Jus-Studiums ist in der beruflichen Praxis oftmals eine Spezialisierung gefragt. Eine universitäre Weiterbildung kann den entscheidenden Vorsprung bringen, um Wissen zu vertiefen und die Karriere voranzutreiben. Denn: Die Studierenden erwerben wissenschaftlich fundierte und praktische Tools, die im Berufsleben eine immer wichtigere Rolle spielen. Zudem können sie dank kleiner Studierendengruppen ein berufliches Netzwerk aufbauen.

Breites Spektrum

Die Universität Wien bietet sieben LL.M.-Programme an:

- Europäisches und Internationales Wirtschaftsrecht
- Familienunternehmen und Vermögensplanung
- Informations- und Medienrecht
- International Legal Studies
- Kanonisches Recht
- Steuerrecht und Rechnungswesen
- Wohn- und Immobilienrecht

Kooperation mit Praxispartnern

Sowohl bei der Konzipierung als auch bei der Durchführung der postgradualen Weiterbildungsprogramme arbeitet die Universität Wien eng mit Expertinnen und Experten aus der Praxis zusammen. Die Studierenden profitieren somit (z. B. in Form von Praktika) von einem regen Austausch zwischen Wissenschaft und beruflicher Praxis.

universität wien
Postgraduate Center

LL.M.-Programme:
Europäisches und Internationales Wirtschaftsrecht, Familienunternehmen und Vermögensplanung, Informations- und Medienrecht, International Legal Studies, Kanonisches Recht, Steuerrecht und Rechnungswesen, Wohn- und Immobilienrecht

Programmbeginn und -dauer, formale Voraussetzungen, Bewerbungsschluss, und Programmkosten: unterschiedlich je nach Programm. Weitere Informationen siehe www.postgraduatecenter.at

Ansprechpartner:
Service Center, +43-1-4277-10 800
info@postgraduatecenter.at
www.postgraduatecenter.at

University of Vienna

LL.M. International Legal Studies

The University of Vienna was founded by Duke Rudolf IV in 1365. For centuries, the Vienna Law School has been internationally renowned for its innovative capacity of exploring legal borders. Today, the Juridicum, the seat of the Law School, is ideally located in Austria's capital Vienna, a city in the heart of Central Europe and the European Union, hosting many international organizations (such as the United Nations with UNIDO and UNCITRAL, as well as IAEA, OSCE, OPEC and others).

Vienna's LL.M. International Legal Studies Program aims at providing eligible graduates in law holding a Bachelor or Master of Law, or a J.D., with the possibility to broaden their interest in and deepen their knowledge of fundamental structures of public international law and to acquire knowledge of and skills in dealing with a variety of legal issues in a number of specialized fields of public international law. Students will learn to recognize, identify and solve recurrent legal problems. Contemporary legal developments in state practice will be discussed and analyzed within the framework of four special modules (Fundamental Issues of International Law, International Economic Law, International Organizations and International Dispute Settlement). The program focuses on fostering research and acquiring proficiency in analyzing and handling complex problems of international law and international relations.

This LL.M. program uniquely combines two core areas of international economic law: Trade and Investment. These areas reflect the growing importance of international trade and investment law, in particular the dispute settlement mechanisms of the WTO as well as investment arbitration.

The LL.M. program, which is taught entirely in English, relies upon a faculty of university professors in law who are all very renowned in their particular fields of expertise.

universität wien
Postgraduate Center

Special focus areas: Public International Law, International Dispute Settlement, Immunity in International Law, Human Rights, International Economic Law, International Organizations, International Treaty Law, Investment Arbitration, and WTO Law

Start and length of program: October; 1 year full-time or two years part-time

Closing date for applications: July 1

TOEFL score required: 100 (iBT)

Tuition fees: EUR 11,000 (1 year full-time), EUR 5,500 (2 years part-time)

Contact details:
Claudia Luxon, MA
Int-law-llm@univie.ac.at

University of California – Los Angeles (UCLA)

Consistently recognized as one of the top law schools in the nation and the premier law school in southern California, UCLA School of Law stands at the forefront of innovation and institutional excellence. With renowned faculty, centers, and institutes that pave the way in scholarship and legal thought worldwide, UCLA law students can look forward to a rigorous yet collegial academic environment that will prepare them for outstanding careers in whatever path they choose, from transactional and litigation practice to government service and academia.

Curricular Offerings

The law school offers an interdisciplinary approach to legal studies and boasts a dynamic, flexible curriculum that appeals to a broad range of interests. LL.M. students may pursue general or specialized studies, or create an individualized specialization in an area of their choosing. Students seeking to bolster their legal education with expertise from non-law disciplines may supplement their studies with courses from other departments across campus, such as the Anderson School of Management or the School of Theater, Film and Television.

Community

UCLA law students are among the best and brightest in the world, and compose a robust, diverse, close-knit community. Our LL.M. students represent over 30 different countries each year and together comprise a vast wealth of professional experience and expertise from a wide array of disciplines.

Location

Los Angeles is a thriving, cosmopolitan cultural center featuring arts and entertainment offerings that rival any in the world. Our lush, sprawling campus is ideally situated in one of the most desirable neighborhoods of the city, just 15 minutes from the beach. Outside of UCLA, there are limitless opportunities to explore Los Angeles' vibrant, bustling communities, leafy parks, mountainous trails, and coastal enclaves.

UCLA School of Law

Special focus areas: Business Law, including Tax Track, Securities Regulation Track, Bankruptcy Track; Media, Entertainment, and Technology Law and Policy; International and Comparative Law; Environmental Law; Human Rights; Public Interest Law and Policy; Law and Sexuality; Critical Race Studies; Law and Philosophy

Start and length of program:
August, 9 months

Closing date for applications: February 1

TOEFL/IELTS score required:
100 (iBT), 7.5

Tuition fees: USD 62,015 (excluding mandatory health fees)

Contact details:
Sidney Matthews, +1 310 794 5016
llm@law.ucla.edu, www.law.ucla.edu/llm

University of California Hastings Law San Francisco

The University of California Hastings College of the Law, located in the heart of San Francisco, California, was established in 1878 as the first law school of the University of California system.

The UC Hastings LL.M. program offers a dynamic and engaging intellectual community committed to the pursuit of justice and the highest professional standards. UC Hastings LL.M. students and alumni are a diverse group of professionals from over 50 countries with a wide variety of experience, both abroad and in the United States.

The LL.M. class is a close-knit group who find social and academic support within their small group while creating lasting friendships. LL.M. candidates may also elect to specialize in one of eight areas, receiving both an LL.M. degree and a Certificate of Specialization upon graduation. Students take all but two of their classes alongside American J.D. students.

UC Hastings is home to several nationally acclaimed legal centers including the Center for Negotiation and Dispute Resolution, the Center for Gender and Refugee Studies, and the Center for Innovation – all of which are open to LL.M. student participation.

Our Location: San Francisco
UC Hastings is located in the center of San Francisco, one of the most beautiful, vibrant, and innovative cities in the nation. UC Hastings is right in its center – just steps away from City Hall and courthouses. San Francisco is also the gateway to Silicon Valley, the technological epicenter of the world. This proximity gives UC Hastings students the opportunity to experience the law in the forums where it is practiced and determined.

LL.M. program: LL.M. in U.S. Legal Studies

Special focus areas: Science, Technology and Intellectual Property; International Business and Trade; International Law and Human Rights; Dispute Resolution and Legal Process; Health Law and Policy; Criminal Law; Taxation; Environmental Law

Tuition fees: USD 47,500 (scholarships available)

Start and length of program: mid-August, 9 months

Number of students per year: 30–40

Closing date for applications: priority deadline March 1, final deadline June 15

TOEFL/IELTS score required: 90 (iBT)/7.0 (IELTS)

Contact details:
Ashley McDonald
+1 415-565-4817
llm@uchastings.edu
www.uchastings.edu/llm

University of Illinois

With a nationally renowned faculty, a rich and diverse curriculum, myriad opportunities for professional training, and the expansive resources of a world-class research university, Illinois Law features a first-rate LL.M. program designed to introduce international students to the U.S. legal system. Located in the college town of Champaign-Urbana, our campus offers the friendliness, warmth, and safety of the American Midwest while being 2 to 3 hours from Chicago, St. Louis, and Indianapolis.

We currently offer the following concentrations for the LL.M. degree: Corporate Law, Commercial Law and Trade; Criminal Law; Intellectual Property & Technology Law; International and Comparative Law; Justice, Democracy, and Legal Rights; and Regulation, Sustainability, and Compliance.

Benefits

Our LL.M. students enjoy a fully integrated classroom experience, where they learn alongside J.D. students. Students take classes that provide a strong foundation in essential elements of legal practice and have the freedom to choose from nearly 150 course offerings. LL.M. students are encouraged to participate in a variety of enrichment activities, including clinics, competitions, law journals, student organizations, pro bono activities, and over 100 lectures and events.

Flexibility

Illinois Law offers LL.M. students the option to begin their program of study in either the fall semester (August) or spring semester (January). Additionally, students may elect to complete the LL.M. program in 2 or 3 semesters. This allows students the flexibility to customize a program of study, enjoy greater internship opportunities, and benefit from more time to study for the bar exam.

Affordability

All applicants are automatically considered for scholarships, and more than 80 percent of our LL.M. students receive at least a partial scholarship. Additionally, with a lower cost of living than most U.S. cities, your money will go further during your time in Champaign-Urbana.

ILLINOIS
College of Law

LL.M. program: Master of Laws (LL.M.)

Start and length of program: early August and mid-January, 9 or 16 months

Preferred closing date for applications: April 1 for August, September 1 for January

TOEFL/IELTS score required: 80 (iBT)/6.5

Tuition fees: USD 49,500 (2020–21)

Contact details:
University of Illinois College of Law
Graduate and International Programs
+1 217 333-6066
law-gradprograms@illinois.edu
law.illinois.edu/apply-llm

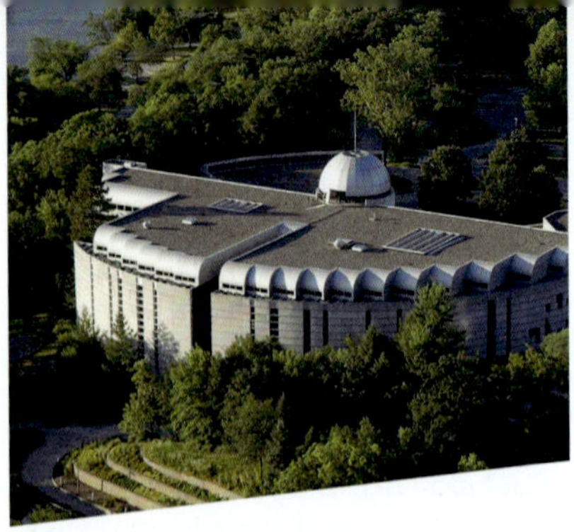

The University of Iowa College of Law

Iowa Law

Iowa Law is distinguished by the intellectual rigor of our programs, our commitment to supporting excellence, and the civility and collaborative work ethic of our close-knit community. We pride ourselves in producing counselors at law - lawyers who are skilled advocates, offer clients incisive analysis, produce the best work products, and contribute extensively to their communities.

LLM Program

Iowa Law's LLM program attracts students from every corner of the world and prepares students for a wide array of paths. Iowa Law's LLM program has two tracks, the LLM Legal Practice Track and LLM Research Track. The Legal Practice Track is for students interested in qualifying to take a bar examination in the United States. The Research Track, on the other hand, is geared to foreign-trained lawyers and students who seek to enter an academic career, or a career involving primarily policy formulation or research, or who may wish to apply later to doctoral programs. Iowa Law has a world-class library collection - one of the largest law libraries in the Country - which benefits LLM students in both tracks.

A Distinctive Culture of Success

Iowa Law is a student-centered College. At Iowa, training students to be advocates means we help them develop all the required skills involving analysis, client counseling, problem solving, leadership, and communication. We do that in several ways. Iowa Law boasts a Writing Resource Center that works with students to refine their legal communication skills. Career development is just as important to us. Students have access to our Career Services Office staff who work with them throughout the course of their studies to ensure they achieve their goals.

Location

The University of Iowa is located in Iowa City, a college town with an urban and metropolitan feel. Iowa City is a town which virtually all presidential hopefuls visit during election years. The community is vibrant, diverse, and rich with culture.

The University of Iowa | College of Law

LL.M. program: LLM Legal Practice Track, LLM Research Track

Start and length of program: August, 9 months

TOEFL/IELTS score required: 92 (iBT)/7

Closing date for applications: May 1

Tuition fees: We keep costs down. For more visit: https://grad.admissions.uiowa.edu/llm-program-estimated-costs

Contact details:
College of Law Admissions Office
+1 319 335-9095
lawadmissions@uiowa.edu
law.uiowa.edu

University of Miami

The University of Miami is strongly committed to its graduate LL.M. programs and we welcome applicants from around the world. In a typical year, our graduate law programs include over 140 students from 30 or more different countries around the globe. From its first graduating class in 1929 until today, over 23,500 alumni have graduated from the University of Miami School of Law.

Mentoring and Career Development

All LL.M. programs offer one-on-one guidance on course selection to match each student's academic and professional goals. Students in the program are fully integrated into the Miami Law community, participate in the school's academic, networking and social events, and interact with J.D. students through shared classroom experiences and professionally oriented student activities. A career advisor with special training assists international LL.M. students. Lastly, LL.M. students have the opportunity to take the U.S. Bar Exam in many states, including New York.

Location

The School of Law is located on the 260-acre main campus of the University of Miami, one of the largest private research universities in the United States. Greater Miami is an international center for trade and finance, the nation's gateway to South America and one of the most dynamic legal communities in the country. UM is at the forefront in training legal professionals of a rapidly changing world. Many international corporations have their Latin American regional headquarters in Miami.

Online and Specialized Programs

Intensive Legal English + LL.M., Online LL.M. in Real Estate/Property Development, Online LL.M. in Taxation of Cross-Border Investment.

UNIVERSITY OF MIAMI
SCHOOL of LAW

LL.M. programs: Entertainment, Arts and Sports Law, International Arbitration, International Law, Maritime Law, Real Property Development (online or on campus options), Tax Law, Taxation of Cross-Border Investment (online or on campus options), U.S. & Transnational Law for Foreign-Trained Lawyers, Intensive Legal English + LL.M. Program

Closing date for applications: rolling admission, priority deadline February 15

Tuition fees: USD 53,000

Start and length of studies: August or January, depending on program; 9 months full time

TOEFL/IELTS score required: 92 (iBT)/ 7.0 (IELTS)

Number of students per year: 140

Contact details:
Lorrie Capps, +1-305-284-4702, lcapps@law.miami.edu, law.miami.edu/llm

University of Minnesota

The University of Minnesota Law School is consistently ranked one of the top 20 law schools in the U.S. by U.S. News and World Report. LL.M. students may earn one of two LL.M. degrees: the Business Law LL.M. or the general LL.M. Students pursuing the general LL.M. degree have the option to earn one of 11 concentrations. Students are encouraged to participate in LEAD, an intensive pre-LL.M. summer program focusing on legal English and U.S. legal skills.

LL.M. Program

Minnesota Law offers several optional courses and practical experiences specifically for LL.M. students, including Legal Writing & Legal Skills, Trial Practice, and Judicial Observation. During the academic year, LL.M. students are integrated with upper-level J.D. students in almost all courses. Outside the classroom, Minnesota Law's more than 40 active student organizations are open to all students, including a pro bono volunteering program for interested LL.M. students each year.

All admitted students are considered for a scholarship, with no extra application required.

Life in Minneapolis

With seven major professional sports teams, the #1 metro transit system in the U.S., and a thriving food, recreation, and cultural scene, the Minneapolis-St. Paul metro area (known as the Twin Cities) ranks high in such areas as cleanliness, ethnic diversity, safety, accessibility, and beauty. The area is home to 17 Fortune 500 companies, including Target Corporation, 3M, General Mills, Medtronic, and Cargill, the world's largest privately held corporation. The University of Minnesota is currently ranked 20th in the U.S. among doctorate granting-institutions hosting international students and is a Big 10 athletic university. Minnesota Law's location and close proximity to light rail allows easy access to state and federal government offices, hundreds of human rights organizations, the Minneapolis-St. Paul international airport, and the Mall of America.

LL.M. programs: LL.M. (general), Business Law LL.M.

Special focus areas: Business Law, Civil Litigation, Criminal Justice, Environmental and Energy Law, Family Law, Health Law and Bioethics, Human Rights Law, Immigration Law, Intellectual Property and Technology Law, International Law, Labor and Employment Law

Start and length of program: August 2020; 10 months

Closing date for applications: May 1

Tuition fees: USD 56,600 estimated

TOEFL/IELTS score required: 80+ (iBT)/6.5+ (IELTS)

Contact details:
Kara Galvin, Director
llmadm@umn.edu, law.umn.edu/llm

The University of Queensland

Study law in Australia.
The TC Beirne School of Law at The University of Queensland (UQ) is a leading Australian law school with an illustrious history, currently ranked #40 in the world in the 2019 Times Higher Education World University Rankings by Subject. Our students have access to state of-the-art teaching and research facilities, including interactive research spaces, breakout rooms and independent study areas. Combining our focus on small group teaching with a comprehensive cocurricular program, we are the premier choice for your legal education.

The Master of Laws (LLM) program will enable you to succeed in globally competitive legal and business environments. Choose from an impressive range of courses in areas including intellectual property and technology law, and international trade and maritime law. Underpinned by an exceptional reputation for teaching and research, our LLM program will enhance your theoretical knowledge and practical expertise to give you a professional and competitive edge.

The dual Masters of International Relations/International Law (MIR/MILaw) is a unique two-year program offering a rare opportunity to attain two sought-after qualifications. Students will obtain the expertise of one of the top-ranked international relations programs in Australia and unlock a range of internationally focused careers, whether your interests lie in government, NGOs or business.

Scholarships
Europe Global Leaders 50–100 percent tuition fee scholarships; and TC Beirne School of Law Scholarship for International Students (Postgraduate) 25–50 percent tuition fee scholarships. For more information visit scholarships.uq.edu.au.

Location and lifestyle
Brisbane will open up a world of exciting possibilities and endless adventures. With an enviable climate in easy reach of exotic green rainforests, clear blue waters and golden beaches, there is always plenty to discover in this beautiful region.

THE UNIVERSITY OF QUEENSLAND
AUSTRALIA

LLM programs: Master of Laws (LLM), Master of International Commercial Law (MICLaw), Master of International Law (MILaw), Masters of International Relations/International Law (MIR/MILaw), Masters of International Commercial Law/Commerce (MICL/MCom)

Start and length of programs:
February and July; 12–24 months

Closing date for applications:
31 May and 30 November

Tuition fees: AUD 40,064 per year (LLM, MICLaw and MILaw), AUD 37,136 per year (MIR/MILaw), AUD 41,488 per year (MICL/MCom)

Contact details:
+61 3 8676 7004, study@uq.edu.au
law.uq.edu.au, CRICOS Provider # 00025B

University of Southern California

Study law in Los Angeles.
The Master of Laws (LL.M.) degree at the University of Southern California Gould School of Law focuses on the U.S. legal system, providing students with foundational skills and essential knowledge that are immediately applicable to real-world legal practice from a top-ranked law school. Available full-time on-campus or with flexible scheduling online, USC Gould's LL.M. is designed for international attorneys, government officials, corporate legal counsel, and recent law graduates.

Specialized Degrees
Students may choose to specialize their LL.M. studies in a particular field.

USC Gould's LL.M. offerings include:
- 1-Year General LL.M.
- 2-Year Extended LL.M.
- LL.M. in International Business and Economic Law
- LL.M. in Alternative Dispute Resolution
- LL.M. in Privacy Law & Cybersecurity

USC also offers a four-week on-campus Summer Law & English program that builds skills in law and legal English before starting an LL.M.

Bar Exam and Certificates
LL.M. students may generalize their studies in courses of interest or pursue a "bar exam track" and/or "certificate track."

Students who choose a "bar exam track" will take courses required to sit for the California, New York, or Washington D.C. bar exam after graduation.

Students who choose a "certificate track" will earn an industry-specific certificate in addition to their degree.

USC Gould School of Law

Special focus areas: Alternative Dispute Resolution, International Business & Economic Law, and Privacy Law & Cybersecurity. Optional specialization certificates available in: Alternative Dispute Resolution, Business Law, Compliance, Entertainment Law, Financial Compliance, Health Care Compliance, Human Resources Law & Compliance, Privacy Law & Cybersecurity, Technology & Entrepreneurship and Transnational Law & Business

Start and length of program:
August, 9 months, extended options

Tuition fees: USD 66,000 plus fees

Closing date for applications: June 1; priority deadline of March 1

TOEFL/IELTS score required:
no required minimum score

Contact details:
Misa Shimotsu, Assistant Dean
Graduate & International Programs
+1 213 821-5916
gipadmissions@law.usc.edu
bit.ly/USCGouldLLM

University of Sydney

The University of Sydney Law School is one of the world's leading law schools. We are ranked 12th in the world for the discipline of law* and 4th in the world for graduate employability.** With more than 150 years' experience, Sydney Law School is committed to providing you with excellence in legal education.

Our Master of Laws (LLM) is one of Australia's leading postgraduate coursework programs, providing law graduates with specialist legal skills and knowledge.

Our flexible and highly sought-after LLM is taught by leading experts and industry practitioners. The coursework program reflects the latest developments within the practice and profession of law.

With more than 100 units of study, you can tailor the degree to suit your academic and professional needs. You may select all units of study from one specialist area, such as international law, commercial, corporate, finance and business law, health law or environmental law, or you may combine areas of study.

Face-to-face learning within the Law School's postgraduate coursework program typically occurs in an intensive, seminar-style environment, with a focus on discussion and debate. Classes are held in our state-of-the-art building on the University of Sydney main campus, 10 minutes from the centre of the city, and in our teaching space in the city centre.

We are proud to offer our students and graduates more than AUD 500,000 in scholarships for law study. Scholarships are designed to recognise potential, assist those in need, reward high achievement and support future success.

"I firmly believe that studying abroad and in a foreign legal system forms an integral part of a comprehensive legal education. After I completed my degree, I was offered a position at Sydney Law School as Sessional Lecturer in Criminal Law," Stephanie Classmann, LLM'16, Ross Waite Parsons Scholarship holder.

* QS World University Rankings by Subject 2019.
** QS Graduate Employability Rankings 2020.

THE UNIVERSITY OF SYDNEY

LL.M. programs: Admin Law and Policy, Business Law, Criminology, Environmental Law, Global Law, Health Law, International Law, International Taxation, Jurisprudence, Labour Law and Relations, Law and International Development and Taxation.

Start and length of program: February and August, 12 months full time

Closing date for applications:
31 January (for February),
30 June (for August)

TOEFL/IELTS score required: 96 (iBT)/7

Contact details:
+61 2 8627 1444
law.postgraduate@sydney.edu.au
www.sydney.edu.au/law

Clifford Chance

Standorte in Deutschland: Düsseldorf, Frankfurt am Main, München

Standorte weltweit: 32 Standorte auf fünf Kontinenten, u. a. London, Paris, New York und Schanghai

Spezialisierungen: Arbeitsrecht, Bank- und Kapitalmarktrecht, Energierecht, Gewerblicher Rechtsschutz, Gesellschaftsrecht/M&A, Healthcare, Immobilienrecht, Insolvenzrecht/Restrukturierung, Kartellrecht, Öffentliches Wirtschaftsrecht, Patent- und Markenrecht, Private Equity/Venture Capital, Prozess- und Schiedsverfahrensrecht, Steuerrecht, Telekommunikations- und Medienrecht/IT-Recht, Versicherungsrecht, Wirtschaftsrecht

Berufsträger in Deutschland: ca. 300
davon mit LL.M.: 90
davon mit Promotion: 140

Berufsträger weltweit: ca. 3.300

Einstellungen pro Jahr: 40–50

Internationalität ist bei Clifford Chance mehr als nur ein Schlagwort. Als weltweit tätige Sozietät mit 32 Büros auf fünf Kontinenten ist das Zusammenspiel verschiedener Werte und Kulturen unser Erfolgsrezept. Wir beraten national und international tätige Unternehmen, Institutionen und öffentliche Stellen in allen Fragen des Wirtschaftsrechts. Teamwork, offene Kommunikation, Toleranz sowie ein freundlicher und kollegialer Umgang sind bei Clifford Chance eine Selbstverständlichkeit und bilden die Basis hervorragender juristischer Arbeit.

CLIFFORD CHANCE

Mainzer Landstraße 46
60325 Frankfurt am Main
www.YourCareerStartsWithC.com

Nicola von Tschirnhaus
Head of Recruitment & Employer Branding
+49 69 7199-4477
karriere@cliffordchance.com

Welche Meinung vertritt Ihre Kanzlei zum LL.M.? Der Erwerb eines LL.M. im englischsprachigen Ausland bietet eine hervorragende Gelegenheit, eine fremde Rechtsordnung kennenzulernen, die Englischkenntnisse zu perfektionieren und Erfahrungen mit anderen Kulturen zu sammeln. Eine Teilfinanzierung von LL.M-Programmen oder die Freistellung für ein LL.M.-Studium ist grundsätzlich möglich und im Einzelfall verhandelbar.

Welche Einstellungskriterien gibt es? Wir erwarten zwei hervorragende Staatsexamina. Im Ausland erworbene Abschlüsse wie einen LL.M. oder einen Doktortitel begrüßen wir, sie werden von uns aber nicht vorausgesetzt. Da Englisch unsere tägliche Arbeitssprache sowohl im Umgang mit Mandanten als auch mit Kollegen aus dem internationalen Netzwerk ist, sind sehr gute Englischkenntnisse unerlässlich. Künftige Kollegen benötigen Verständnis und Interesse für wirtschaftliche Zusammenhänge sowie für die Ziele unserer Mandanten. Die Bereitschaft, sich voll zu engagieren, Berater für die Mandanten zu sein, Verantwortung zu übernehmen sowie Kommunikationsfähigkeit und Teamgeist sind weitere Voraussetzungen.

Was unterscheidet Sie von anderen großen Kanzleien? Der Umgang miteinander ist direkt und unkompliziert. Außerdem legen wir sehr viel Wert auf die Aus- und Weiterbildung. Clifford Chance zeichnet sich durch besondere Innovationsstärke aus und nimmt in der Kanzleienlandschaft häufig eine Vorreiterrolle ein. Um den Mitarbeitern die Vereinbarkeit zwischen Familie und Beruf zu erleichtern, wurde mit Kids' Chance eine sozietätseigene Kindertagesstätte gegründet und so der Pioniergeist einmal mehr unter Beweis gestellt. Zudem wurden 2019 Eltern-Kind-Büros an unseren deutschen Standorten eröffnet.

Wie läuft das Bewerbungsverfahren ab? Das erste Gespräch führen Sie in der Regel mit den Recruitment Partnern des Bereichs. Das zweite Interview findet mit Ihren potenziellen Mentoren statt. Im Anschluss haben Sie natürlich auch die Gelegenheit, das Team kennenzulernen und sich mit zukünftigen Kollegen auszutauschen. Sie können sich gerne über unsere Karriereseite online bewerben oder Ihre Bewerbungsunterlagen per E-Mail an den jeweiligen Recruitment Advisor senden.

Warum sollten Absolventen gerade bei Ihnen anfangen? Absolventen erwartet bei uns eine spannende, anspruchsvolle und abwechslungsreiche Tätigkeit, bei der sie von Anfang an praktische Erfahrung mit direktem Mandantenkontakt sammeln können. Mit dem umfassenden Programm der ReferendarAcademy werden Sie intensiv auf Ihr Zweites Staatsexamen vorbereitet. Auch als Associate erhalten Sie bei uns Trainings, um zu einer wertvollen Beraterpersönlichkeit heranzuwachsen.

Sind andere Auslandsaufenthalte für Ihre Kanzlei eine Alternative zum LL.M.? Was die sprachlichen Fähigkeiten und die kulturellen Kenntnisse angeht, so kann ein einjähriges Praktikum oder eine vergleichbare Berufserfahrung sicherlich ebenso sinnvoll sein wie ein LL.M.-Programm.

Was zeichnet Ihre Unternehmenskultur aus? Wir sind Teamplayer und glauben, dass optimale Ergebnisse nur dann erreicht werden, wenn jeder sein Potenzial einbringt. Dabei investieren wir ebenso gezielt in junge Talente, wie wir auch unsere erfahrenen Rechtsanwälte auf ihrem individuellen Karriereweg unterstützen. Immer ein offenes Ohr für Fragen, ein wertschätzender Umgang miteinander und regelmäßiges

Feedback sind dabei zentrale Werte, die unsere Teamarbeit ausmachen. Außerdem sind wir stolz auf die Vielfalt in unserer Sozietät und nutzen sie bewusst als Stärke. Das leben wir vor und wollen so eine Unternehmenskultur schaffen, in der sich jeder wohl fühlt und entsprechend seiner individuellen Fähigkeiten einbringen kann. Wir legen großen Wert auf einen respektvollen Umgang miteinander, offene Kommunikation und Toleranz. Dabei spielen Herkunft, Religionszugehörigkeit oder die sexuelle Orientierung keine Rolle. Wir engagieren uns aktiv für das Gemeinwesen. So gibt es ein unternehmensweites Corporate-Responsibility-Programm ebenso wie eine Pro-Bono-Rechtsberatung. Dabei ist uns das persönliche Engagement unserer Mitarbeiter sehr wichtig. Jeder kann sich bei Projekten seiner Wahl einbringen. Die Bandbreite ist groß. Wir fördern Mitarbeiter mit Migrationshintergrund auf ihrem Bildungsweg ebenso wie wir uns für den Erhalt und die Weiterentwicklung kultureller Institutionen einsetzen. Ob mit fachlicher Expertise oder handwerklichem Einsatz – mit ihrem individuellen Engagement bewegen unsere Mitarbeiter viel.

Was bietet Clifford Chance Berufseinsteigern? Arbeiten bei Clifford Chance heißt, in internationalen Teams an komplexen, grenzüberschreitenden Projekten mitzuwirken. Dabei setzen wir früh auf Eigenverantwortung: Von Anfang an sammeln neue Kollegen Erfahrungen im direkten Kontakt mit Mandanten. Durch den ständigen Austausch mit Menschen aus aller Welt entwickeln Sie sich nicht nur fachlich, sondern auch persönlich konstant weiter und bauen ab dem ersten Tag als Anwalt Ihr eigenes Netzwerk auf.

Welche internationalen Einsatzmöglichkeiten bieten Sie? Für Anwälte besteht die Möglichkeit, während eines mehrmonatigen Secondments in einem ausländischen Clifford Chance-Büro oder bei einem Mandanten tätig zu sein. Auch im Rahmen des Referendariats ist es möglich, eine Station bei Clifford Chance im Ausland zu verbringen. Voraussetzung ist hier allerdings, dass vorher eine Station in einem unserer deutschen Büros absolviert wurde.

Welche Weiterbildungsmöglichkeiten gibt es bei Ihnen? Praktikanten, wissenschaftliche Mitarbeiter und Referendare können neben dem täglichen Training-on-the-Job an den Seminartagen der ReferendarAcademy teilnehmen. Dort erhalten sie einen umfassenden Einblick in alle Rechtsgebiete, in denen Clifford Chance tätig ist, sowie eine Einführung in relevante Business Skills wie Präsentationstechnik, Verhandlungsführung und Legal English. Damit neben der täglichen Arbeit die Vorbereitung auf das Zweite Staatsexamen nicht zu kurz kommt, bieten wir in Zusammenarbeit mit den renommierten Repetitoren Kaiserseminare und Hemmer ganztägige Intensivkurse an. Hinzu kommen Examensvorbereitungskurse im öffentlichen Recht, Zivilrecht und Strafrecht. Ein Klausurenkurs und ein Aktenvortragstraining inklusive Videoanalyse runden das Programm der ReferendarAcademy ab. Auch nach dem Berufseinstieg bieten wir unseren Rechtsanwälten mit der Clifford Chance Academy ein umfassendes Aus- und Weiterbildungsprogramm, das sowohl fachliche Fähigkeiten und betriebswirtschaftliches Know-how als auch Business Skills vermittelt – Kenntnisse, die für den Weg eines jungen Anwalts zur Beraterpersönlichkeit entscheidend sind.

CLIFFORD
CHANCE
Careers
WHERE
AMBITIOUS
MINDS
MEET
DR. PHILIPP STOECKER
Counsel, Frankfurt
www.YourCareerStartsWithC.com

COURAGEOUS MINDS

CMS Hasche Sigle

Standorte in Deutschland: Berlin, Düsseldorf, Frankfurt am Main, Hamburg, Köln, Leipzig, München, Stuttgart

Standorte weltweit: Brüssel, Hongkong, Moskau, Peking und Schanghai sowie 72 internationale Büros innerhalb des CMS-Netzwerks

Tätigkeitsschwerpunkte: CMS in Deutschland berät mittelständische Unternehmen ebenso wie Großunternehmen in allen Fragen des nationalen und internationalen Wirtschaftsrechts – von Arbeitsrecht über Banking & Finance, Corporate/M&A, Dispute Resolution, Gewerblichen Rechtsschutz bis hin zu Kartellrecht, Real Estate & Public, Steuerrecht, TMC – Technology, Media & Communications und vieles mehr.

Berufsträger in Deutschland: ca. 600
davon mit LL.M.: ca. 130
davon mit Promotion: ca. 380

Berufsträger weltweit: über 4.800

Geplante Neueinstellungen 2020: 80–90

Die Rechtswelt stellt sich einem tiefgreifenden Wandel – wird immer komplexer, umfassender, muss schneller reagieren. Wir glauben: Wer diese Welt gestalten will, muss etwas wagen. Um neue Lösungen zu entwickeln für unerwartete Fragestellungen. Um weiter zu gehen als jemals zuvor. Die neuen Herausforderungen verlangen mutige, unabhängig denkende Persönlichkeiten, die in der Gemeinschaft so vielfältig sind wie die Problemstellungen unserer Mandanten. Während sich die Welt neu erfindet, bringen wir uns ein. Wir formen sie mit – gemeinsam mit Ihnen.

C/M/S/
Law.Tax

Lennéstraße 7
10785 Berlin
career.cms-hs.com

Dinah Ahad
HR Coordinator
+49 30 20360-1251
karriere@cms-hs.com

Was zeichnet Ihre Unternehmenskultur aus? Bei CMS in Deutschland profitieren Sie von Anfang an vom direkten Kontakt zu Mandanten und vom Mentoring erfahrener Anwälte. Ob als Praktikant, Referendar oder Associate: Sie werden von Beginn an umfassend in die anwaltliche Tätigkeit einbezogen. Dabei stehen Ihnen alle unsere Geschäftsbereiche offen. Uns ist wichtig, dass Sie in unserer starken Gemeinschaft Ihre individuellen Stärken einbringen können. Unsere Unternehmenskultur zeichnet sich dadurch aus, dass wir im Team gemeinsam Spitzenleistungen für unsere spannenden Mandate erbringen wollen.

Welche Meinung vertritt Ihre Kanzlei zum LL.M.? Gerade durch einen im Ausland erworbenen Master-Titel kann ein Anwalt seine Fremdsprachenkenntnisse und Einsichten in andere Rechtssysteme unter Beweis stellen. Viele unserer Teams arbeiten mit Unternehmen aus dem Ausland zusammen, sodass diese Erfahrungen wertvoll sein können. Insbesondere gute Englischkenntnisse sind in diesem Zusammenhang gefragt. Somit ist ein im Ausland erworbener LL.M. eine willkommene Zusatzqualifikation, aber keine zwingende Voraussetzung, um bei CMS einzusteigen.

Welche Möglichkeiten zur Weiterqualifizierung bieten Sie? Für unsere Anwälte bieten wir vielfältige Möglichkeiten zur Weiterbildung an. In der CMS Academy durchlaufen Sie verschiedene Stationen, die inhaltlich aufeinander aufbauen. Innerhalb dieser Formate werden Sie gezielt in den relevantesten Lernbereichen gefördert. Dazu gehören neben der Weiterbildung in den Geschäfts- und Tätigkeitsbereichen auch geschäftsbereichsübergreifendes Fachwissen, betriebswirtschaftliche und organisatorische Kompetenzen sowie die Entwicklung Ihrer Persönlichkeit. Dabei hilft Ihnen neben den Akademie-Angeboten auch Ihr Mentor: Er ist Ihr persönlicher Karriere-Coach und für den fortlaufenden Know-how-Transfer zwischen Ihnen und den erfahrenen Partnern zuständig. Wir wissen, dass die Digitalisierung moderne Lernwelten verändert – deshalb werden unsere Präsenztrainings zunehmend durch E-Learning-Angebote ergänzt.

Welche internationalen Einsatzmöglichkeiten bieten Sie? CMS ist eine internationale Wirtschaftskanzlei, dementsprechend werden Sie in Ihrer täglichen Arbeit auch mit Mandaten oder Kollegen aus ausländischen Büros Kontakt haben. Längerfristig können Sie als Counsel, also nach etwa fünf Jahren Zugehörigkeit zu CMS, im Rahmen eines Secondments mehrere Monate im Ausland arbeiten. Dies ist in einem Büro von CMS oder bei einem Mandanten möglich.

Kann man bei Ihnen auch schon während des Studiums Erfahrungen sammeln? Wir legen Wert darauf, dass Sie auch schon während Ihres Studiums die Möglichkeit haben, CMS kennenzulernen. Sie können an unseren Standorten ein Praktikum absolvieren, um unsere Sozietät und damit auch die Arbeit als Anwalt kennenzulernen. Meist ist es auch möglich, als wissenschaftlicher Mitarbeiter in unseren Teams Erfahrung zu sammeln. Dabei stehen Ihnen alle Geschäftsbereiche offen. Zusätzlich können Sie CMS durch die angebotenen Workshops, Vorträge und auf Messen kennenlernen, um unverbindlich mit uns ins Gespräch zu kommen.

Ayleen Görisch

LL.M. (King's College)

Jahrgang 1987

Associate

LL.M.-Studium am King's College London

Vorbereitung und Finanzierung

Die Vorbereitungs- und Bewerbungsphase für einen LL.M.-Studienplatz verlief parallel zur Vorbereitung auf das 1. Staatsexamen, da ich die Zeit zwischen dem 1. Staatsexamen und dem Referendariat als ideal für den Erwerb eines LL.M. erachtet habe. Der Bewerbungsaufwand ist nicht zu unterschätzen (Motivationsschreiben, Gutachten von Hochschulprofessoren, TOEFL-Test, Bewerbungen für Stipendien etc.). Bewerbungen habe ich ausschließlich an die großen Londoner juristischen Fakultäten verschickt, da für mich kein anderer Studienort in Betracht kam. Die Wahl ist letztendlich auf das King's College gefallen, weil mich die große Bandbreite der Vorlesungen angesprochen hat. Nach der Examenszeit wollte ich ein Studienjahr mit Vorlesungen und Tutorien verbringen statt mit Selbststudium und der Anfertigung umfangreicher Hausarbeiten. Ein weiterer Punkt für die Wahl des King's College war die große Anzahl der LL.M.-Studierenden, die ich als sehr bereichernd empfunden habe. Ich kam in den Genuss eines Stipendiums der Studienstiftung des deutschen Volkes. Ohne diese Unterstützung hätte ich zumindest nach dem 1. Examen eher kein LL.M.-Studium angeschlossen. Ob sich der beträchtliche finanzielle Aufwand lohnt, muss letztendlich jeder für sich entscheiden.

Die Zeit in London

Das LL.M.-Studium besteht aus zwei Semestern. Ich habe mich für die Spezialisierung „International Business Law" entschieden und hauptsächlich gesellschaftsrechtliche Vorlesungen besucht, aber auch Kurse zur Schiedsgerichtsbarkeit und Finanzierung. Die juristische Ausbildung unterscheidet sich wesentlich von der deutschen und hat mir neue Perspektiven aufgezeigt. Das Pensum der zur Vorbereitung zu lesenden Fälle und Texte ist nicht unerheblich. Allerdings können sich LL.M.-Studierende die gewohnte akademische Freiheit nehmen, sich ihre Zeit und den Arbeitsaufwand im Wesentlichen selbst einzuteilen.

Das King's College ist auf mehrere Standorte verteilt, wobei die LL.M.-Vorlesungen am Strand Campus bzw. im historischen Somerset House stattfinden. Es werden unzählige universitäre Veranstaltungen von Studentenvereinigungen angeboten. Für LL.M.-Studierende wurden von der Postgraduate Law Society regelmäßig Events organisiert, bei denen man leicht Kontakte zu anderen LL.M-Studenten knüpfen konnte. Die große Mehrheit der Studierenden stammte aus der EU, die übrigen Studierenden aus Lateinamerika, Indien und Asien.

Die exorbitanten Londoner Mietpreise bei schlechtem Preis-Leistungs-Verhältnis sollten berücksichtigt werden. Zahlreiche universitäre oder private Wohnheime sind eine echte Alternative. Wer hingegen ein bestimmtes Viertel abseits des Studentenlebens kennenlernen möchte, sollte sich eine private Unterkunft suchen. Die Vorzüge Londons müssen an dieser Stelle nicht noch einmal extra erwähnt werden.

Fazit

Das LL.M.-Studium war für mich eine äußerst bereichernde Erfahrung, die ich nicht missen möchte. In beruflicher Hinsicht erleichtert mir meine internationale Ausbildung das Verständnis für die verschiedenen Arbeitsweisen ausländischer Kollegen bei internationalen Transaktionen.

DLA Piper UK LLP

Standorte in Deutschland: Frankfurt am Main, Hamburg, Köln, München

Standorte weltweit: über 90 Standorte in mehr als 40 Ländern weltweit

Tätigkeitsschwerpunkte: Arbeitsrecht, Bank- und Finanzierungsrecht, Datenschutzrecht, Energierecht, Gewerblicher Rechtsschutz, Geistiges Eigentum, Gesellschaftsrecht/M&A, Handels- und Vertriebsrecht, Immobilienrecht, Informationstechnologie, Kartellrecht, Öffentliches Recht, Outsourcing, IT-Projekte, Patentrecht, Presse- und Äußerungsrecht, PPP/ Privatisierung, Private Equity, Prozessführung, Schiedsverfahren, Regulatory und Government Affairs, Restrukturierung, Insolvenzrecht, Steuerrecht, Telekommunikationsrecht, Urheber und Medienrecht, Vergaberecht, Versicherungsrecht, Wirtschaftsstrafrecht

Mitarbeiter in Deutschland: mehr als 240
davon mit LL.M.: 64
davon mit Promotion: 102

Mitarbeiter weltweit: mehr als 4.200

DLA Piper ist eine der weltweit führenden internationalen Wirtschaftskanzleien und berät als Full-Service-Kanzlei nationale und internationale Mandanten – darunter Unternehmen, Finanzinstitute sowie öffentliche Organisationen – in allen Fragen des nationalen und internationalen Wirtschaftsrechts. DLA Piper ist eine Kanzlei, die in der Welt zu Hause ist. Durch unser weltweites Netzwerk können wir unsere lokale Expertise mit der unserer internationalen Kollegen verknüpfen. Dabei sprechen wir nicht nur die Sprache unserer Mandanten. Für uns zählt, was für sie wichtig ist.

DLA PIPER

Augustinerstraße 10
50667 Köln
www.dlapipercareers.de

Leonie Heumüller
Human Resources
+49 221 277277-846
talentmanagement@dlapiper.com

Was bieten Sie Referendaren und wissenschaftlichen Mitarbeitern? Wir bieten Referendaren und wissenschaftlichen Mitarbeitern eine Tätigkeit in verschiedenen Teilzeitmodellen. Sie sammeln wertvolle Erfahrung in einer internationalen Kanzlei und erhalten eine intensive Ausbildung für ihren Berufseinstieg. Darüber hinaus bieten wir unseren Trainees das Weiterbildungsprogramm DLA Piper „StartUp!" an, das speziell auf ihre Bedürfnisse zugeschnitten ist. Es beinhaltet unter anderem examensvorbereitende Kurse, Englischkurse sowie Seminare und IT-Trainings. Zudem erleben sie das professionelle Arbeiten im Team und die Bewältigung von komplexen juristischen Problemen in der täglichen Arbeit bei DLA Piper. Des Weiteren bieten wir Referendarinnen und Referendaren, die uns bereits praktisch durch herausragende Leistungen überzeugen konnten, die Möglichkeit, die Wahlstation in einem unserer Auslandsbüros zu verbringen. Darüber hinaus ermöglichen wir eine Referendariatsstation in unserem Pro-Bono-Dezernat, mit Ausbildung in unserem Pro-Bono-Team in Brüssel oder Paris.

Regelmäßige Referendarstammtische sowie Lunch & Learn-Veranstaltungen bieten eine sehr gute Kommunikationsplattform zum fachlichen Austausch über Themen aus dem Beratungsalltag mit Associates sowie anderen Referendaren der verschiedenen Praxisgruppen.

Ist der LL.M. Einstellungsvoraussetzung bzw. hat man mit ihm große Vorteile? Der LL.M. stellt bei uns keine Voraussetzung für einen Einstieg als Associate dar. Allerdings wird er als eine wertvolle Zusatzqualifikation angesehen. Neben dem fachlich erlangten Wissen schätzen wir als internationale Großkanzlei vor allem die gewonnenen sprachlichen Kenntnisse. Daher sind vor allem LL.M.-Abschlüsse aus dem englischsprachigen Ausland von Vorteil. Diese wirken sich zudem positiv auf die Gehaltseinstufung aus.

Gibt es Freistellungs- und Finanzierungsmöglichkeiten für einen LL.M.? Aufgrund unserer flexiblen Teilzeitmodelle steht dem Erlangen der Zusatzqualifikation LL.M. auch neben einer anwaltlichen Tätigkeit nichts entgegen. Da uns die Entwicklung unserer Mitarbeiter sehr am Herzen liegt, unterstützen wir den Erwerb eines Fachanwalts sowie eines ausländischen LL.M. mit einer Freistellung und einer Kostenbeteiligung.

Wie sind Beruf und Familie bei DLA Piper vereinbar? Ihre persönliche Lebensplanung bestimmt Ihren Karriereweg. Wir unterstützen Sie darin, eine ausgewogene Kombination von Arbeits- und Privatleben zu finden. Kinder oder Karriere? Warum nicht beides! Wir bieten flexible Arbeitszeiten, Mobile Working und die Möglichkeit der Beschäftigung in Teilzeit auf allen Ebenen. Mit dem Programm „Braintime" haben wir seit mehreren Jahren ein Konzept für flexibles Arbeiten z. B. durch Teilzeitmodelle oder Sabbaticals etabliert. Ihre Karrierechancen werden dadurch nicht beeinträchtigt. Proratierte Bezahlung und Bonuschancen garantieren die Chancengleichheit. Mit unserem Kooperationspartner, pme Familienservice, bieten wir Ihnen zusätzlich Unterstützung rund um das Thema Familienbetreuung.

Wie verhält es sich mit den kanzleiinternen Aufstiegsmöglichkeiten? In Ihrer Praxisgruppe werden Sie von Beginn an gefördert und auf Ihrem Weg zum Senior Associate, Counsel oder Partner begleitet. Die Position des Counsel bildet bei DLA Piper sowohl eine Alternative als auch die Vorstufe zur Partnerschaft.

LL.M. Global Business Law in Melbourne

Markus Kotowski

LL.M. (La Trobe)

Jahrgang 1987

Associate Real Estate in München

Ein LL.M. neben dem Job als Rechtsanwalt in der Großkanzlei? Am anderen Ende der Welt? Zugegeben, es erfordert Planung, Ehrgeiz und einen mutigen Arbeitgeber, der offen für ungewöhnliche Ideen ist. Aber lohnt es sich auch? Auf jeden Fall.

Die Qual der Wahl - wie ich nach Melbourne kam

Da ich bereits während des Studiums in Australien studiert hatte, war für mich klar, auch den LL.M. dort zu absolvieren. Melbourne ist ein Schmelztiegel von fünf Millionen Menschen unterschiedlichster Herkunft, das kulturelle Zentrum Australiens, Heimat einer offenen und herzlichen Mentalität und perfekter Ausgangspunkt für Ausflüge in atemberaubende Natur - wer könnte da Nein sagen? Nach zwei Jahren bei DLA Piper in München wechselte ich in das Büro nach Melbourne und gleichzeitig noch einmal in die Rolle als (Teilzeit-)Student. Für die La Trobe University sprachen mehrere Gründe: ein interessantes Business-Law-orientiertes Programm, eine große Auswahl an Blockkursen und daher Zeit, nebenher zu arbeiten und/oder zu reisen, die Möglichkeit, das Programm durch flexible Anerkennung früherer Studienleistungen deutlich zu verkürzen, ein moderner City-Campus im Central Business District und schließlich ein Exzellenzstipendium für Studenten mit (deutschen) Prädikatsexamen.

Coursework oder Thesis?

Einen LL.M. by Thesis, bei dem man letztlich eine „kleine" Doktorarbeit schreibt, kann ich persönlich nicht empfehlen. Bei Coursework war der ständige Austausch mit den australischen Kommilitonen und Professoren der entscheidende Faktor, welcher mich weitergebracht und mir am meisten Spaß gemacht hat. An der La Trobe University habe ich Intensivkurse belegt, die in der Regel jeweils aus mehrwöchigem Blockunterricht, einer 30- bis 50-seitigen Abschlussarbeit und zusätzlich kleineren Präsentationen, Case Studies oder Mock Trials bestanden. Oft handelte es sich dabei um Kurse, die im Rahmen des J.D.-Programms (Juris Doctor) für einheimische Studenten angeboten wurden. Entsprechend hoch war das Sprachniveau.

Mehr Praxis, weniger Theorie – denke wie dein Mandant

Als deutscher Jurist ist man fachlich gut ausgebildet. Was dagegen oft fehlt, ist der Praxisbezug. In Melbourne habe ich über Legal Disruption, Legal Tech und Pricing in Großkanzleien diskutiert und geschrieben. Auch eher klassische Kurse umfassten praxisnahe Aufgaben, etwa Legal Drafting von Klageschriften oder Opinions. In einer globalen Kanzlei wie DLA Piper zu arbeiten, heißt täglich mit internationalen Mandanten und Kollegen zu interagieren. Das macht umso mehr Spaß, wenn man sich sicher im Englischen fühlt und ein gewisses Gespür für unterschiedliche kulturelle und juristische Hintergründe (z. B. im Case Law) und Denkweisen mitbringt. Auf dem Weg dorthin hilft ein ausländischer LL.M. enorm.

Fazit

Wer im Staatsdienst oder bei einer nationalen Kanzlei arbeiten möchte, sollte genau abwägen, ob die doch sehr hohen Kosten eines Masters im Ausland lohnenswert sind. Wer sich aber - wie ich - in einem internationalen Umfeld wohlfühlt, wird die gesammelten Erkenntnisse, Erfahrungen und Kontakte nicht missen wollen und von der Zeit im Ausland noch lange zehren.

DLA Piper

Freshfields Bruckhaus Deringer LLP

Standorte in Deutschland: Berlin, Düsseldorf, Frankfurt am Main, Hamburg und München

Standorte weltweit: 27 Büros in 16 Ländern, u. a. in Brüssel, London, New York und Hongkong

Spezialisierungen: Arbeitsrecht, Bank- und Finanzrecht, Gesellschaftsrecht und M&A, Geistiges Eigentum und Informationstechnologie, Immobilienwirtschaftsrecht, Kartellrecht und Außenhandel, Konfliktlösung, Öffentliches Wirtschaftsrecht, Steuerrecht

Berufsträger in Deutschland: mehr als 500

Berufsträger weltweit: rund 2.800

Neueinstellungen pro Jahr: Wir suchen immer qualifizierte Berufseinsteiger für alle Bereiche an allen Standorten. In der Regel stellen wir jährlich rund 100 Associates ein.

Freshfields Bruckhaus Deringer LLP ist eine globale Anwaltssozietät. Wir unterstützen erfolgreich die führenden Industrie- und Finanzunternehmen, Institutionen und Regierungen bei ihren komplexen rechtlichen Fragestellungen. In Deutschland gilt Freshfields Bruckhaus Deringer mit ihrer bis 1840 zurückreichenden Tradition als die herausragende internationale Wirtschaftskanzlei, die höchste Anerkennung für die fachliche Breite und Qualität genießt. Step into the circle!

Freshfields Bruckhaus Deringer

Hohe Bleichen 7
20354 Hamburg
karriere.freshfields.de

Dr. Norman Bade
HR Head of Recruiting CE
+49 40 36906-0
norman-patric.bade@freshfields.com

Was erwartet Berufseinsteiger bei Ihnen? Als Berufseinsteiger arbeiten Sie bei uns von Beginn an selbstständig und mit direktem Mandantenkontakt. So international wie wir beraten, so international ist auch Ihr Arbeitsalltag. Sie arbeiten von Anfang an in einer unserer weltweit agierenden Praxisgruppen mit und nehmen regelmäßig an internationalen Konferenzen und Seminaren teil. Wir erwarten dabei nicht, dass Sie bereits als in einem bestimmten Rechtsgebiet ausgebildeter Spezialist zu uns kommen. Wir begleiten und fördern Sie in Ihrer Entwicklung dorthin: Vom ersten Tag an stehen Ihnen ein Leitpartner als Mentor und ein Team aus erfahrenen Anwälten zur Seite, mit denen Sie im regelmäßigen Austausch zu Ihren Arbeitsergebnissen stehen und die Sie durch konstruktives Feedback stetig fördern. Bei uns erwartet Sie ein sehr inspirierendes, offenes Umfeld, in dem das „Wir" zählt. Regelmäßige Unternehmungen im Team, z. B. gemeinsame Mittagessen und After-Work-Aktivitäten sowie Team-Events, tragen zu einem kollegialen Umfeld bei.

Was ist Ihre Meinung zum LL.M.? Der LL.M. – im englischsprachigen Ausland erworben – ist für die Tätigkeit in einer internationalen Wirtschaftskanzlei eine hervorragende Ergänzung zur juristischen Qualifikation und verbessert die beruflichen Chancen deutlich. Besonders die Ausbildung in einer anderen Rechtsordnung und das Leben und Studieren in einer anderen Kultur machen den LL.M. zu einer wertvollen Erfahrung.

Ziehen Sie einen LL.M. einer Promotion vor? Nein, wir betrachten einen LL.M. und eine Promotion als gleichwertig. Beide Abschlüsse zeigen uns, dass der Bewerber sich über das normale Maß eines Jurastudiums hinaus motiviert hat, sich langfristig mit einem bestimmten Thema bzw. einer anderen Rechtsordnung auseinanderzusetzen. Sowohl für einen LL.M. als auch für eine Promotion hat der Bewerber zusätzliche Leistung, Zeit und Motivation investiert und scheint uns somit sehr gut ausgebildet für die Tätigkeit in einer internationalen Wirtschaftskanzlei.

Bevorzugt Ihre Kanzlei LL.M.-Abschlüsse von bestimmten Universitäten? Generell befürworten wir LL.M.-Abschlüsse aus dem englischsprachigen Ausland. Die juristische Ausbildung in englischer Sprache bietet eine sehr gute Vorbereitung auf den internationalen Arbeitsalltag in unserer Kanzlei.

Wie unterstützen Sie ein LL.M.-Vorhaben? Grundsätzlich sollten Sie das LL.M.-Studium vor dem Berufseinstieg abgeschlossen haben. Für einen LL.M. während Ihrer Tätigkeit bei uns finden wir aber gerne eine individuell passende Lösung und ermöglichen Ihnen die Freistellung für das Studium.

Welche Anforderungen muss ein Bewerber erfüllen? Wir suchen Persönlichkeiten, die gerne im Team arbeiten und jede neue Aufgabe als Herausforderung annehmen. Sie zeichnen sich durch sehr gute juristische Qualifikation, Kreativität, unternehmerisches Denken und gute Englischkenntnisse aus.

Carolin Emmert

LL.M. (Columbia)

Associate im Bereich Konfliktlösung

Mein LL.M. in der Weltmetropole New York

Bereits während meines Studiums kam bei mir der Wunsch auf, ein LL.M.-Studium in den USA zu absolvieren, um mich sowohl fachlich als auch persönlich weiterzuentwickeln.

Der richtige Zeitpunkt

Da eine Bewerbung bei einer der renommierten U.S.-Universitäten ohne ein abgeschlossenes Erststudium kaum möglich ist, widmete ich mich im Anschluss an das Erste Staatsexamen zunächst der Promotion. Dies bot den Vorteil, dass ich mich nicht während des Examensstresses mit den LL.M.-Bewerbungen befassen musste. Zudem bevorzugen einige der Universitäten Kandidaten, die über das bloße Erststudium hinausgehende Erfahrungen vorweisen können.

Auswahl der Universität

Meine Entscheidung für die Columbia Law School war insbesondere durch das Renommee der Universität und das Kursangebot motiviert. Mein Interesse galt vorrangig Kursen aus dem Bereich der (transnationalen) Streitbeilegung. Gleichzeitig wollte ich jedoch grundlegende Kenntnisse des U.S.-Rechts in weiteren Gebieten, wie etwa dem Vertrags- und Gesellschaftsrecht, erwerben. An der Columbia Law School konnte ich diese Vorstellungen ideal umsetzen. Wichtig war mir ferner, das typische Campusleben an einer U.S.-amerikanischen Universität erleben zu können. Daneben spielte die Lage der Universität in der „Stadt, die niemals schläft" eine entscheidende Rolle. Dadurch eröffneten sich - sowohl fachlich als auch das Freizeitangebot betreffend - unzählige über das Campusleben hinausreichende Möglichkeiten.

Studienalltag und New York Bar Exam

Die auf eine aktive Partizipation der Studierenden ausgerichtete Ausgestaltung von Vorlesungen und Seminaren hat in besonderem Maße zu meiner fachlichen und persönlichen Weiterbildung sowie zur Verbesserung meiner Sprachkenntnisse beigetragen. Hierin lag zugleich ein elementarer Unterschied zur Gestaltung meines Studiums in Deutschland. Anfänglich mag es schwerfallen, in einer größeren Gruppe amerikanischer Studenten aktiv das Wort zu ergreifen. Diese einmalige Chance zur Verbesserung der eigenen Argumentationsfähigkeit (in englischer Sprache) sollte man jedoch nicht ungenutzt lassen.

Zur Erweiterung meines Horizonts und Vertiefung meiner Kenntnisse des U.S.-amerikanischen Rechts hat abschließend die Absolvierung des New York Bar Exam beigetragen. Meine Zeit in den USA und an der Columbia Law School verlängerte sich dadurch um zwei weitere Monate. Die Erlangung der Anwaltszulassung im Staat New York ist zwar mit Zusatzkosten und einem nicht zu unterschätzenden Verwaltungsaufwand verbunden, die inhaltliche Vorbereitung auf die Prüfungen ist jedoch gut machbar und fachlich in jedem Fall eine Bereicherung.

Ein unvergessliches Jahr

Insgesamt betrachtet stellt mein Jahr an der Columbia Law School mit Abstand die gewinnbringendste Zeit meines Ausbildungswegs dar. Sowohl in fachlicher als auch in persönlicher Hinsicht haben meine Erfahrungen während des LL.M.-Studiums wie auch das Leben in New York erheblich zu meiner Weiterentwicklung beigetragen. Ich kann daher jedem, der ein LL.M.-Studium in Erwägung zieht, nur dazu raten!

Freshfields Bruckhaus Deringer LLP

Gibson, Dunn & Crutcher LLP

Standorte in Deutschland:
Frankfurt und München

Standorte weltweit: Brüssel, Century City, Dallas, Denver, Dubai, Hongkong, Houston, London, Los Angeles, New York, Orange County, Palo Alto, Paris, Peking, San Francisco, São Paulo, Singapur, Washington D.C.

Tätigkeitsschwerpunkte: Antitrust, Banking & Finance, Compliance/White Collar, Corporate/M&A/Private Equity, Data Protection, Insolvency & Restructuring, Labor & Employment, Litigation & Arbitration, Real Estate, Tax, Technolgy & IP

Mitarbeiter in Deutschland: ca. 40
davon mit LL.M.: 11
davon mit Promotion: 22

Mitarbeiter weltweit: mehr als 1.300

Geplante Neueinstellungen 2020: 5–7

Gegründet 1890 in Los Angeles, gehört Gibson Dunn zu den führenden internationalen Anwaltskanzleien. Mit über 1.300 Anwälten sind wir an 20 Standorten in neun Ländern vertreten. An unseren beiden deutschen Standorten Frankfurt und München konzentrieren wir uns auf die Beratung bei nationalen und grenzüberschreitenden Mandaten im Bereich Corporate/M&A/Private Equity, Bank- und Finanzrecht einschließlich Restructuring, Compliance & White Collar Investigations, Prozessführung & Schiedsgerichtsbarkeit, Datenschutz, Technology & IP, Kartellrecht und Real Estate.

GIBSON DUNN

Taunustor 1, 60310 Frankfurt am Main
Marstallstraße 11, 80539 München
www.gibsondunn.com

Dr. Wilhelm Reinhardt, Frankfurt am Main
Dr. Markus Nauheim, LL.M. (Duke), München
bewerbungen@gibsondunn.com

Was unterscheidet Sie von anderen Kanzleien? Unsere Kanzleikultur sollte an dieser Stelle hervorgehoben werden. Die Arbeit bei uns ist geprägt von einer sehr angenehmen Atmosphäre und großer Kollegialität. Es herrscht ein starker Teamgeist und eine enge Verbundenheit der Mitarbeiter untereinander. Dies zeigt sich auch in den gemeinsamen Veranstaltungen, die über das Jahr verteilt stattfinden – angefangen vom Ski-Ausflug bis zum gemeinsamen Sundowner auf der Dachterasse. Hier spielt sicherlich auch eine Rolle, dass wir mit unserer Größe noch eine überschaubare Einheit darstellen, in der sich die Anwälte untereinander alle kennen, was auch standortübergreifend gilt. Gleichwohl sind wir als deutscher Standort eingebettet in das internationale Netzwerk der Kanzlei und arbeiten in zahlreichen Mandaten mit grenzüberschreitendem Bezug eng mit den anderen Büros im Ausland zusammen.

Wie steht die Kanzlei zum LL.M.? Ein LL.M ist bei uns sehr gern gesehen, auch wenn ein LL.M. keine Einstellungsvoraussetzung darstellt. Eine solche Zusatzqualifikation ist aus unserer Sicht ein Nachweis, dass ein Bewerber über gute Englischkenntnisse verfügt und dazu bereit ist, selbst gesetzte Ziele geradlinig zu verfolgen und sich aus dem gewohnten Umfeld herauszuwagen. Das Land, die Universität sowie eine besondere Fachrichtung des LL.M.-Studiums sind dabei für uns nicht das entscheidende Kriterium.

Wann ist der richtige Zeitpunkt für einen LL.M.? Ob der LL.M. vor dem Referendariat oder nach dem Referendariat absolviert wird, spielt aus unserer Sicht keine Rolle. Das ist letztlich eine Frage der persönlichen Lebensplanung und individuellen Motivationslage, die jeder nur für sich entscheiden kann. Wir sind auch dafür offen, dass ein LL.M. erst nach dem Berufseinstieg bei uns erworben und dafür die berufliche Tätigkeit nach einer gewissen Zeit unterbrochen wird.

Wie sieht der Arbeitsalltag von Praktikanten, wissenschaftlichen Mitarbeitern und Referendaren bei Ihnen aus? Praktikanten, wissenschaftliche Mitarbeiter oder Referendare werden bei uns von Beginn an in die Projektarbeit eingebunden und arbeiten regelmäßig eng mit verschiedenen Anwälten und Praxisgruppen zusammen. Ihre Tätigkeit leistet hierbei einen wichtigen Beitrag im Gesamtgefüge der Kanzlei und erstreckt sich typischerweise über eine breite Palette von Rechtsgebieten und Aufgabenstellungen, die sich am Ausbildungsgrad und an den Interessenschwerpunkten der Mitarbeiter orientieren. Wirtschaftsrechtliche Vorkenntnisse werden nicht erwartet, sind aber natürlich hilfreich.

Welche Tipps geben Sie Studenten/Referendaren auf den Weg? Wir raten allen angehenden Juristen, im Rahmen ihrer Ausbildung die verschiedenen Berufsfelder der Juristerei vor dem Berufsstart einmal kennenzulernen und sich dabei auch frühzeitig, z. B. im Rahmen eines Praktikums, die Arbeit in einer internationalen Wirtschaftskanzlei anzusehen. Gerade hieraus können sich wertvolle Kontakte ergeben, die für den Berufsanfänger von großem Nutzen sein können. Daneben sind wir der Ansicht, dass ein Auslandsaufenthalt während des grundständigen Studiums (z. B. über Erasmus) und/oder danach im Rahmen eines LL.M.-Studiums eine sehr gute Gelegenheit bietet, die eigene Persönlichkeit weiterzuentwickeln und Sprachkenntnisse zu vertiefen – beides Faktoren, die später im Berufsleben große Bedeutung erlangen.

LL.M.-Studium in den United States

Milena Volkmann

Dr. iur.,
LL.M. (Arizona)

Associate, Frankfurt

Die Entscheidung, an einem LL.M.-Programm in den USA teilnehmen zu wollen, ist bei uns beiden bereits während des Studiums gefallen.

LL.M. in der Wüste

Um die konkrete Planung des LL.M. habe ich mich während meiner Promotionszeit gekümmert. Als Studienort habe ich mir die University of Arizona ausgesucht. Den Campus und die Umgebung kannte ich bereits von früheren Reisen und die Aussicht auf ein Jahr bei den „Wildcats" kam mir sehr verlockend vor. Mit dem Fokus auf International Trade and Business Law stellte das LL.M.-Programm auch eine gute Ergänzung zu meinem bisherigen Studium dar.

Die Law School der UofA ist klein, was zu einer hervorragenden individuellen Betreuung führte. Das auf zwei Semester ausgelegte Curriculum bestand aus einigen Kernkursen, die je nach Interessenschwerpunkt ergänzt werden konnten. Im zweiten Semester war zudem eine Thesis anzufertigen. Neben den Kursen im internationalen Recht habe ich den Schwerpunkt auf U.S.-amerikanisches Gesellschafts- und Bankrecht gelegt. Gerade von der praxisbezogenen Gesellschaftsrechtsvorlesung profitiere ich gelegentlich auch heute noch.

Dank der geringen Klassenstärken, der guten Durchmischung von internationalen und amerikanischen Studenten und der Vielzahl von Veranstaltungen, die außerhalb der Klassenräume geboten wurden, war es einfach, sich an der Law School zurechtzufinden und Freundschaften zu knüpfen, die ich heute nicht mehr missen möchte.

Philipp
Mangini-Guidano

Dr. iur.,
LL.M. (Miami)

Associate, München

LL.M. am Strand

Der richtige Zeitpunkt für den LL.M. war für mich persönlich damals nach dem Referendariat und vor dem Berufseinstieg, da ich nach den beiden Staatsexamina und der Promotion in Deutschland den starken Wunsch verspürte, noch einmal eine komplett andere Rechtsordnung kennenzulernen. Aufgrund meiner Vorliebe für die USA und für sonnige Strandmetropolen stand meine Entscheidung für Miami als Studienort relativ schnell fest. Hinzu kam auch das Entgegenkommen der University of Miami (UM) bei der Tuition Fee sowie die überschaubare Größe des LL.M.-Programms, die eine sehr individuelle und persönliche Betreuung garantierte. Wichtig war mir auch die Möglichkeit, den Studienschwerpunkt (z. B. Corporate, Litigation etc.) bei der riesigen Fächerauswahl weitgehend frei entscheiden zu können, was bei der UM ohne Weiteres möglich war.

Die Entscheidung für die UM habe ich keinen Tag bereut, und der LL.M. in Miami war für mich eine großartige Erfahrung. Insbesondere die Kombination aus einem effizienten und durchorganisierten Studienbetrieb auf der einen Seite und andererseits dem Gefühl, an einem pulsierenden Urlaubsort mit schönen Stränden und internationalem Flair zu studieren, habe ich als einmalig empfunden.

Fazit

Rückblickend war das LL.M.-Studium für uns beide sowohl persönlich als auch fachlich eine sehr wertvolle und bereichernde Erfahrung, die zu machen wir nur jedem empfehlen können.

Gibson, Dunn &
Crutcher LLP

Gleiss Lutz

Standorte in Deutschland: Berlin, Düsseldorf, Frankfurt am Main, Hamburg, München, Stuttgart

Standorte weltweit: Brüssel

Spezialisierungen: u. a. Arbeitsrecht, Bank-, Finanz- und Kapitalmarktrecht, Gesellschaftsrecht/M&A, Gewerblicher Rechtsschutz, Kartellrecht, Öffentliches Wirtschaftsrecht/Immobilienrecht, Prozessführung, Schiedsgerichtsbarkeit, Steuerrecht

Berufsträger in Deutschland: rund 350
davon mit LL.M.: 95
davon mit Promotion: 232

Berufsträger weltweit: rund 350

Neueinstellungen pro Jahr: ca. 50

Gleiss Lutz ist eine der anerkannt führenden, international tätigen Anwaltskanzleien Deutschlands. Als eine der größten, unabhängigen Full-Service-Wirtschaftskanzleien in Deutschland bauen wir auf ein flexibles und erprobtes internationales Netzwerk und pflegen enge persönliche Kontakte zu Kanzleien, die in ihren Jurisdiktionen führend sind. Unsere Anwältinnen und Anwälte gehören ebenfalls zur Spitze des Marktes. Deshalb achten wir bei der Mitarbeiterauswahl auch sehr genau auf deren fachliche Qualifikation. Wir erwarten jedoch keine Perfektion am ersten Tag. Mit unserem bewährten Tutorensystem, einer sorgfältigen Einarbeitung in den Anwaltsberuf sowie einem vielseitigen Ausbildungsprogramm im Rahmen der Gleiss Lutz-Akademie helfen wir Ihnen, Ihre Fähigkeiten auszubauen. Als Berufseinsteiger werden Sie bei Gleiss Lutz direkt in die Mandatsarbeit eingebunden. Regelmäßige fachbereichs- und standortübergreifende Treffen sowie ständiger Wissensaustausch unterstreichen, dass Zusammenarbeit fester Bestandteil des Alltags ist. Partnerschaftlich-kollegiale Atmosphäre ist kein leerer Begriff, sondern gelebte Praxis.

Gleiss Lutz

Taunusanlage 11
60329 Frankfurt am Main
karriere.gleisslutz.com

Sofia Jung
Director Human Resources Legal
+49 69 95514-631
karriere@gleisslutz.com

Was unterscheidet Sie von anderen Großkanzleien? Gleiss Lutz ist zwar nicht die größte Kanzlei im Land, zählt aber zu den renommiertesten Sozietäten in Deutschland. Wir bieten alle Vorteile einer Großkanzlei, ohne dass unsere Mitarbeiter ihre Individualität oder ihre ganz persönlichen Stärken und Vorstellungen einbüßen müssen. Wir arbeiten in Teams unterschiedlicher Größe auf höchstem juristischen Niveau. Anfangs auf das Kartellrecht spezialisiert, decken wir heute sämtliche Gebiete des Wirtschaftsrechts als Full-Service-Wirtschaftskanzlei ab. Durch unsere in Jahrzehnten aufgebauten Beziehungen mit weltweiten Spitzenkanzleien ermöglichen wir unseren Anwältinnen und Anwälten den Zugriff auf ein internationales Netzwerk und eine abwechslungsreiche Zusammenarbeit mit Anwältinnen und Anwälten aus aller Welt. Wir arbeiten regelmäßig mit diesen Kanzleien zusammen und kennen sie persönlich.

Wie stehen Sie zum LL.M.? Wir begrüßen einen im Ausland erworbenen LL.M., weil er nicht nur Ihre Sprachkenntnisse dokumentiert, sondern Ihnen vor allem dabei hilft, sich in fremden Rechtsordnungen zurechtzufinden. Diese Fähigkeit wird insbesondere bei internationalen Transaktionen immer wichtiger.

Wie unterstützen Sie ein LL.M.-Vorhaben? Nach Absprache bietet Gleiss Lutz eine ähnliche Unterstützung an wie für die Promotion, z. B. das Promotions-Sabbatical. Durch ein entsprechendes Freistellungsmodell ermöglichen wir Ihnen auch den Erwerb des Master-Titels. Zusätzlich fördert unsere Sozietät jedes Jahr fünf unserer Nachwuchsjuristinnen und -juristen mit einem LL.M.-Teilstipendium für ein englischsprachiges Master-Programm im Ausland.

Was bieten Sie Ihren Mitarbeitern an zusätzlicher Ausbildung? Im Rahmen der Gleiss Lutz-Akademie durchlaufen Sie verschiedene Ausbildungseinheiten. Grundlagenseminare vermitteln Ihnen einen Überblick über unsere Praxisgruppen. Zusätzlich werden Sie zu den Themen Verhandlungstraining, Business Development, Bilanzkunde und Rhetorik geschult. Innerhalb der Praxisgruppen finden zudem regelmäßige Informationsveranstaltungen und Weiterbildungsseminare statt. Unseren Referendarinnen und Referendaren sowie unseren wissenschaftlichen Mitarbeiterinnen und Mitarbeitern bieten wir ein abwechslungsreiches Nachwuchsjuristen-Programm, das Fachvorträge, Workshops und einen Englischkurs beinhaltet. Ein Klausurenkurs in Kooperation mit Kaiserseminare, regelmäßige Aktenvortragstrainings sowie ein halbjährlich stattfindendes Referendar-Retreat bereiten Sie zudem optimal auf den Berufseinstieg vor.

Was erwartet einen Berufseinsteiger bei Ihnen? Sie werden vom ersten Tag an aktiv in die Mandate eingebunden. Dabei steht Ihnen ein Partner als Tutor zur Seite und weist Sie sowohl in das Mandats-Handling als auch in die praktische juristische Arbeit ein. Je nach Rechtsgebiet werden Sie innerhalb eines Jahres Mandate selbstständig bearbeiten.

Welche Perspektiven bieten Sie Ihren Mitarbeitern? Ihr Karriereweg bei Gleiss Lutz ist klar definiert und transparent. In regelmäßigen Statusgesprächen bekommen Sie Feedback zu Ihrer beruflichen Entwicklung. Wir entscheiden derzeit nach einem Jahr über die Aufnahme auf den Briefkopf, nach dreieinhalb Jahren über die Aufnahme zum assoziierten Partner und nach sieben Jahren über die Vollpartnerschaft. Eine Alternative zur Partnerschaft bietet die Position als Counsel.

Antonius Mann

Dr. iur.,
LL.M. (Stellenbosch)

Jahrgang 1988

Rechtsanwalt

Mein LL.M. in Stellenbosch

Die Stellenbosch University in Südafrika (SU) verbindet die Möglichkeit, an einer international anerkannten Universität zu studieren, mit dem Leben in einem landschaftlich und kulturell interessanten Land. Für mich war Stellenbosch daher der ideale Ort, um nach dem Ersten Examen meinen LL.M. zu machen.

Blick über den Tellerrand der eigenen Rechtsordnung

Als deutsche Jurastudenten lernen wir ab dem ersten Semester, in den Kategorien des deutschen Rechts zu denken. Andere Rechtssysteme oder alternative Regelungsmechanismen spielen, wenn überhaupt, nur eine untergeordnete Rolle. Der LL.M. an einer Universität wie der SU bietet die Möglichkeit, unser deutsches Rechtssystem für ein Jahr zu verlassen, um uns mit Juristen aus aller Welt über deren Rechtsordnungen auszutauschen. Da die Lehrinhalte ausschließlich in Seminaren mit selten mehr als 20 Teilnehmern vermittelt werden, kommt es schnell zu einem sehr offenen und intensiven Diskurs zwischen Professoren und Studierenden. Das ist, gerade zu Beginn, nicht immer ganz einfach, da die Seminare ausschließlich auf Englisch stattfinden. Hat man sich jedoch erst einmal daran gewöhnt, bietet sich einem eine erstklassige Gelegenheit, Gemeinsamkeiten und Unterschiede verschiedenster Rechtssysteme kennenzulernen. Diese juristische Horizonterweiterung ist nicht nur persönlich sehr bereichernd, sondern auch im anschließenden Berufsleben bei der Beratung internationaler Mandanten gewinnbringend.

Nach dem Seminar zum Wine Tasting – oder doch lieber an den Strand?

Der LL.M. in Stellenbosch ist nicht nur akademisch wertvoll, er ermöglicht einem auch, für ein Jahr an einem Ort zu leben, an dem andere sonst ihren Urlaub verbringen.

Stellenbosch liegt inmitten der „Cape Winelands", den Weinbergen der südafrikanischen Provinz Western Cape. In nicht einmal zehn Minuten gelangt man mit dem Fahrrad in weltbekannte Weingüter. Diese sind nahezu vollständig im kapholländischen Stil des 17. und 18. Jahrhunderts erhalten und malerisch gelegen. So konnte es passieren, dass wir uns nach der Vorlesung spontan dazu entschieden, zum Wine Tasting zu fahren.

Nicht einmal 50 km von Stellenbosch entfernt liegt Kapstadt, von den Südafrikanern liebevoll als ihre Mother City bezeichnet. Kulturell interessant und landschaftlich schön am Fuß des Tafelbergs zwischen Atlantischem und Indischem Ozean gelegen, wird Kapstadt nie langweilig. Der typische Samstag eines Capetownians sieht in etwa so aus: morgens aufstehen, das Surfboard auf das Dach schnallen und an den Strand fahren. Nach dem Surfen geht es für einen Straußen-Burger auf den Food Market. Anschließend Livekonzert im Botanischen Garten am Fuß des Tafelbergs, um den Tag beim Abendessen in einem der Weingüter ausklingen zu lassen.

Der LL.M. in Stellenbosch bietet eine gute Kombination aus Auslandsstudium mit internationalem Renommee und südafrikanischem Lifestyle. Für mich persönlich war das Jahr in Südafrika eine Zeit, die ich immer positiv in Erinnerung behalten werde und jedem, der einen LL.M. in Erwägung zieht, nur ans Herz legen kann.

Kirkland & Ellis International LLP

Standorte in Deutschland: München

Standorte weltweit: Boston, Chicago, Dallas, Hongkong, Houston, London, Los Angeles, New York, Palo Alto, Paris, Peking, San Francisco, Schanghai, Washington D.C.

Spezialisierungen: Private Equity/M&A, Corporate, Capital Markets, Restructuring, Finance, Tax

Berufsträger in Deutschland: ca. 40
davon mit LL.M.: 14
davon mit Promotion: 20

Berufsträger weltweit: ca. 2.700

Geplante Neueinstellungen 2020: 6–8

In unserer Kanzlei in München bearbeitest Du komplexe Projekte für große internationale Mandanten. Unsere Tätigkeitsschwerpunkte bilden Private Equity/M&A, Corporate, Capital Markets, Restructuring, Finance und Tax. Bei den oft grenzübergreifenden Transaktionen arbeitest Du eng im Team mit den Kollegen aus Großbritannien, den USA und Asien zusammen.

Wir garantieren höchste juristische Qualität und unterstützen unsere Mandanten mit unserer umfangreichen Erfahrung und kreativen juristischen Ansätzen beim Erreichen ihrer Ziele.

KIRKLAND & ELLIS INTERNATIONAL LLP

Maximilianstraße 11
80539 München
karriere.kirkland.com

Dr. Achim Herfs
Recruiting Partner
+49 89 2030-6000
karriere@kirkland.com

Wie wir arbeiten: Wenn wir gefragt werden, ob wir eine deutsche Boutique oder eine internationale Großkanzlei sind, lautet unsere Antwort: Wir sind „sowohl als auch".

In München sind wir eine erfolgreiche, dynamische Boutique mit rund 40 Anwältinnen und Anwälten. International sind wir das globale Powerhouse einer amerikanischen Top-5-Wirtschaftskanzlei mit rund 2.700 Juristinnen und Juristen an 15 Standorten in Nordamerika, Asien und Europa.

In München legen wir Wert auf flache Hierarchien und begegnen uns auf Augenhöhe. Hier bist Du Teil eines kleinen Teams, dessen Mitglieder eng miteinander arbeiten, zueinanderstehen, aufeinander achten und einander helfen, die Ziele zu erreichen. Vom ersten Tag an bist Du Teil des Teams und arbeitest, auch fachübergreifend, an spannenden und abwechslungsreichen Mandaten mit.

Diese internationalen Einsatzmöglichkeiten hast Du: Wo möchtest Du gerne Erfahrungen sammeln? Wir unterstützen Dein Secondment in einem unserer 14 internationalen Büros - auch wenn es in München am schönsten ist. Referendaren bieten wir, nach erfolgreich absolvierter Anwaltsstation in München, die Möglichkeit, ihre Wahlstation im Ausland zu verbringen. Wir übernehmen dabei die gesamte Organisation und stellen sicher, dass ein Mentor vor Ort den Referendar begleitet. Außerdem können Referendare an den Trainingsprogrammen der jeweiligen Standorte teilnehmen und werden intensiv in die Praxisgruppen eingebunden.

Deine Weiterqualifizierung ist uns wichtig: Als Anwalt und als Referendar durchläufst Du im „Kirkland Institute" ein Trainingsprogramm aus drei Modulen zu verschiedenen fachlichen Themen: Vertiefung der Fachkompetenz, Entwicklung von fachübergreifender Kompetenz sowie Erweiterung persönlicher Fähigkeiten.

Zudem veranstalten wir (auch in Zusammenarbeit mit unseren Kollegen im Ausland) regelmäßige Fortbildungen und Retreats (z. B. Corporate Retreat in Rom 2019). Bereits bei der Einstellung unserer Associates achten wir darauf, dass sie das Potenzial mitbringen, nach rund sechs Jahren Partner zu werden.

Welche Rolle spielt der LL.M. bei uns? Ein LL.M. ist bei Kirkland nicht zwingend erforderlich, zeigt uns aber, dass ein Bewerber den Blick über den Tellerrand gewagt hat. Durch unsere Internationalität ist insbesondere ein LL.M., der in einem angloamerikanischen Land erworben wurde, ein perfektes Sprungbrett und natürlich ein Hinweis auf sehr gute Englischkenntnisse, die in unserer täglichen Arbeit unabdingbar sind.

Warum Du zu uns passt: Weil Du bereit bist, Dich zu engagieren und Eigenverantwortung zu übernehmen. Wenn Du zudem über sehr gute Englischkenntnisse und über exzellente Examina verfügst, sind die Grundvoraussetzungen erfüllt. Solltest Du darüber hinaus ein echter Teamplayer sein und ein sehr gutes Verständnis für wirtschaftliche Zusammenhänge mitbringen, müssen wir uns unbedingt kennenlernen.

Angelina Seelbach

LL.M. (Columbia)

Associate Corporate

Mein LL.M. an der Columbia University

Die Entscheidung

Für mich war lange klar, dass ich noch einmal ins Ausland gehen wollte. Ich fühle mich in einem internationalen Umfeld sehr wohl und schätze den Austausch zwischen den Kulturen. Daher habe ich mich nach dem Zweiten Examen entschlossen, nach einem Berufsjahr den LL.M. zu machen. Der LL.M. bot mir die perfekte Möglichkeit, ins Ausland zu gehen, an einer Spitzenuniversität zu studieren – und gleichzeitig ein Jahr voller Überraschungen zu erleben.

Die Columbia University

Die Columbia University fiel schnell in die engere Wahl. Sie ist eine der absoluten Spitzenuniversitäten, was den offensichtlichen Vorteil mit sich bringt, dass es eine große Vielfalt an bekannten Professoren und Gastdozenten gibt. New Yorker Partner der renommiertesten Kanzleien geben „Hands-on"-Praxisseminare, in denen zum Beispiel ein Public Takeover über die Dauer eines ganzen Semesters durchgespielt wird. Auch jenseits des regulären Kursprogramms herrscht ein reger intellektueller Austausch, den ich als sehr bereichernd empfunden habe. Mittägliche Vorträge und Paneldiskussionen gibt es viel mehr, als man wahrnehmen kann. Und die Lage der Uni in New York hat natürlich auch den tollen Nebeneffekt eines reichhaltigen Freizeitangebots.

Das LL.M.-Programm an der Columbia University ist ein allgemeines, das heißt, es werden keine fachspezifischen LL.M.-Titel vergeben. Trotzdem hat das Kursangebot eine bemerkenswerte Tiefe und Breite: Es gibt Vorlesungen für jedes denkbare Interesse, von etwas ausgefalleneren Rechtsgebieten wie dem Sportrecht bis zu Führungsthemen wie dem Management von größeren Kanzleien oder der Rolle des General Counsel im Unternehmen. Besonders reizvoll ist die Praxisnähe im Rahmen der sogenannten Clinics: Hier kann man betreut durch Professoren zum Beispiel für Strafverteidigerorganisationen in der Bronx arbeiten, kleine Unternehmen beraten, Mediation im Umweltrecht betreiben usw.

Ein kleiner, aber nicht zu unterschätzender Aspekt, den man berücksichtigen sollte, ist die Art und Weise der Studentenauslese: Die Columbia University legt bei ihren LL.M.-Studenten Wert darauf, dass sie erste Berufserfahrungen mitbringen (für Deutsche zählt in der Regel das Referendariat), was den Austausch mit den Mitstudenten spannender macht. Zudem gibt es in geografischer Hinsicht eine 10%-Regelung – das heißt, keine Nation darf mehr als 10% der LL.M.-Studenten stellen, was zu einer sehr vielfältigen Studentenschaft beiträgt.

Fazit

Für mich war der LL.M. das bislang wohl teuerste Jahr in meinem Leben. Und dennoch, es war das beste Investment, das ich machen konnte – welche andere Anlageform lässt einen schon beruflich und persönlich in Dimensionen wachsen, die man vorher nicht erahnt hätte? Und immens viel Spaß gemacht hat das Programm außerdem. Also, wenn ihr überlegt, euch für ein LL.M.-Programm zu bewerben, bevor es im Berufsleben richtig los geht – go for it!

PRIVATE EQUITY
M&A
CORPORATE
CAPITAL MARKETS
RESTRUCTURING
FINANCE
TAX
BEIJING
BOSTON
CHICAGO
DALLAS
HONG KONG
HOUSTON
LONDON
LOS ANGELES
MUNICH
NEW YORK
PALO ALTO
PARIS
SAN FRANCISCO
SHANGHAI
WASHINGTON, D.C.
Bist Du Kirkland?
Bist Du Ellis?
Oder bist Du beides?
Wo kannst Du am besten Du selbst sein: in einer dynamischen Boutique oder in dem globalen Powerhouse einer amerikanischen Top-5-Wirtschaftskanzlei?
Bei uns in München bist Du Teil eines kleinen Teams mit hoch qualifizierten Anwälten, das auf Cross-Border-Transaktionen eng mit unseren Kollegen in den USA, Asien und Europa zusammenarbeitet.
Wenn Du also auf das Wellenreiten im Eisbach so viel Lust hast wie auf die Big Wave vor Hawaii, dann ist Kirkland & Ellis genau das Richtige für Dich: Weitere Infos zu uns findest Du auf karriere.kirkland.com
Zeige Deinen
K&Erakter
www.karriere.kirkland.com
KIRKLAND & ELLIS

Great change is here.

Linklaters

Bist Du bereit?

Linklaters LLP

Standorte in Deutschland: Berlin, Düsseldorf, Frankfurt am Main, Hamburg, München

Standorte weltweit: Abu Dhabi, Amsterdam, Antwerpen, Bangkok, Brüssel, Dubai, Hongkong, Lissabon, London, Luxemburg, Madrid, Mailand, Moskau, New York, Paris, Peking, Rom, São Paulo, Schanghai, Seoul, Singapur, Stockholm, Tokio, Warschau, Washington D.C.

Spezialisierungen: Arbeitsrecht, Aufsichtsrecht, Banking, Dispute Resolution, Energiewirtschaftsrecht, Gesellschaftsrecht/M&A, Gewerblicher Rechtsschutz, Immobilienwirtschaftsrecht, Investment Funds, Kapitalmarktrecht, Kartellrecht, Öffentliches Wirtschaftsrecht, Restrukturierung & Insolvenz, Steuerrecht, Technologie, Medien & Telekommunikation

Berufsträger in Deutschland: ca. 350

Berufsträger weltweit: ca. 2.900

Neueinstellungen pro Jahr: ca. 60

Weltweit sind wir mit mehr als 2.900 Rechtsanwältinnen und Rechtsanwälten in 30 Büros tätig – und damit immer genau dort vor Ort, wo unsere Mandanten uns brauchen. Die enge Zusammenarbeit mit Kollegen aus anderen Ländern und viele internationale Fortbildungskurse und Auslandseinsätze unserer Associates fördern unsere globale Ausrichtung. So entsteht ein Umfeld, das von gegenseitiger Unterstützung und Teamarbeit geprägt ist, in einer motivierenden, entspannten Atmosphäre, in der Herausforderungen und Ziele geteilt werden.

Linklaters

Taunusanlage 8
60329 Frankfurt am Main
linklaters.de
career.linklaters.de
facebook.com/LinklatersGermany

Recruitment Germany
+49 69 71003-495
recruitment.germany@linklaters.com

Was unterscheidet Sie von anderen Kanzleien? Linklaters berät in fachbereichs-, grenz- und sektorübergreifenden Teams und bietet daher einen vollständig integrierten Beratungsansatz. Mandanten stellen wir unsere Expertise und unsere Ressourcen in Industrie- und Schwellenländern auf der ganzen Welt zur Verfügung und helfen ihnen dabei, Chancen zu nutzen und Risiken zu managen. Unser globaler Ansatz und unser Einsatz für Exzellenz gewährleisten ein Höchstmaß an Qualität und Service in allen unseren Geschäftsbeziehungen. Wir bieten unseren Mandanten Engagement, Teamwork und Flexibilität, damit sie ihre komplexen geschäftlichen Herausforderungen gemeinsam mit uns erfolgreich gestalten können.

Warum sollten Studenten/Absolventen gerade bei Ihnen einsteigen? Ob Sie noch während Ihrer Ausbildungszeit oder als Berufseinsteiger bei uns anfangen – gleichermaßen erleben Sie eine intensive Zeit, in der Sie gefordert und gefördert werden. Neben der frühen Übernahme von Verantwortung und der Chance zum selbstständigen Arbeiten ermöglicht Ihnen vor allem das Arbeiten in Ihrem Team stets die Möglichkeit, Ihren Wissensstand und Ihre Fähigkeiten an praktischen Fällen gemeinsam mit den Kollegen zu erweitern. Der wichtigste Ansprechpartner ist dabei neben dem Leitpartner der persönliche Mentor, ein erfahrener Associate, der Sie unter anderem durch regelmäßiges Feedback unterstützt, die Arbeitswelt von Linklaters kennenzulernen sowie die täglichen Herausforderungen zu meistern.

Welche internationalen Einsatzmöglichkeiten bieten Sie? Aufgrund unserer internationalen Aufstellung können wir unseren Mitarbeitern Entsendungen in andere Büros weltweit grundsätzlich ermöglichen, beispielsweise im Rahmen der Wahlstation. Dabei ist es uns wichtig, mittels offener Kommunikation eine Win-win-Situation zu schaffen, die für beide Parteien zufriedenstellend ist. In diesem Zusammenhang unterstützen wir auch jene Mitarbeiter, die sich berufsbegleitend für einen LL.M.-Abschluss entscheiden, indem wir sie freistellen. In der Regel haben Neueinsteiger ihren LL.M. jedoch bereits absolviert, bevor sie bei uns als Associate anfangen.

Welche Meinung vertreten Sie zum LL.M.? Für diejenigen, die ihre Zukunft in einer internationalen Anwaltskanzlei sehen, ist der Master of Laws eine hervorragende Qualifikation und bietet die Gelegenheit, sich positiv abzuheben. Wir schätzen an Bewerbern mit LL.M.-Abschluss, dass sie bereits Erfahrungen in einem anderen Kulturkreis gemacht haben.

Wer passt zu Ihnen? Selbstverständlich setzen wir exzellente Examina und sehr gute Englischkenntnisse voraus. Aber wir wollen auch Mitarbeiter, die mehr in ihre Arbeit einbringen als nur ihre juristischen Qualifikationen. Wir suchen Teamplayer mit Persönlichkeit, Selbstvertrauen, Lösungsorientierung und wirtschaftlichem Verständnis – kurz: mit der Fähigkeit, unsere Mandanten davon zu überzeugen, dass sie bei Linklaters in besten Händen sind.

LL.M.-Programm am King's College in London

Martina Farkas

LL.M. (King's College)

Jahrgang 1983

Managing Associate im Gesellschaftsrecht/ Corporate M&A

München

Durch die Teilnahme an der Humboldt European Law School war mein LL.M.-Aufenthalt in London am renommierten King's College in gewisser Weise vorgegeben. Im Rahmen dieses Programms hatte ich mich bereits während des Studiums dazu entschieden, die Maîtrise en droit in Paris an der Université Panthéon Assas sowie den LL.M. am King's College in London zu absolvieren. Eine großartige Entscheidung, die ich zu keinem Zeitpunkt bereuen sollte. Dabei haben mich gerade die vertieften Einblicke in das Recht anderer Jurisdiktionen sowie der mit dem LL.M. verbundene Auslandsaufenthalt gereizt.

Am King's College hat mich neben dem guten Ruf der Universität vor allem die große Auswahl der Kurse sowie die Internationalität der Kursteilnehmer angesprochen. Auch die Tatsache, dass einige Veranstaltungen gemeinsam mit den ebenfalls im Herzen Londons liegenden Universitäten LSE, UCL und Queen Mary abgehalten wurden, hat den interdisziplinären und internationalen Austausch gefördert. Inhaltlich habe ich mich nach einigen Probevorlesungen, die ich aufgrund der Kursvielfalt nur empfehlen kann, für den auf Wettbewerbs- und Kartellrecht spezialisierten LL.M. entschieden.

Oft stellen sich Nachwuchsjuristen die Frage, wann der „richtige" Zeitpunkt für das LL.M.-Studium ist: nach dem Ersten oder nach dem Zweiten Staatsexamen? Hier gibt es meines Erachtens keine Richtschnur, der LL.M. ist immer eine besonders wertvolle Erfahrung. Studierende können sich fachlich, persönlich und kulturell ausgezeichnet weiterbilden. Glücklicherweise hatte ich auch genug Zeit, um London zu erkunden – eine willkommene Abwechslung nach der Examensvorbereitung. Für den richtigen Zeitpunkt ist somit die jeweilige Lebenssituation entscheidend. Hinzu kommen Aspekte wie ein mit dem LL.M. verbundenes Forschungsvorhaben bzw. eine Promotion oder die Möglichkeit, in dem jeweiligen Land die Anwaltszulassung zu erwerben. Ferner ist gerade London ein beliebter Standort für Wirtschaftskanzleien, um deutsche Nachwuchsjuristen kennenzulernen. Hier können die Kanzlei-Events optimal genutzt werden, um erste Einblicke in die Welt der internationalen Wirtschaftskanzleien zu erhalten und nachhaltige Kontakte zu knüpfen.

Für meine berufliche Tätigkeit bei Linklaters bedeutet der LL.M. insbesondere in sprachlicher Hinsicht einen deutlichen Mehrwert. Die erworbenen fachlichen Kenntnisse sind durch die Berührungspunkte meiner Tätigkeit mit kartellrechtlichen Fragen bei der Mandatsarbeit sehr hilfreich. Besonders hervorzuheben sind aber die internationalen Freundschaften und Verbindungen zu Kollegen, die mich privat und beruflich weiterhin begleiten. Fazit: Ein gewisser Vorbereitungsaufwand ist erforderlich. Der ist aber während der spannenden und lehrreichen Zeit im Ausland schnell vergessen. Mut zu Neuem!

Milbank LLP

Standorte in Deutschland:
Frankfurt am Main, München

Standorte weltweit: Hongkong, London, Los Angeles, New York, Peking, Singapur, São Paulo, Seoul, Tokio, Washington D.C.

Spezialisierungen: Bank- und Finanzrecht, Compliance, Gesellschaftsrecht/M&A, Kartellrecht, Private Equity, Steuerrecht, Restrukturierung

Berufsträger in Deutschland: 50
davon mit LL.M.: 11
davon mit Promotion: 36

Berufsträger weltweit: 700

Geplante Neueinstellungen 2020: 8–10

Milbank LLP wurde 1866 als eine der ersten Wall-Street-Kanzleien in New York City gegründet und zählt heute zu den führenden international tätigen Wirtschaftskanzleien. Mit zwölf Standorten in Europa, den USA, Lateinamerika und Asien sind wir an den wichtigsten Finanz- und Wirtschaftszentren der Welt präsent. Wir haben den Anspruch, nur bestqualifizierte Anwälte einzustellen und ihnen als Associates außergewöhnliche Erfahrungen, erstklassige Aus- und Weiterbildungsmöglichkeiten und eine angenehme Atmosphäre zu bieten.

Milbank

Dr. Thomas Ingenhoven, LL.M.
Neue Mainzer Straße 74
60311 Frankfurt am Main
+49 69 71914-3436
tingenhoven@milbank.com

Dr. Thomas Kleinheisterkamp
Maximilianstraße 15
80539 München
+49 89 25559-3676
tkleinheisterkamp@milbank.com

www.milbank.com/karriere

Wie wichtig ist Ihnen ein LL.M.? Ein LL.M. ist keine Einstellungsvoraussetzung, stellt aber aus unserer Sicht eine wichtige Qualifikation dar. Wenn wir unsere Anwälte fragen, welche Bedeutung ein LL.M. in ihrem persönlichen Ausbildungsgang hatte, fallen die Antworten durchaus unterschiedlich aus. Bei den Älteren überwiegt vielleicht die Erinnerung an ein Jahr Studentenleben fern der Heimat, das neben dem Studium vor allem neue Erfahrungen und Freundschaften mit sich brachte. Bei den Jüngeren steht neben diesen Erinnerungen oft der ganz konkrete praktische Nutzen eines im (englischsprachigen) Ausland erworbenen LL.M. im Vordergrund: die damit erworbene Sprachfertigkeit, die Sicherheit im Umgang mit englischer Fachterminologie und das Verständnis angelsächsischer Abstraktions- und Argumentationsmethoden, Erfahrung mit einer Common-Law-Jurisdiktion und andere Lehr- und Lernmethoden, die ein hervorragendes Rüstzeug für den Arbeitsalltag eines international tätigen Wirtschaftsanwalts sind.

Wann ist der richtige Zeitpunkt für einen LL.M.? Aus unserer Sicht macht es keinen Unterschied, ob Sie Ihr LL.M.-Programm nach dem Ersten oder nach dem Zweiten Staatsexamen absolvieren. Aus Erfahrung wissen wir, dass die Motivation nach dem Ersten Examen oft höher ist, da man nach dem Zweiten Examen endlich in den Beruf einsteigen und Geld verdienen will. Die persönliche Lebensplanung oder andere Gründe können aber auch für einen LL.M. nach dem Zweiten Staatsexamen sprechen. Mit der Teilnahme an einem LL.M.-Programm nach ein oder zwei Jahren Anwaltstätigkeit haben wir allerdings nur selten positive Erfahrungen gemacht.

Wodurch unterscheiden Sie sich von anderen Anwaltssozietäten? Natürlich ergibt sich im Vergleich mit vielen anderen Sozietäten ein grundlegender Unterschied bereits aus unserem Tätigkeitsfeld: Anders als sogenannte Full-Service-Kanzleien haben wir uns auf wirtschaftsrechtliche Transaktionen (M&A, Private Equity) und High-End-Beratung von Unternehmen in den Gebieten Gesellschafts-, Steuer-, Finanz- und Kartellrecht spezialisiert. Kennzeichnend für die Tätigkeit unserer Sozietät sind die enge Verzahnung und die integrierte Beratung in unseren Kernkompetenzen sowie die enge Vernetzung unserer Standorte weltweit. Daneben sind die bei uns tätigen Anwälte durchwegs hervorragend juristisch qualifiziert, hoch motiviert und kreativ. Sie arbeiten in kleinen Teams an spannenden Mandaten für entsprechend hochkarätige Mandanten – dies selbstverständlich bei entsprechender Vergütung. Zudem bieten wir unter anderem mit Milbank@Harvard ein einzigartiges Fortbildungsprogramm in Kooperation mit der Harvard University (mehr dazu siehe nächste Seite).

Wie viele Anwälte und Referendare stellen Sie pro Jahr ein? In unseren deutschen Büros – Frankfurt am Main und München – stellen wir pro Jahr acht bis zehn Rechtsanwälte und ca. 22 Referendare (im Rahmen einer regulären Station oder Nebentätigkeit) ein.

Wie läuft das Bewerbungsverfahren ab? Sie können sich bevorzugt per E-Mail mit einem Anschreiben, Ihrem Lebenslauf und Zeugniskopien direkt bei einem der beiden genannten Partner in Frankfurt am Main oder München bewerben.

Und wen laden Sie ein? Schauen Sie nur auf die Examensnoten, oder gibt es noch andere Kriterien, die Ihnen wichtig(er) sind? Wir legen allergrößten Wert darauf, dass Bewerber ihr juristisches Handwerkszeug beherrschen, und das wird nach unserer Erfahrung mit den Examensnoten in aller Regel zutreffend belegt. Deshalb sind zwei mit mindestens vollbefriedigend bestandene Examina für uns wichtig, ebenso wie möglichst Promotion und im Ausland erworbene Englischkenntnisse. Für deren Erwerb ist ein LL.M.-Studium eine hervorragende Gelegenheit. Darüber hinaus sollten Sie Spaß an der Arbeit mit wirtschaftlichen Sachverhalten haben und hierfür Verständnis und ein gutes Judiz mitbringen, am besten gepaart mit Humor und einer optimistischen Grundeinstellung.

Wie entscheiden Sie, welcher Bewerber zu Ihnen passt? Im Rahmen einer Gesprächsrunde, die durchaus mehr als einen halben Tag dauern kann, haben Sie – gleich ob Sie als Referendar oder Berufseinsteiger zu uns kommen möchten – Gelegenheit, möglichst viele Anwälte eines Büros und unsere Arbeit kennenzulernen. Am Ende dieses Tages sollten Sie ein Gefühl dafür entwickelt haben, ob die Chemie stimmt und Sie sich vorstellen können, künftig in unserem Team mitzuarbeiten. Und genauso entscheiden auch wir – und zwar alle Anwälte, die Sie im Laufe des Tages gesehen haben – anhand des vermuteten „Fit" ohne weitere formale Kriterien: Es passt, oder es passt nicht. So sollten auch Sie Ihre Entscheidung fällen.

Welche Tipps können Sie Nachwuchsjuristen für ihre Ausbildung geben? Natürlich stehen die Examensprüfungen immer im Vordergrund – bei hervorragenden Ergebnissen stehen Ihnen ja in der Regel alle Möglichkeiten offen. Mit einem guten Ersten Staatsexamen können Sie während des Referendariats schon Erfahrungen in renommierten Kanzleien sammeln, Referendarsstationen im Ausland absolvieren, nebenher promovieren und/oder ein LL.M.-Studium in Angriff nehmen.

Und welche Aus- und Weiterbildungsmöglichkeiten gibt es bei Ihnen? Unser Aus- und Weiterbildungsprogramm besteht aus verschiedenen Komponenten. Sein Herzstück ist sicherlich Milbank@Harvard, eine von der Harvard Business School und der Harvard Law School exklusiv für uns ausgearbeitete und gehaltene Fortbildungsveranstaltung zu wirtschaftlichen und unternehmerischen Themen. Diese findet in drei jeweils einwöchigen Veranstaltungsblocks auf dem Campus der Harvard University statt und wird von allen unseren Associates ab dem dritten Berufsjahr besucht. Darüber hinaus bieten wir – neben dem unseres Erachtens enorm wichtigen Training-on-the-Job – ein umfassendes Programm an maßgeschneiderten internen Aus- und Weiterbildungsveranstaltungen mit großer Praxisnähe an, das um den regelmäßigen Besuch externer Seminare ergänzt wird. Zu nennen sind hier zum einen unsere Ausbildungsserie „Die 20 Grundelemente", eine Präsentations- und Workshop-Reihe für unsere jüngeren Associates, bei der praxisnahe Themen erarbeitet werden, die man auf dem Weg zum Wirtschaftsanwalt beherrschen sollte. Zum anderen findet halbjährlich – meist am Starnberger See – unsere intern entwickelte Tax Academy statt, eine Blockveranstaltung, die allen unseren Associates sowie in der Regel auch unseren Referendaren einen auf die Bedürfnisse unserer Beratungspraxis zugeschnittenen Überblick zum Steuerrecht und ein Problembewusstsein in diesem wichtigen Rechtsgebiet vermittelt.

Sidley Austin (CE) LLP

Standort in Deutschland: München

Standorte weltweit: Boston, Brüssel, Century City, Chicago, Dallas, Genf, Hongkong, Houston, London, Los Angeles, New York, Palo Alto, Peking, San Francisco, Schanghai, Singapur, Sydney, Tokio, Washington D.C.

Tätigkeitsschwerpunkte: Corporate, Private Equity, M&A, Finance, Financial Regulatory, Restructuring, Tax

Mitarbeiter in Deutschland: ca. 30
davon mit LL.M.: 5
davon mit Promotion: 9

Mitarbeiter weltweit: mehr als 2.000

Geplante Neueinstellungen 2020:
ca. 4–6

SIDLEY, eine der führenden international wirtschaftsrechtlich beratenden Anwaltssozietäten, bietet Juristinnen und Juristen die Möglichkeit, sich in München in einem boutiqueähnlichen Arbeitsumfeld wohlzufühlen und gleichzeitig Teil eines weltweiten Karrierenetzwerks zu sein. Darüber hinaus zeichnet sich das Münchner Büro durch ein kleines, fachlich höchst kompetentes und dynamisches Team aus – mit sehr guten Aufstiegschancen und der Gelegenheit, ein Büro im Aufbau aktiv mitzugestalten.

SIDLEY

Maximilianstraße 35
80539 München
www.generationsidley.com

Meltem Elâ Gürnaz
+49 89 244409100
welcome@generationsidley.com

Was zeichnet Ihre Unternehmenskultur aus? Unser Büro in München befindet sich in der Aufbau- und Wachstumsphase. Die Stimmung ist geprägt von einem kommunikativen Miteinander: Jeder kann sich unabhängig von seiner Seniorität einbringen – die beste Idee zählt. Es gibt keine festgefahrenen Strukturen, sondern flache Hierarchien, und sowohl Umgangston als auch Dresscode sind bei uns sehr informell. So zeichnet uns neben den attraktiven Mandaten vor allem unsere lockere – für eine Großkanzlei wohl einzigartige – Kanzleikultur aus.

Welche internationalen Einsatzmöglichkeiten bieten Sie? Als weltweit agierende Wirtschaftskanzlei mit Büros in den USA, Asien, Europa und Australien ist unser Geschäft stark international ausgerichtet. Cross-Border-Transaktionen stehen auf der Tagesordnung, d. h. wir arbeiten größtenteils mit internationalen Mandanten an grenzübergreifenden Projekten. Ab dem vierten Jahr bieten wir unseren Associates zudem die Gelegenheit, ein Secondment in einem unserer internationalen Büros zu absolvieren.

Im Rahmen der Wahlstation besteht die Möglichkeit, diese an einem unserer internationalen Standorte zu absolvieren, vorausgesetzt, man war bereits in der Anwaltsstation oder als wissenschaftlicher Mitarbeiter bei uns tätig. Bei unseren internationalen Einsatzmöglichkeiten wird Associates und Referendaren zum einen die Möglichkeit geboten, in den lokalen Teams eingebunden über den Tellerrand hinauszuschauen und sich bei internationalen Transaktionen einzubringen, und zum anderen auch die Arbeitsweise und Kultur vor Ort kennenzulernen. Außerdem bieten wir ein sehr attraktives Package an, welches neben der überdurchschnittlichen Vergütung für die Station auch den Flug und das Visum sowie eine Unterkunft vor Ort beinhaltet.

Wo sollte ein LL.M.-Titel erworben werden? Wie wichtig sind Ihnen Qualität und Reputation des LL.M.-Programms? Da ein sicherer Umgang mit der englischen Sprache für unsere tägliche Arbeit eine wichtige Voraussetzung ist, sind LL.M.-Abschlüsse im englischsprachigen Ausland von besonderem Interesse für uns. Neben den sprachlichen und fachlichen Qualifikationen, die ein LL.M. etwa in den USA, England, Australien oder Neuseeland mit sich bringt, lernt man vor Ort aber vor allem, sich in einem fremden kulturellen Umfeld sicher zu bewegen. Dieser Einblick in fremde Kulturen zeigt uns, dass jemand das notwendige Rüstzeug mitbringt, sicher und souverän mit unseren internationalen Mandanten zu kommunizieren. Natürlich ist ein renommierter LL.M.-Abschluss an einer erstklassigen Universität wie z. B. Oxford oder Columbia gern gesehen. Die Wahl der Universität oder des konkreten Programms sind für uns jedoch kein ausschlaggebendes Einstellungskriterium.

Bieten Sie Freistellungs- und/oder Finanzierungsmöglichkeiten für einen LL.M.? Als internationale Sozietät schätzen wir den LL.M.-Abschluss im englischsprachigen Ausland. Daher unterstützen wir unsere Associates gerne sowohl finanziell als auch mit einer Freistellung während ihres LL.M.-Studiums. Anhand eines konkreten Beispiels bedeutet dies, dass Associates, die bei SIDLEY einen Berufseinstieg planen und zuvor noch einen LL.M. ins Auge fassen, von uns für das gewünschte Jahr freigestellt werden. Finanziell greifen wir unter die Arme, indem wir in diesem Fall das Gehalt des ersten Berufsjahres auf Wunsch über zwei Jahre strecken. Bei einem Einstiegsgehalt von 125.000 € jährlich bedeutet dies einen Gehaltsvorschuss von etwas mehr als 5.000 € brutto monatlich während des Freistellungszeitraums.

Julius Koblitzek

LL.M. (UCLA)

Jahrgang 1986

Associate

Sidley Austin (CE) LLP

LL.M. an der UCLA

Ich traf auf viel Unverständnis, als ich meine Karriere in einer deutschen Großkanzlei nach drei Jahren beendete und mich im Anschluss daran für 1,5 Jahre auf den Weg nach Kalifornien machte, um dort u. a. ein LL.M.-Studium zu absolvieren. Rückblickend kann ich sagen, dass ich keine bessere Entscheidung hätte treffen können. Leben und Studieren in L.A. und an der UCLA sind meiner Meinung nach nicht zu überbieten!

Hindsight is always 20/20

Und genau deswegen kann ich heute sagen, dass ich mir damals viel zu sehr den Kopf zerbrochen habe, in welches Land es gehen soll, welche Law Schools in Frage kommen und wo ich meine Englischkenntnisse am besten ausbauen können würde. All das wäre nicht nötig gewesen. Was die Wahl der Law School angeht: Das Ranking ist irrelevant - erst recht, wenn man nach dem LL.M. wieder in Deutschland arbeitet. Auch im Hinblick auf die Förderung der Sprachkenntnisse sollte man sich keine großen Sorgen machen: Dank einer Vielzahl von Social Apps (Meetup, Couchsurfing, InterNations etc.) gibt es unzählige Möglichkeiten, mit Einheimischen in Kontakt zu kommen, um auf diese Weise ein authentisches Erlebnis fernab der international student bubble zu genießen. Letzteres kann ich jedem nur empfehlen, der zum Studieren ins Ausland geht. Vor diesem Hintergrund würde ich bei der Frage, wo es hingeht, nur danach gehen, welche Stadt, welches Land und welches Lebensgefühl mich persönlich reizt.

What not to do

Anders als viele meiner Kommilitonen habe ich mich gegen ein LL.M.-Programm mit Spezialisierung entschieden, denn dies hätte bedeutet, dass meine Kursauswahl stark eingeschränkt gewesen wäre. Stattdessen habe ich lediglich Kurse belegt, an denen ich tatsächlich Interesse hatte - ein Ansatz, der sich bewährt hat. Darüber hinaus habe ich darauf geachtet, nicht zu viele Kurse zu belegen. Der Vor- und Nachbereitungsaufwand jeder Vorlesung ist erheblich. Als Student einer amerikanischen Law School ist man in der Regel namentlich bekannt und es wird eine aktive Teilnahme am Unterricht erwartet. Mangelnde Vorbereitung wird - anders als in Deutschland - nicht akzeptiert. Wer also neben dem Studium genügend Zeit haben möchte, Land und Leute kennenzulernen, sollte auf keinen Fall zu viele Kurse belegen.

Was hat mir der LL.M gebracht?

Selbstverständlich hat mir das Studium an der UCLA enorm hilfreiche Einsichten in das amerikanische Rechtssystem gegeben. Viele der Themen, die ich zum ersten Mal an der UCLA gehört habe, begegnen mir auch jetzt regelmäßig in meinem Berufsalltag bei Sidley Austin. All dies ist wichtig. Mindestens genauso wichtig ist aber, dass mich die Zeit in den USA und insbesondere Kalifornien persönlich unglaublich geprägt haben. All die neuen Erfahrungen, Freunde, Roadtrips, Partys, das Kennenlernen vieler neuer Kulturen und der Cali-Lifestyle im Allgemeinen sind unvergessliche Eindrücke, die den erheblichen finanziellen Aufwand nichtig erscheinen lassen. Ich würde alles wieder genau so machen und kann diese Erfahrung nur wärmstens empfehlen!

Sullivan & Cromwell LLP

Standorte in Deutschland:
Frankfurt am Main

Standorte weltweit: Brüssel, Hongkong, London, Los Angeles, Melbourne, New York, Palo Alto, Paris, Peking, Sydney, Tokio, Washington D.C.

Spezialisierungen: M&A, Gesellschaftsrecht, Finanz- und Kapitalmarktrecht, Finanzierungen

Berufsträger in Deutschland: 27
davon mit LL.M.: 16
davon mit Promotion: 15

Berufsträger weltweit: mehr als 875

Geplante Neueinstellungen 2020:
bis zu 8

Möchten Sie, dass internationales Arbeiten nicht nur eine Phrase ist?
S&C hat weltweit 13 Standorte. Getreu dieser internationalen DNA setzen wir bei unserer Arbeit auf multinationale und interdisziplinäre Teams. Auch Sie bearbeiten bei uns als Teil eines eng vernetzten europäischen Teams ab dem ersten Tag internationale Mandate.
Reizt Sie anspruchsvolle juristische Arbeit, die ein „um die Ecke denken" erfordert? Kaum eine andere Kanzlei hat das grenzüberschreitende Transaktionsgeschäft so geprägt wie S&C. Damit einher geht ein hoher Anspruch an uns selbst und unsere Arbeit. Stellen Sie sich mit uns der Herausforderung, komplexe juristische Anforderungen für unsere Mandanten zu meistern.
Wollen Sie von Anfang an direkt in die Mandatsarbeit eingebunden sein?
Wir fordern unsere Anwälte nicht nur, wir fördern sie auch. Bei uns arbeiten Sie sofort auf Augenhöhe, und Ihr eigener Input wird dabei ab dem ersten Tag geschätzt.

SULLIVAN & CROMWELL LLP

Neue Mainzer Straße 52
60311 Frankfurt am Main
www.sullcrom.com/careers/forlawyers

Dr. York Schnorbus
Partner
+49 69 4272-5200
schnorbusy@sullcrom.com

Bieten Sie Unterstützung beim Erwerb eines LL.M.? Viele unserer Kollegen haben bereits selbst persönlich und fachlich von ihrem LL.M. profitiert. Daher ist es für uns selbstverständlich, eine entsprechende Förderung anzubieten. Wir verfügen dabei über ein großes und internationales Netzwerk von Alumni verschiedener Fakultäten, insbesondere aus dem U.S.-amerikanischen Raum.

Welche Kriterien muss ein Bewerber grundsätzlich erfüllen? Da wir bei S&C aufgrund unserer Fokussierung auf hochklassige Beratung mit kleinen Teams jedes Jahr bewusst nur wenige Berufsanfänger einstellen, wählen wir diese Gruppe besonders sorgfältig aus. Wir erwarten deshalb zwei mindestens vollbefriedigende Staatsexamina sowie gute Englischkenntnisse in Wort und Schrift. Ausschlaggebend für unsere Entscheidung ist danach vor allem der persönliche Eindruck, den Sie im Bewerbungsprozess hinterlassen.

Wie läuft dann der Bewerbungsprozess ab? Damit Sie die Möglichkeit haben, bereits vorab zahlreiche Ihrer zukünftigen Kollegen kennenzulernen, führt jeder Bewerber Gespräche mit mehreren Partnern und Associates. Da Sie Ihre herausragenden juristischen Qualifikationen bereits unter Beweis gestellt haben, steht für uns hierbei der Wunsch im Vordergrund, Sie auch als Persönlichkeit besser kennenzulernen. Darum ist auch ein gemeinsames Mittagessen mit einigen unserer Associates fester Bestandteil des Bewerbungsprozesses.

Was bieten Sie Berufseinsteigern? Für uns steht nach Ihrem langen, nunmehr erfolgreich absolvierten Studium vor allem eins im Vordergrund: Sie umgehend in die praktische Anwaltstätigkeit einzubinden. Bereits als Berufsanfänger haben Sie direkten Mandantenkontakt, da wir der festen Überzeugung sind, dass die Ihnen dabei übertragene Verantwortung hilfreich für Ihre persönliche und fachliche Entwicklung ist. Auch die angenehme Arbeitsatmosphäre und das kollegiale Miteinander hier in Frankfurt tragen dazu bei, dass Sie sich schnell einfinden und wohlfühlen werden. Die enge Zusammenarbeit in integrierten europäischen Teams, also mit Ihren Kollegen vor Ort, aber auch mit unseren anderen Büros weltweit, ist eine einzigartige und spannende Erfahrung. Für uns ist es selbstverständlich, dass wir den Einsatz, den Sie dabei zeigen, durch ein finanziell außergewöhnlich attraktives Gesamtpaket auch entsprechend honorieren. Gleichzeitig legen wir großen Wert darauf, dass Urlaub auch tatsächlich genommen wird. Wir bieten außerdem u. a. flexible Arbeitszeitmodelle sowie über das gesetzliche Maß hinausgehende vergütete Freistellungsregelungen für Mütter und Väter bei Geburt und Erziehung von Kindern. Ein umfassendes Versicherungspaket, inklusive Berufsunfähigkeitsversicherung, rundet unser Angebot für Berufseinsteiger ab.

Muss ich mich gleich zu Beginn für eine bestimmte Praxisgruppe entscheiden? Nein. Aufgrund der Größe unseres Frankfurter Büros ist es uns besonders wichtig, Ihnen die Gelegenheit zu bieten, mit sämtlichen Partnern und Associates zusammenzuarbeiten. Daher beginnen alle Associates ihre Tätigkeit in unserer Praxisgruppe General Practice. Gerne berücksichtigen wir dabei auch bereits vorhandene Interessen und Spezialkenntnisse, indem wir Ihnen die Bearbeitung entsprechender Mandate ermöglichen.

Wie unterstützen Sie im Weiteren die Entwicklung Ihrer Anwälte? Bereits zu Beginn Ihrer Tätigkeit lernen Sie Ihre Kollegen aus unseren internationalen Büros sowie zahlreiche andere Anwälte namhafter Partnersozietäten im Rahmen unserer Orientierungswoche in New York kennen. Im Laufe Ihrer beruflichen Entwicklung können Sie regelmäßig an Fortbildungsveranstaltungen im Rahmen von Fachvorträgen teilnehmen - oft auch in unseren ausländischen Büros. Geeignete externe Fortbildungsmöglichkeiten werden von uns gern gefördert und ergänzen das breite Ausbildungsangebot.

Fördern Sie auch Promotionsvorhaben? Wir bieten sogar ein spezielles Promotionsprogramm, mit dem wir Ihnen sowohl die intensive Arbeit an Ihrer Promotion als auch den engen Kontakt zur Praxis ermöglichen: Dabei wechseln sich Freistellungsphasen und berufliche Tätigkeit ab, sodass Ihnen sowohl ausreichend Zeit für Ihr Promotionsvorhaben als auch eine attraktive Vergütung sicher sind.

Besteht bei S&C die Möglichkeit, eine Zeit im Ausland zu arbeiten? Es war schon immer Teil unserer Strategie, die enge Vernetzung unserer Büros auch durch einen personellen Austausch zu fördern. Aus diesem Grunde ermöglichen wir es jungen Kollegen gerne, für längere Zeit eine Station in einem unserer ausländischen Büros zu absolvieren.

Welche Wachstumsstrategie verfolgen Sie in Frankfurt? Unser Frankfurter Büro ist seit seiner Gründung kontinuierlich organisch gewachsen, und unsere jüngeren Partner haben ihren Werdegang alle hier bei uns begonnen. Wir legen deshalb besonderen Wert auf die persönliche Identifikation unserer jungen Kollegen mit S&C und dieses Ziel ist uns wichtiger als schnelles Wachstum durch externe Zugänge. Aus diesem Grunde werden wir auch in Zukunft der steigenden Nachfrage nach unserem Beratungsangebot durch eine langfristige, organische Wachstumspolitik begegnen.

Besteht die Möglichkeit, Sie bereits vorab im Rahmen eines Praktikums oder einer Station während des Referendariats kennenzulernen? In jedem Fall. Wir beschäftigen laufend qualifizierte Studenten und Referendare. Hierbei bieten wir Ihnen einen umfassenden Einblick in die Praxis, eine direkte Einbindung in unsere Teams und eine ansprechende Vergütung. Zudem besteht die Möglichkeit, Ihre Station als Teil eines FFA-Studiums mit entsprechendem Nachweis zu absolvieren.

SZA Schilling, Zutt & Anschütz Rechtsanwaltsgesellschaft mbH

Standorte in Deutschland:
Frankfurt am Main, Mannheim, München

Standorte weltweit: Brüssel

Spezialisierungen: Gesellschaftsrecht, M&A, Kapitalmarktrecht, Steuerrecht, Compliance, Kartellrecht, Arbeitsrecht, Gewerblicher Rechtsschutz, IT-Recht, Datenschutz & Cyber Security, Private Clients, Prozessführung, Öffentliches Recht, Immobilien & Bauen, Restrukturierung, Banken- und Finanzrecht, Insolvenzrecht, Vertriebsrecht, Startups/Venture Capital, China Desk

Berufsträger in Deutschland: 90
davon mit LL.M.: 13
davon mit Promotion: 60

Berufsträger weltweit: 95

Geplante Neueinstellungen 2020: 10–12

Wir sind seit vielen Jahrzehnten eine der angesehensten deutschen Wirtschaftssozietäten. Mit derzeit 95 Rechtsanwälten (davon 24 Partner und neun Counsel) beraten wir nationale und internationale Mandanten in allen wesentlichen Bereichen des Wirtschaftsrechts. Zu ihnen gehören 14 der 30 im DAX notierten Unternehmen sowie weitere führende Industrie- und Handelsunternehmen, Banken, Versicherungen und Finanzdienstleister, Familiengesellschaften sowie vermögende Privatpersonen. Nach unserer Überzeugung hängt die Qualität anwaltlicher Beratung nicht von der Größe der Sozietät, sondern von der Qualifikation der Berater ab.

SZA
SCHILLING, ZUTT & ANSCHÜTZ

Taunusanlage 1
60329 Frankfurt am Main
www.sza.de

Dr. Christoph Nolden
+49 69 9769601-535
christoph.nolden@sza.de

Berufliche Entwicklung bei SZA Schilling, Zutt & Anschütz: Wir sind der Überzeugung, dass wir den hohen Ansprüchen unserer Mandanten am besten durch die Arbeit in kleinen, überschaubaren und effektiven Teams gerecht werden können. Folglich unterscheidet sich die berufliche Entwicklung bei uns von dem beruflichen Umfeld in vielen führenden Wirtschaftssozietäten. Wir streben ein zahlenmäßiges Verhältnis von Partnern zu angestellten Anwälten von nicht mehr als 1:2 an. Die unmittelbare Anbindung an einen Partner bedeutet für Sie als Berufsanfänger einen hohen Lerneffekt, und Sie übernehmen von Anfang an ein hohes Maß an Verantwortung. In unserem Team sind Sie mehr als ein Rädchen im Getriebe. Sie lernen schnell, das Ganze in den Blick zu nehmen und mit wachsender Erfahrung immer eigenverantwortlicher zu arbeiten. Wir verfolgen das Ziel, alle Bewerber, die wir einstellen, an die Partnerschaft heranzuführen. Wir sind ehrgeizig und wollen wachsen. Mit Ihnen.

Anforderungen: Wir erwarten von Ihnen eine herausragende juristische Qualifikation sowie Teamfähigkeit. Sie denken unternehmerisch, sowohl im Interesse unserer Mandanten als auch bei der weiteren Entwicklung unserer Sozietät. Sie verfügen über eine gute Kommunikationsfähigkeit, auch auf Englisch. Ebenso wichtig ist uns Ihre soziale Kompetenz. Wir sind stolz auf unsere offene und freundschaftliche Kanzleikultur.

Ihre Ausbildung bei uns: Prägend für unsere traditionell ausgezeichnete Ausbildungskultur ist ein intensives Learning-on-the-Job. Sie werden von Anfang an in die Bearbeitung hoch anspruchsvoller Mandate eingebunden. Sie arbeiten intensiv mit einem oder mehreren Partnern zusammen und nehmen sofort an Mandantenbesprechungen, Vertragsverhandlungen, Gerichtsterminen u. Ä. teil. Resonanz bekommen Sie bei uns täglich in der Diskussion mit Kollegen sowie bei der Besprechung Ihrer Arbeitsergebnisse. Abgerundet wird unser Ausbildungsangebot durch zahlreiche Luncheons und Workshops zu aktuellen juristischen Fragestellungen sowie zu Ihrer persönlichen Weiterentwicklung. Charakteristisch für unser Fortbildungsprogramm ist der starke Praxisbezug unserer Ausbildungsveranstaltungen.

Referendariat: Referendaren bieten wir die Möglichkeit, die Arbeit in unserer Sozietät im Rahmen einer Station oder einer Nebentätigkeit neben dem Referendariat oder der Promotion umfassend kennenzulernen. Dabei werden Sie von einem unserer Partner als Mentor betreut. Im Zentrum unserer Referendarausbildung steht die Einbindung in konkrete Mandate. Dabei achten wir ganz bewusst und gezielt darauf, Ihnen möglichst viel Einblick in die Praxis zu bieten. Daneben steht Ihnen unser gesamtes Aus- und Fortbildungsprogramm offen. Für Studenten bieten wir Praktika an. Schauen Sie einem unserer Anwälte direkt über die Schulter, und lernen Sie die vielseitige und herausfordernde Tätigkeit eines Anwalts in unserer Sozietät unmittelbar kennen.

Julian Schwalm

Jahrgang 1988

Rechtsanwalt/
Associate

Im Wesentlichen gleich, aber doch entscheidend anders

Die Berufsperspektiven für qualifizierte Bewerber sind zurzeit exzellent. Sämtliche Arbeitgeber konkurrieren um den talentierten Nachwuchs. Doch wer die Wahl hat, hat bekanntlich auch die Qual. Beim Berufseinstieg als Rechtsanwalt in einer Wirtschaftskanzlei gilt dies in besonderem Maße. Wenn sich „harte Faktoren" wie Gehälter, Urlaubstage und Einsatzfelder ähneln oder bisweilen gar gleichen, rückt die Suche nach Unterscheidungsmerkmalen in den Vordergrund. Früher oder später sucht man dann nach seiner individuellen Antwort: Welcher Arbeitgeber passt zu mir und warum?

Mein Weg zu SZA Schilling, Zutt & Anschütz und zur Praxisgruppe Private Clients

Praktikant, Wissenschaftlicher Mitarbeiter, Referendar, Associate. Diese Entwicklungsstufen, allesamt innerhalb der Praxisgruppe Private Clients, sind wohl die eines „Überzeugungstäters". Gleichwohl habe ich mich zwischen den einzelnen Engagements immer bewusst auch anderweitig orientiert – auch in Sozietäten unterschiedlicher Ausrichtung –, insbesondere, um spätere Vergleichsmöglichkeiten und etwaige Entscheidungsalternativen aufzubauen. Rückblickend waren diese Erfahrungen sehr bereichernd und ganz überwiegend positiv. Als schließlich aber der Berufseinstieg näher rückte, habe ich mir dann die oben aufgeworfene Frage gestellt. Zusammengefasst waren für mich aus den gesammelten Erfahrungen letztlich vier Faktoren für meinen Berufseinstieg bei SZA entscheidend. Erstens: Die Sozialsphäre. Bereits im Praktikum war ich vom sehr kollegialen, respektvollen und vor allem menschlichen Umgang angetan. Bis heute, fünf Jahre später, hat kein Berufsträger unser Team im Unfrieden verlassen. Im Gegenteil: Wir sind in einem gesunden Maße gewachsen, so wie die gesamte Sozietät. Diese Kontinuität drückt für mich unsere besondere Mitarbeiterzufriedenheit aus. Zweitens: Die individuellen Entfaltungsmöglichkeiten. So wird z. B. mein berufsbegleitendes Promotionsvorhaben ausdrücklich begrüßt und fachlich gefördert. Im kommenden Jahr profitiere ich etwa von einer Freistellungsphase, in der ich mich voll und ganz der Dissertation widmen kann. Daneben sind auch alle weiteren Publikationsvorhaben oder Dozenten- und Vortragstätigkeiten ausdrücklich willkommen. Durch individuell wählbare, fachbezogene Fortbildungen kann ich meinen beruflichen Interessenschwerpunkt weiter vertiefen. Drittens: Renommee, fachliche Exzellenz und ein breites, interessenabdeckendes Tätigkeitsfeld. Unsere Praxisgruppe generiert durch ihren ausgezeichneten Ruf im Markt – wie viele unserer weiteren Praxisgruppen auch – sehr spannende, komplexe und abwechslungsreiche Mandate aus den unterschiedlichsten Rechtsbereichen und Schnittstellen des Erb-, Familien-, Gesellschafts-, Steuer-, Stiftungs-, Gemeinnützigkeits- sowie Kunst- und Kulturgüterschutzrechts. Oft setzen die Zielvorstellungen der Mandanten kreative Gestaltungsoptionen und die Beherrschung vieler unterschiedlicher rechtlicher Zusammenhänge voraus, was nahezu täglich zu neuen, nicht selten auch zu rechtswissenschaftlich „unerforschten" Herausforderungen führt. Viertens: Flexibilität und Eigenverantwortlichkeit. Unsere Arbeitsweise basiert auf Vertrauen und einer selbstbestimmten Arbeitsweise. Dies ermöglicht einen optimierten Ausgleich zwischen beruflichen und privaten Belangen, was ich als einen nicht hoch genug einzuschätzenden Vorteil in einem herausfordernden und zeitintensiven Beruf – und somit als Privileg – empfinde. Letztlich hat sich also mein „Bauchgefühl" nach den gesammelten Eindrücken bestätigt und sich meine Entscheidung bewährt.

SZA Schilling,
Zutt & Anschütz

Taylor Wessing Partnerschaftsgesellschaft mbB

Standorte in Deutschland: Berlin, Düsseldorf, Frankfurt, Hamburg, München

Standorte weltweit: Amsterdam, Bratislava, Brünn, Brüssel, Budapest, Cambridge, Dschidda, Dubai, Eindhoven, Hanoi, Ho-Chi-Minh-Stadt, Hongkong, Kiew, Klagenfurt, Liverpool, London, New York, Paris, Peking, Prag, Riad, Seoul, Schanghai, Silicon Valley, Singapur, Warschau, Wien

Tätigkeitsschwerpunkte: Banking & Finance; Capital Markets; China Group; Commercial Real Estate; Commercial Agreements & Distribution; Competition, EU & Trade; Compliance; Corporate/M&A; Employment, Pensions & Mobility; Environmental, Planning & Regulatory; Insurance; Disputes & Investigations; Patents Technology & Life Sciences; Projects; Private Client; Restructuring & Insolvency; Tax; Trademarks, Advertising & Design; Technology, Media & Telecoms

Berufsträger in Deutschland: ca. 340
davon mit LLM: ca. 80
davon mit Promotion: ca. 170

Berufsträger weltweit: ca. 1.100

Geplante Neueinstellungen 2020:
Praktikanten (w/m/d): ca. 50
Referendare (w/m/d): ca. 50
Wissenschaftliche
Mitarbeiter (w/m/d): ca. 60
Anwälte (w/m/d): ca. 40

Bei uns stehen Sie und Ihre Entwicklung im Mittelpunkt – dabei unterstützt Sie von Beginn an ein erfahrener Mentor. Nehmen Sie auch an unserem Ausbildungsprogramm RISE, fachbereichsbezogenen Weiterbildungsmöglichkeiten oder Netzwerktreffen teil. Darüber hinaus bieten wir Ihnen Arbeitsbedingungen, die es Ihnen ermöglichen, Beruf und privates Engagement in Einklang zu bringen. Gestalten Sie mit uns eine Karriere, die zu Ihrer Persönlichkeit sowie Ihrer individuellen Zukunftsplanung passt.

TaylorWessing

Am Sandtorkai 41
20457 Hamburg
karriere.taylorwessing.com

Saskia Beyer
Human Resources
+49 40 368030
karriere@taylorwessing.com

Welche Meinung vertritt Ihre Kanzlei zum LL.M.? Bei uns ist der LL.M. zwar keine Einstellungsvoraussetzung, aber eine wichtige zusätzliche Qualifikation. Denn durch Auslandsaufenthalte können Absolventen ihre juristischen Sprachkenntnisse weiter ausbauen und lernen eine andere Kultur kennen. Und nicht zuletzt vertiefen sie ihr Wissen in einem spezifischen rechtswissenschaftlichen Bereich über das Studium hinaus. Diese Erfahrungen - und natürlich auch das dadurch entstandene internationale Netzwerk - sind für unsere Anwälte ein großer Vorteil bei der Beratung unserer internationalen Mandanten.

Was bieten Sie Referendaren? Als Referendar nehmen Sie an unserem TALENTS FOR FUTURE-Programm teil. Das Programm beinhaltet die folgenden zehn Stationen:

- Station 01 - Kick-off Dialogue: In einem Startgespräch stimmen Sie Ihr individuelles Ausbildungsprogramm mit Ihrem Mentor ab.
- Station 02 - Training on the Job: Direkt an Ihrem Arbeitsplatz lernen Sie den Alltag eines Wirtschaftsanwalts kennen.
- Station 03 - Legal Presentation: Wir bieten Ihnen die Möglichkeit, eine Präsentation zu einem rechtlichen Thema vorzubereiten, vorzustellen und ein professionelles Feedback zu erhalten.
- Station 04 - Legal & Soft Skills Training: Sie haben Zugang zu unserem Ausbildungsprogramm RISE Talents, unseren Legal-English-Kursen sowie zu unserem KAISER-Seminarangebot.
- Station 05 - Social Events & Networking: Gern laden wir Sie zu unseren Social Events & Networking-Veranstaltungen ein.
- Station 06 - Legal Cases: Ihr Mentor nimmt sich die Zeit, Ihnen die anwaltliche Prozess- oder Projektführung und mandatsbezogene Verhandlungstechnik anhand aktueller Mandate aufzuzeigen.
- Station 07 - Practice Area Crossing: Als Full-Service-Kanzlei können Sie bei uns auch andere Fachbereiche während Ihres Referendariats kennenlernen.
- Station 08 - Career Advice: Wir zeigen Ihnen im Gespräch mit einem unserer HR-Ansprechpartner Ihre Karrieremöglichkeiten auf.
- Station 09 - Individual Feedback: Sie erhalten regelmäßig eine transparente und konstruktive Rückmeldung zu Ihren fachlichen Leistungen und Ihrem Auftreten als Nachwuchsjurist.
- Station 10 - Talent Alumni Network: Wir bieten Ihnen eine Aufnahme in unser „Talent Alumni Network" an und informieren Sie auf Wunsch über aktuelle Vakanzen, Veranstaltungen und Neuigkeiten aus unserer Kanzleiwelt.

Was sind Ihre Einstellungskriterien?
Wir suchen für den Einstieg Volljuristen (w/m/d), die exzellente juristische Qualifikationen mitbringen. Sie haben Ihre Fähigkeiten durch zwei Prädikatsexamina und idealerweise einen LL.M.-Abschluss oder eine Promotion unter Beweis gestellt. Sie verfügen über verhandlungssicheres Englisch sowie die Begeisterung für wirtschaftliche Fragestellungen. Zudem legen wir Wert auf echte Charaktere, Offenheit, Teamfähigkeit und eigenverantwortliches Arbeiten.

LL.M. in Down Under – Jura am anderen Ende der Welt

Frauke Uhlenbroock
LL.M. (Melbourne)
Jahrgang 1986
Senior Associate
M&A

Für mich war schon zu Beginn meines Studiums an der Westfälischen Wilhelms-Universität (WWU) in Münster klar, dass ich nach dem Ersten Staatsexamen längere Zeit im Ausland verbringen wollte. Ich erhoffte mir davon die Gelegenheit, Einblick in andere Rechtssysteme zu gewinnen, vorhandene Sprachkenntnisse aufzubessern und nach dem anstrengenden Examen ein wenig die Welt zu erkunden. Schon während der ersten vier Semester hatte ich mich zudem dafür entschieden, in Münster parallel zum Jurastudium eine fachspezifische Fremdsprachenausbildung in Englisch (FFA) zu absolvieren. Da bot es sich an, die ersten Common-Law-Kenntnisse direkt vor Ort in einem anderen Land anzuwenden und dort zu vertiefen. Ein LL.M. im Ausland war daher die logische Entscheidung.

Wahl und Vorbereitung des LL.M.-Studiengangs

Obwohl die Auswahl an LL.M.-Programmen – insbesondere im englischsprachigen Ausland – groß ist, fiel meine Wahl recht schnell auf die La Trobe University in Melbourne, Australien. Diese hat einen guten Ruf, eine ansprechende Kursauswahl, liegt in einem meiner Lieblingsländer und ist zudem eine Partneruniversität der WWU. So konnte ich mir in Melbourne sogar Leistungen aus dem FFA-Studium anrechnen lassen und letztlich auch die Kosten senken – welche nicht unerheblich waren. Drei Monate nach dem Ersten Examen war ich schon auf dem Weg nach Melbourne.

Das Leben in Melbourne

Kaum in Australien angekommen, ging ich sofort an die Uni. Ich schrieb mich für den LL.M. in Global Business Law ein, wählte die für mich passenden Kurse und erkundete den großen Campus auf eigene Faust. Einen sehr guten Einstieg bot mir ein extra für Newcomer angebotenes Programm. Darüber konnte ich mich mit meinen Kommilitonen vernetzen und die Universität sowie den Studiengang noch intensiver kennenlernen.

Auch der Studienalltag gestaltete sich für mich sehr angenehm. Durch die frei zu wählenden Kurse hatte ich die große Chance, den Inhalt des LL.M.-Programms auf meine eigenen Interessen abzustimmen, und nutzte die Gelegenheit, insbesondere Einblicke in das internationale Gesellschaftsrecht zu gewinnen. Zudem ermöglichte mir diese Flexibilität, neben dem Studium Land und Leute kennenzulernen sowie Kontakte zu knüpfen, die mich auch heute noch begleiten.

Fazit

Das Credo „Time flies when you are having fun" hat sich bewahrheitet: Die Zeit in Melbourne verging wie im Flug. Ich habe tolle Menschen getroffen, die zu Freunden geworden sind. Zudem habe ich viel gelernt, für mein späteres Berufsleben, aber auch – und gerade – für mich persönlich. Aufgrund der großen Internationalität des LL.M.-Studiengangs kann ich insbesondere bei der Zusammenarbeit mit internationalen Mandanten und internationalen Teams auf die Erfahrungen aus der Zeit zurückgreifen. Ich habe es nicht eine Sekunde lang bereut, diesen Weg gegangen zu sein. Ein LL.M.-Studiengang im Ausland ist eine prägende und lehrreiche Erfahrung, die ich nicht missen möchte. Ich kann daher nur allen empfehlen, über diesen Schritt nachzudenken. Zeit und Geld sind gut investiert.

Linie
Ziel
Abfahrt
TaylorWessing

Perspektiven für Juristen

Aktuelle Ausgabe: Perspektiven für Juristen 2020
ISBN (Print): 978-3-946706-47-2
ISBN (E-Book): 978-3-946706-48-9

Zielgruppe: Studierende, Doktoranden und Referendare der Rechtswissenschaften
Inhalt: Das Buch bietet einen Überblick über Karrierewege für Juristen in Justiz, Wirtschaft und (internationalen) Institutionen. Neben Expertentipps zu Bewerbung und Einstieg ermöglichen zahlreiche Erfahrungsberichte einen Einblick in interessante Berufsbilder. Namhafte Kanzleien und Unternehmen stellen sich als Arbeitgeber vor.
Nächster Erscheinungstermin: Oktober 2020

Case Study Training

Aktuelle Ausgabe: Case Study Training
ISBN (Print): 978-3-941144-98-9
ISBN (E-Book): 978-3-941144-99-6

Zielgruppe: Studierende aller Fachrichtungen
Inhalt: Fallstudien sind nicht nur Teil von Bewerbungsgesprächen im Consulting – auch in anderen Branchen werden sie immer wichtiger. Das Arbeitsbuch enthält 40 ausgewählte Case Studies mit Lösungen zum Üben. Zudem erhalten Leser wertvolle Tipps für die Vorbereitung auf und die Bewältigung von Case-Interviews.

Perspektive Unternehmensberatung

Aktuelle Ausgabe: Perspektive Unternehmensberatung 2020
ISBN (Print): 978-3-946706-50-2
ISBN (E-Book): 978-3-946706-51-9

Zielgruppe: Studierende aller Fachrichtungen
Inhalt: Das Expertenbuch liefert Antworten auf wichtige Fragen rund um den Beruf des Unternehmensberaters. Wie gestaltet sich die Work-Life-Balance, welche Arten von Beratungen gibt es, und vor allem: Wie absolviert man Bewerbungsgespräche und Fallstudien erfolgreich? Studenten und Consultants berichten von ihren Erfahrungen, und Beratungen stellen sich als Arbeitgeber vor.
Nächster Erscheinungstermin: Oktober 2019

Perspektive Patentanwalt

Aktuelle Ausgabe: Perspektive Patentanwalt
ISBN (Print): 978-3-941144-29-3
ISBN (E-Book): 978-3-941144-34-7

Zielgruppe: Naturwissenschaftler und Ingenieure
Inhalt: Was verbirgt sich hinter dem Beruf des Patentanwalts? Wer kann überhaupt Patentanwalt werden, und wie läuft die Ausbildung ab? Das Buch liefert Antworten auf diese Fragen. (Werdende) Patentanwälte berichten von ihren Erfahrungen, und Patentanwaltskanzleien zeigen auf, welche Perspektiven sie Naturwissenschaftlern und Ingenieuren bieten.

Perspektive Investment Banking & Asset Management

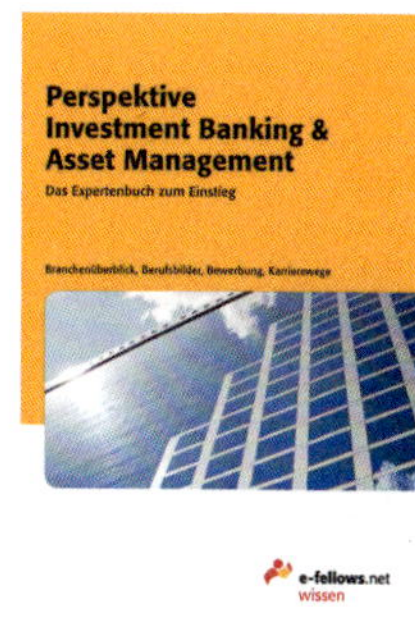

Aktuelle Ausgabe: Perspektive Investment Banking & Asset Management
ISBN (Print): 978-3-941144-20-0

Zielgruppe: Wirtschaftswissenschaftler
Inhalt: Das Buch bietet umfassende Informationen zu Berufsbildern, Bewerbung und Karrierechancen im Investment Banking und im Asset Management. Stipendiaten und Alumni von e-fellows.net berichten von ihren Erfahrungen und geben Tipps für die erfolgreiche Bewerbung. Player aus beiden Branchen stellen ihre Praktikums- und Einstiegsprogramme vor.

Traumjob IT

Aktuelle Ausgabe: Traumjob IT 2020
ISBN (Print): 978-3-946706-41-0
ISBN (E-Book): 978-3-946706-42-7

Zielgruppe: Informatiker, Mathematiker und IT-Affine
Inhalt: Das IT-Studium ist abgeschlossen, die Jobmöglichkeiten sind nahezu unbegrenzt, doch wie geht es jetzt weiter? Dieses Buch liefert praxisnahe Antworten: Informatiker aus verschiedenen Branchen schildern ihren Arbeitsalltag und stellen Projekte vor, die für ihren Beruf typisch sind. Alumni von e-fellows.net berichten von ihrem beruflichen Werdegang, und Experten geben Tipps zu Einstieg und Bewerbung.
Nächster Erscheinungstermin: Oktober 2020